[**부자는 내가 정한다**]

부자는 내가 정한다

초판 1쇄 인쇄 2018년 2월 10일
초판 1쇄 발행 2018년 2월 20일

지은이 김은정(카르페디엠)

펴낸이 김제구
펴낸곳 리즈앤북
편집디자인 김태욱
인쇄 · 제본 한영문화사

출판등록 제2002-000447호
주소 04029 서울시 마포구 잔다리로 77 대창빌딩 402호
전화 02) 332-4037
팩스 02) 332-4031
이메일 ries0730@naver.com

값은 뒤표지에 있습니다.
ISBN 979-11-86349-75-5 13320

부자는 내가 정한다

김은정(카르페디엠) 지음

리즈앤북
ries & book

"친구가 돈 걱정 안 하고 살고 싶다고 해서 돈은 잘 있으니까 걱정하지 말고 너나 걱정하라고 말해줬다."

얼마 전에 인터넷에서 본 글이다. 유머 글로 올라오긴 했지만 마냥 웃을 수만은 없는, 미묘한 어떤 불편함이 느껴지는 말이기도 하다. 세상에는 돈 걱정 없이 사는 사람보다 돈 걱정하면서 사는 사람이 훨씬 많기 때문이다. 이 글을 읽는 독자 여러분은 어느 쪽인가? 돈에서 자유로운 삶을 살고 있는가?

나 역시도 일찍 자기 경영과 돈 경영을 시작하지 않았다면, 그리고 치열하게 노력하지 않았다면 오늘날 돈 걱정하면서 살고 있었을지도 모른다. 20대 중반 사회생활을 하고 미래를 그려보면서 든 생각이 적어도 나는 '돈 때문에'라는 상황은 만들지 말자였다. 돈 때문에 건강을 챙기지 못하고, 돈 때문에 꿈을 접어야 하고, 돈 때문에 하고 싶은 일을 참아야 하고 같은 상황들에 놓이고 싶지 않다는 마음이 컸다.

일에 푹 빠져 드림 워커로 살면서 결혼이 기약 없이 미뤄지다 보니 비슷한 생각들이 더 강하게 들었다. 나중에 아이가 엄마를 정말 필요로 하는 상황이 발생하면 언제든 함께 해줄 수 있도록 나 대신 일할 수익 로봇은 꼭 만들어놓자고 생각했었다. 나중에 아이가 커서 꿈을 이야기할 때 가정 형편상 꿈을 수정해야 한다고 말하는 엄마는 되지 말아야지 생각했었다. 미래에 내가 엄마가 되었을 때를 그려보며 최소한 이 두 가지는 해줄 수 있는 엄마이고 싶었다. 물론 결혼 전이었으니 고소득 남편이나 부자 시댁이 하나의 방법일 수 있었겠지만, 그런 거 말고 순수하게 자력으로 능력 있는 엄마가 되고 싶었다.

무엇인가를 자력으로 한다는 것은 큰 자유가 동반됨을 나는 알고 있었다. 누군가의 덕을 보면 그만큼 어떤 것에든 구속될 가능성이 크기 때문이다. 어떤 상황에서든 경제적으로 능력 있는 사람이고 싶었다. 이런 생각들이 나로 하여금 재테크를 열심히 하게 만들었고, 그것보다 더 중요한 자기 경영에도 열정을 다할 수 있게 해줬다.

책을 쓰기 시작하면서 다시 진지하게 생각해 보았다. 나는 부자일까? 이건 각자의 기준에 따라 의견이 다를 수 있는 부분이니 정답은 없는 것 같다. 재테크 초보 시절의 나에 비하면 현재의 나는 엄청 성장한 부자다. 하지만 우리 주변에는 엄청난 부자들이 많이 있다. 언론을 통해 접하는 재벌, 고소득 전문직에 종사하는 사람들, 개인 사업가들, 심지어 스포츠 스타들까지… 그런 큰 재력을 가진 사람들에 비하면 나는 그냥 평범한 서민일 뿐이다.

그렇다 보니 기준에 따라서는 부자가 아닐 수도 있지만, 분명한 것은 나는 '경제적 자유인'이라는 것이다. 원치 않으면 경제활동을 하지 않아도 되고, 경제활동을 하지 않아도 돈에 구애받지 않고 행복하게 살아가는 데 전혀 지장이 없기 때문이다. 무엇보다 중요한 사실은, 현재 돈과 시간의 노예가 아닌 '주인'으로 자유롭게 살아가고 있다는 점이다. 제일 좋은 것 중 하나는 나의 소중한 시간 전부를 돈 벌기 위한 노동이 아닌 내가 원하는 곳에, 내가 쓰고 싶은 곳에 마음껏 쓸 수 있다는 점이다. 그 시간들을 통해 자유가 주는 감사함을 가슴 깊이 느끼며 살아가고 있다.

경제적 자유인이 되고 타이트한 삶을 벗어나 잠시 평온한 삶을 살고 있었다. 정확히 표현하자면, 마음은 평온한 상태였지만 내면 성장을 위한 자기 경영은 여전히 열정적으로 진행 중이었다. 그러던 중 새롭게 만나는 사람들이 '경제적 자유인'에 대한 갈망이 상당히 크다는 것을 알게 되었다. 강의 요청이 들어오기도 하고, 온라인 상으로 상담을 해오시는 분들도 계시고, 그 중에 더 열정적인 분들은 내가 사는 곳까지 오기도 했다. 그런 시간들이 쌓이면서 이런 분들을 도와드릴 수 있는 방법을 고민해 보게 되었다.

또한 내가 경제적 자유인이 되고 나서 보니 '부익부 빈익빈'이 훨씬 더 잘 보였다. 부자는 더 부자가 될 수밖에 없고 가난한 사람은 더 가난해질 수밖에 없는 자본주의 시스템. 그것을 접할 때마다 아무 생각 없이 사는 사람들에게 돈에 대한 인식을 일깨워주고 싶다는 생각도 강하게 들었다. 있는 자들의 먹잇감이 되지 않도록 경제 공부를 하라고 말해주고 싶었다. 돈 공부를 해서 돈의 노예가 아닌 돈의 주인으로 살라고 말해주고 싶었다. 자본주의의 필수 과목인 재테크를 공부해서 경제적 자유인을 나의 것으로 만들어보라고 권해주고 싶었다.

대학생 때 했던 20만 원 아르바이트가 나의 첫 경제활동이었다. 그랬던 내가 '맨땅에 헤딩'해서 무에서 유를 창출하고 현재는 경제적 자유인이 되어 살고 있다. 20대 중반 '재테크'라는 단어를 처음 접한 날로부터 15년, 땅바닥이 아닌 지하까지 떨어졌던 시기로부터는 10년, 부자가 아닌 경제적 자유인이 되기로 결심한 후로는 5년 정도의 시간이 걸렸다. 아무나 달성할 수 있는 길은 아니지만, 막상 내가 해보니 간절하게 꿈꾸고 치열하게 노력한다면 누구나 될 수 있는 길임이 분명하다.

내가 경제적 자유인이 될 수 있었던 비법은 의외로 단순하다. 그건 바로 지난 15년간 내 인생의 CEO라는 마인드로 나의 삶을 경영하며 살았다는 것이다. 10년 후 오늘을 돌아봤을 때 후회하거나 다시 돌아가고 싶다는 마음이 들지 않도록, 그때로 돌아간다 해도 그보다 더 열심히 살 수 없을 거라는 마음이 들도록 매사 최선을 다해 도전하는 삶을 살았다는 것이다. 그렇게 나의 삶의 주인이 되어서 포기하지 않고 열심히 뛴 결과 내 전공 분야에서도 가치를 인정받았다. 나는 그 보상으로 스스로에게 은퇴를 선물했다. 그리고 재테크 분야에서는 경제적 자유인이 되어서 현재는 또 다른 삶을 꿈꾸고 있다.

『생각의 비밀』의 저자 김승호 회장님이 처음 책을 내실 때 출판사에서 이런 말을 했다고 한다.

"이 책을 읽는 수많은 사람들 중에 누군가는 이 책을 읽고 공부하러 중국으로 넘어갈 수도 있고, 미국으로 넘어가 새로운 사업을 시작할 수도 있다. 그런 사람이 단 한 명이라도 나온다면 이 책이 그 사람의 인생을 바꿔놓은 것이니, 그것만으로도 이 책이 세상에 나온 가치는 충분하다."

지금 내 마음이 그렇다. 자신의 삶의 주인이 되기를 결심하고 자기 경영과 돈 경영을 실천하여 경제적 자유인의 삶을 누리는 누군가가 꼭 탄생되기를 바라는 마음을 최대한 글에 담아보았다.

이 책은 경제적 자유인이 된 과정을 경험 위주로 풀어놓아서 재테크 초보자들이 읽기 쉬운 책이다. 나의 경험을 통해서 "재테크는 선택이 아닌 필수다", "세상은 넓고 재테크 할 곳은 많다", "절약은 찌질한 게 아니라 무조건 이기는 투자이다", "내 자산을 지키고 불리기 위해 끊임없는 공부가 답이다", "고가의 재테크 강의보다 매사 질문하는 습관이 진짜 공부다", "각 분야의 전문가를 잘 활용하는 능력도 필요하다"를 계속 반복해서 말하고 있다.

이 책을 읽다 보면 내가 좋아하는 말 중의 하나인 '그럼에도 불구하고'라는 말이 많이 생각날 것이다. 그만큼 나의 아픈 과거나 어리석은 실수들도 흐름상 드러나 있다. 심리적으로 매우 힘든 환경에서 자랐지만 그럼에도 불구하고 무사히 10대의 긴 터널을 잘 지나왔다. 사회의 펀치가 얼마나 센지를 몸소 체험하고 7전 8기가 무엇인지를 제대로 경험한 20대였다. '오뚝이'라는 별명을 가질 정도로 많이 넘어졌다. 그럼에도 불구하고 결국 내 분야에서 가치를 인정받았다. 경제적으로 어렵게 생활을 하고 무모한 도전으로 크게 무너졌었지만 그럼에도 불구하고 경제적 자유인이 되었다.

'그럼에도 불구하고'의 스토리에 경제적 자유인이 되고 싶은 여러분을 초대하는 마음으로 걸어온 길을 되돌아보았다. 평범한 사람이 무엇인가를 이루게 되면 그것은 또 하나의 희망의 증거가 될 수 있다고 생각한다. 성장하길 원하고 경제적으로 자유로워지고 싶은 누군가에게 '당신도 할 수 있다'는 메시지가 잘 전달되길 바란다. 내 삶의 주인은 나임을 명심하고 현실에서도 그렇게 살기를 바란다.

카르페디엠

차례

경제적 자유를 위한 **마인드**

Chapter 3

경제적 자유를 위한 **실전편**2 – 수익 로봇

부동산편

증권사편

경제적 자유에 의한 **꿈 성장**

경제적 자유를 위한 마인드

> 진정으로
> 경제적 자유인이 되고 싶다면
> 재테크보다
> 자기 경영이 먼저다.

로또, 사지 말고 만들자

매주 월요일이면 로또를 사는 지인이 있다. 혹시나 하는 부푼 기대감을 가지고 한 주를 보내고 토요일을 맞이한다. 토요일 저녁에 로또 발표 방송이 있다는 것만으로도 그날이 손꼽아 기다려진다고 한다. 계속 꽝으로 끝나지만 실망감은 주말에만 있을 뿐 그는 다시 희망을 가지고 월요일에 로또를 사면서 한 주를 시작한다고 한다. 혹시 이 글을 읽는 여러분도 이렇게 매주 로또를 사고 있지는 않은가?

나도 딱 한 번 로또를 사본 적이 있다. 로또가 생긴 지 얼마 안 되었을 시점으로 기억된다. 친척들이 다 모인 설 명절이었다. 사촌들과 모여서 이런저런 이야기를 나누다 로또 이야기가 나왔다. 그때 처음으로 로또에 대해 자세히 듣게 되었고, 혹하는 마음이 생겼다. 더군다나 차례 상에 절하고 산소에 가서 절하며 조상님들께 잘 보살펴 달라고 기도한 명절이 아니던가. 왠지 좋은 기운이 올 것 같다는 느낌에 열심히 절해서 받은 세뱃돈을 투자해 보기로 했다. 집으로 돌아오는 길 톨게이트를 지나 시내에 들어오자마자 제일 가까운 곳으로 형제 모두가 함께 갔다. 올인하는 동생도 있었지만 나는 세뱃돈의 2/3을 지불하고 로또를 구입했다. 그리고 로또 방송을 손꼽아 기다렸다. 기다리는 동 안만큼은 기대에 부풀어 상상의 나래를 마음껏 펼칠 수 있어서 기분 은 좋았다(이 맛에 지금도 월요일에 로또를 사서 한 주를 버틴다는 사 람들의 마음이 살짝 이해가 되기도 한다).

좋은 기운에 힘입어 마음껏 부풀었던 예상과는 달리 결과는 완전 꽝이었다. 단 한 장도 쓰레기통으로 들어가지 않은 것이 없었다. 등수 도 여러 개 있는 것 같던데 어떻게 하나도 안 맞을 수가 있는지….

그때까지 부풀어 있던 좋은 기분들은 번호 발표 후 한순간에 불편 한 마음으로 변했다. 허무하게 날려버린 세뱃돈 생각이 났다. 아까운 돈 날렸다는 생각에 속이 쓰리기도 하고, 로또 이야기에 혹해서 동참 한 어리석은 스스로를 탓하기도 하고… 여하튼 마음 불편한 생각들이 휴일 내내 나를 괴롭혔다. 그 후로는 로또를 한 번도 사본 적이 없다.

그 이후로도 살아오면서 나는 요행을 바라는 운과는 거리가 멀다는 것을 종종 느낄 기회가 있었다. 살다 보면 가끔 마주하게 되는 경품 당첨도 나하고는 무관한 이야기였다. 나에게 공짜 운은 없다는 것을 여러 번 실감하고 보니 자연스레 그런 기대는 하지 않게 되었다. 몇 번의 경험을 통해 이런 운을 기대하지 않는 것이 정신 건강에 훨씬 이 롭다고 판단되었다.

언젠가 사람에게 주어진 운은 정해져 있다는 이야기를 들은 적이 있다. 사소한 일들로 야금야금 그 운들을 쓰는 사람도 있고, 크게 한

방으로 쓰는 사람도 있고, 적절히 분할해서 사용하는 사람도 있다고 했다. 그 이야기를 들은 후부터는 복권이나 요행 같은 것을 아예 바라지 않게 되었다. 나에게 주어진 운의 크기가 어느 정도인지 모르지만 언젠가 그 운이 나에게 작용한다고 가정해 보았을 때, 복권 당첨 같은 거 말고 내가 하고자 하는 일에 노력의 결실을 맺는 데 도움이 되면 좋겠다는 바람을 갖게 되었다. 이처럼 나는 한 방의 결과물보다는 한 단계, 한 단계 차곡차곡 쌓아서 탑을 완성하는 것을 좋아한다.

요즘에도 '로또'라는 단어를 심심치 않게 듣는다. 1등이 몇 억에 당첨되었다는 뉴스 자막을 종종 읽기도 하고, 지인 중 누구는 오늘도 로또를 사러 간다고 한다. 또 누군가는 몇 다리 건너, 아는 지인이 2등에 당첨되서 상금을 얼마 받았다는 소식을 전해주기도 한다. 그러면서 여전히 로또를 사는 사람들이 많다는 것을 느낀다. 그만큼 한 방의 인생 역전을 꿈꾸는 사람들이 많다는 이야기일 것이다. 하지만 나는 그런 이야기를 들어도 더 이상 로또가 주는 행운을 누리고 싶은 생각이 없다. 그냥 그 행운은 다른 사람들에게 양보하고 싶다. 로또가 당첨 돼서 내게 수억의 당첨금이 주어진다고 상상해 보아도 현재 내 삶의 행복에는 큰 변화가 없을 거라는 것을 잘 알기 때문이다.

지금에 와서 깨달은 것이지만 내 인생에도 로또가 있었다. 그건 45개 숫자 중 고른 6개 숫자가 아니라 바로 나 자신이었다. 로또를 꿈꾸는 사람들은 당첨의 희망을 가지고 월요일에 사서 토요일을 기다리는 과정을 몇 주, 몇 달, 몇 년을 반복한다. 나 역시도 꿈과 목표를 이루는 희망을 가지고 나를 성장시키는 노력을 몇 주, 몇 달, 몇 년을 반복했다. 그렇게 하니 1등 당첨보다 더한 결실을 맺었다. 내 자신에게 은퇴도 선물할 수 있게 되었고, 경제적 자유를 누리며 살 수 있게 되었고, 나를 성장시키는 노력의 과정 또한 나만의 자산으로 남게 되었다.

도전해볼 만한 로또 아닌가? 물론 전자의 로또는 시간이 얼마 안 걸릴 수도 있다. 하지만 내 의지와 상관없이 전적으로 운에 기대야만 한다. 즉 나에게는 6개의 숫자를 골라 로또를 사는 것만이 내가 할 수 있는 전부인 셈이다. 그리고 엄청난 운이 주어져서 1등에 당첨되면 수십억이 내 손에 쥐어지는 기쁨뿐이다. 다 그런 것은 아니지만 그렇게 갑자기 주어진 돈은 빠르게 생긴 만큼 빠르게 나가기 쉬운 경향이 있다.

그러나 후자의 로또는 시간이 오래 걸린다는 단점이 있기는 하지만 전적으로 내 의지와 선택에 달려 있으니 내 노력에 따라 결과를 더 크게, 더 빨리 만들 수도 있다. 혜택은 그뿐만이 아니다. 후자 로또가 주는 두 가지 선물의 주인공이 될 수 있다. 즉, 자기 성장이 주는 희열과 경제적 자유가 주는 감사함을 누릴 수 있다. 이 맛을 느껴본 나는 신이 나에게 당첨 가능한 두 종류의 로또를 주고 또 선택하라고 한다 해도 다시 후자를 선택할 것이다.

정말 자신의 삶을 변화시키고 경제적 자유인이 되고 싶다면 전자의 로또를 사지 말고 후자의 로또에 도전하자. 로또 살 돈으로 책을 사서 읽고, 나의 것으로 만들고 각색해서 재탄생시키는 연습을 하자. 로또

살 돈으로 경제 신문을 구독해서 밑줄 그으며 읽자. 나의 운에 기대 막연한 바람에 투자하기보다는 나의 성장과 경제적 자유의 씨앗이 될 수 있는 곳에 투자하길 진심으로 권한다.

'흙수저' 라서 감사하다

언제부터인가 우리 사회에 금수저, 흙수저 등 수저 계급론 이야기가 등장했다. 처음 들었을 때는 상당히 불편했었다. 돈에 의해 많은 것들이 평가되고, 물질 위주로 흘러가는 것이 더 빨리 진행되는 것 같아 거북하게 느껴졌다. 예전에는 가계의 자산과 소득에 따라 상류층이니 중산층이니 하는 식으로 나누었는데, 지금은 부와 가난이 대물림된다고 생각하는 경향이 강하다 보니 수저 계급론까지 탄생된 것 같다.

부모의 자산을 기본으로 현재 자신의 자산 그리고 품목별로 현재 누리는 생활수준까지 체크해서 금수저, 은수저, 동수저, 흙수저로 세분화해서 표현했다. 자세히 읽다 보면 이렇게까지 구분 짓는 게 많이 불편하게 느껴지면서도 현 우리 사회 구성원들이 느끼는 사회 현상을 풍자해서 표현한 것 같아 씁쓸하고 안타까운 마음도 컸다.

생각해 보니 이런 이야기를 듣는 것이 새삼스러운 것도 아니다. 한참 사회생활을 하던 20대 때 은사님 한 분과 이야기를 나누던 중 은사님도 위와 같은 말씀을 하셨다. "여러 복들 중에 제일 큰 복은 부모복이다."부모의 재력과 능력이 갖춰진 집에 태어나면 전반적인 삶 자체가 수월하기 때문에 그보다 더한 복은 없다고 말씀해 주신 것 같다. 나 역시도 스스로 앞가름해 나가느라 힘든 시간을 보내고 있었을 때여서 그 말이 무슨 뜻인지 충분히 공감이 되었지만, 마음속으로는 그 말을 인정하고 싶지 않았다. 그래서 은사님이 하신 말씀 또한 불편하게 들렸던 기억이 있다.

왜 그랬을까? 지금에 와서 곰곰이 생각해 보면 이렇다. 이미 내가 흙수저인 것은 변할 수 없는, 아니 바뀔 수 없는 현실인데, 은사님의 말이 100% 맞다고 인정한다면 나는 부모복도 없는 사람이 되는 셈이다. 내가 지금 힘겹게 고군분투하고 있는 이유도 능력 있는 부자 부모를 못 만난 복 없는 사람이라는 거 아닌가. 그것이 맞다고 생각해 버리면 지금 내가 하는 노력도 힘을 잃어버리거니와 앞으로 내가 세상을 헤쳐 나갈 용기와 도전까지도 연기처럼 사라질 것 같았다. 그래서 인정하기 싫었던 것 같다.

더 나아가 나는 내가 흙수저이고 힘들게 앞가림하면서 사회에서 고생하고 있었지만, 내가 부모복이 없다고 생각해 본 적은 없다. 그저 나한테 부모님이 존재한다는 자체만도 감사한 일이다. 든든한 배경이 되어주고 재력으로 도와줄 수 있는 능력이 없는 부모라고 부모복이 없다고 하는 건 말도 안 된다.

물론 주변에 보면 금수저로 태어나 일생을 편안하게 사는 사람도 있고, 나는 엄청 노력해야만 하나 얻을까 말까 하는 것을 부모 도움으로 쉽게 해결하는 사람들을 볼 때면 부럽기도 하고 힘이 빠질 때도 있었다. 하지만 부러워한다고 나의 생활이 바뀌는 것도 아니고, 내 삶이 달라지는 것도 아니라는 것을 잘 알기에, 그 마음들을 뒤로 하고 내가 할 수 있는 노력을 다시 시작했었다. 그렇게 해서 오늘의 나를 만들어왔고, 앞으로도 계속 성장하는 나를 만들어갈 계획이다.

우리 부모님은 나에게 든든한 배경이나 넉넉한 재력 대신에 세상을 살아갈 수 있는 에너지를 주셨다. 아빠에게는 무한한 성실함을 배웠고, 엄마에게는 강한 생활력을 배웠다. 이론이 아닌 당신들의 삶을 통해 몸소 보여주신 귀한 가르침이다. 그 두 가지를 에너지로 쓰며 나는 오늘도 세상이라는 놀이터에서 재미나게 살아가며 나를 성장시키고 있다.

수저 계급론 세부 내용을 쓸쓸한 마음으로 읽으면서 현재의 나를 생각해 보게 되었다. 만약 내가 금수저였다면 어땠을까 하는 상상도 해보았다. 그러면서 드는 생각이 힘들긴 했어도 흙수저가 100% 나쁜 것만은 아니다 싶었다.

금수저로 태어났다면 고생을 안 했을 테니 우선 몸이 편했겠지, 직장생활 하려고 아등바등 노력하지 않아도 되었겠지, 먹고살 걱정이 없으니 마음은 편했겠지, (다른 일로 마음고생을 했을 수도 있다. 인생은 여러 요소들의 복합체이니까. 부자라고 해서 절대 마음이 편한 것은 아니다.) 원하는 것을 언제든 쉽게 얻다 보니 노력이라는 단어의 가치를 몰라도 되겠지… 등등.

반대로 내가 흙수저여서 누렸던 것을 생각해 보니 꽤 있다. 가진 게 없으니 노력을 몇 배로 해야 한다는 사실을 일찍 깨달았다. 매일 나를 넘어서는 노력을 꾸준히, 성실하게 해야만 한다는 사실을 경험에서 배웠다. 도전하고 실패하고 또 도전하고 실패하고, 그 과정을 여러 번 반복하면서 넘어져도 다시 일어날 수 있는 내공을 갖게 되었다. 성과를 맛보는 희열은 도전한 자만이 느낄 수 있다. 포기하지 않고 노력한 자만이 달콤한 열매를 맛볼 수 있기에 보상은 충분히 받은 것 같다.

현재 흙수저라고 해서 결코 절망할 필요가 없다. 금수저가 아니라고 부모님을 원망할 필요도 없다. 고생을 좀 더 하고 안 하고 차이일 뿐이다. 좀 더 수월하게 가고 어렵게 가고의 차이지만, 어렵게 가는 것이 꼭 나쁜 것만은 아님을 내가 경험해 보니 알 것 같다. 나를 채우기 위해 배우는 과정에서 깨우친 경험들, 나를 성장시키는 과정에서 만난 다양한 분야의 멘토님들과의 인연 또한 값진 자산으로 남아 있다.

금수저가 아니라고 좌절할 필요는 없다. 〈인생 = 물질적 풍요〉도 아닐 뿐더러 삶의 행복 또한 내가 어디에 속하냐가 아니라 내가 어떤 삶을 살고 있는가에 달려 있다. 100억을 가지고 있어도 불행한 사람이 있고 10억 아니 1억을 가지고도 충분히 행복한 사람이 있다. 그러므로 삶의 중심을 부에 두지는 말자. 인생을 구성하는 여러 분야 중 한 부분으로 자산을 불려가기 위해 노력하면 되는 것이다. "내가 태어날 때 가난한 것은 내 잘못이 아니지만, 내가 죽을 때도 가난한 것은 내 잘못일 수도 있다."는 이야기를 다시 한 번 생각해 보길 바란다.

환경 탓하지 말고 주저앉아 있지 말자. 그래서는 아무것도 변하지 않는다. 상황만 더 악화될 뿐이다. 나에게 주어진 것을 인정하고 그것을 출발점으로 도약할 생각을 하자. 환경을 변화시키고 발전할 수 있는 방법을 찾고 그렇게 되기 위해 노력하자. 매일매일 노력하자. 반드시 된다고 생각하자. 왜냐하면 '나는 될 때까지 할 사람이니까!'라고 믿자.

조물주 위에 건물주,
아이들 꿈이 바뀌었다

요즘 '건물주' 하면 떠오르는 말이 있다. 그건 바로 '조물주 위에 건물주'이다. 사전을 찾아보니 "건물을 가지고 있으면 일을 하지 않고도 월세로 먹고살 수 있다는 이유로 요즘 청소년들의 장래희망 1위가 건물주로 꼽히는 현상을 비판한 말"이라고 나와 있다. 청소년들의 장래희망 1위가 건물주라니, 피식 하고 웃어넘기기에 마냥 가볍지만은 않다. 진짜로 많은 아이들이 부자를 꿈꾼다. 물론 부자면 좋겠지만 어떻게 아이들의 꿈 1순위가 건물주일 수가 있는지, 어떤 때는 안타깝게 들리기도 한다.

항상 새로 만나는 아이들에게 꿈을 물었었다. 옛날에는 대부분 대답을 못하고 몇 명만 자기가 장래에 하고 싶은 일에 대해서 진지하게 말하곤 했었다. 꿈이 있고 없고의 차이를 이야기하면서 자신이 좋아하는 것, 잘하는 것 등을 생각해 보며 꼭 꿈 찾는 여행을 시작했으면 좋겠다고 권했었다(그때만 해도 부자가 꿈이라고 대답하는 아이는 한 명도 없었다). 그런데 몇 년 전부터 아이들이 확실히 달라졌음을 느낀다.

평소처럼 꿈을 물어보면 절반은 말하고 절반은 말하지 못한다. 하지만 자신 있게 대답하는 절반 중 대부분은 부자가 되는 것이 꿈이라고 말한다. "되고 싶은 게 뭔지는 잘 모르겠는데, 확실한 것은 저는 돈을 많이 벌고, 꼭 부자로 살 거예요."라고 대답한다. 재미있는 것은 이렇게 대답한 아이들 대부분은 잘사는 집 아이들이라는 것이다. 장래에 하고 싶은 일이 있어도 돈을 많이 못 번다면 자연스럽게 리스트에서 배제하는 아이들도 꽤 있다.

분명 아이들이 경제적으로 일찍 눈을 뜨는 건 나쁜 것이 아니다. 오히려 경제에 무관심하게 자라는 게 더 나쁠 수 있다. 하지만 문제는 아이들이 너무 물질적인 풍요와 부만을 추구한다는 것이다. 그저 돈 많은 게 좋아서 부자가 되고 싶은 마음이 강할 뿐이다. 부자가 되기 위한 구체적인 생각도 없다. 어떻게든 부자로 살고 싶다는 마음만 있을 뿐이다. 그러다 보니 현재 본인들이 누리고 있는 것에 대한 고마움도 약하다. 그저 당연하게만 생각한다는 게 안타깝다.

장래희망이 건물주이고 무조건 부자를 꿈꾸는 아이들이 대부분인 현실이다. 이럴수록 아이들의 올바른 경제관 확립을 위한 교육이 중요하다. '돈만 많이 벌면 된다'는 위험한 생각에 브레이크를 걸어줄 필요가 있다. 불로소득이나 요행을 바라기보다는 내 노력의 결실로 돈을 버는 게 어떤 것인지를 먼저 알아야 한다. 더불어 돈의 올바른 쓰임도 알아야 한다. 아무리 돈이 많아도 무분별한 소비를 지양하는 연습이 필요하다. 핵심은 돈을 통제할 줄 알아야 한다는 것이다.

맹목적으로 부자가 되는 것을 목표로 삼기보다는, 부자가 되고자 한다면 어떤 방법으로 어떤 부자가 될 것인지도 같이 병행해서 고민할 수 있어야 한다. 돈만 좇아가다가 결국에는 삶 전체를 물질의 노예로 살게 되지 않기 위해서 말이다. 그리고 돈을 많이 벌어 부자가 되고자 하는 목표 또한 선한 가치관 위에 만들어졌으면 하는 바람이다. 단순히 돈 많은 부자, 일 안 해도 먹고살 수 있는 건물주를 꿈꾸기보다는 어떤 가치를 실현하는 부자가 되고 싶은지까지 생각하는 아이들이 많아지면 좋겠다. 그래서 우리 아이들의 꿈 목록에 풍자 느낌의 '조물주 위에 건물주'라는 단어보다 건강한 부자, 가치를 추구하는 부자라고 당당하게 쓸 수 있었으면 좋겠다.

그러기 위해서는 **어릴 때부터 아이와 함께하는 경제 공부도 꼭 필요하다.** 돈은 엄마아빠가 벌고 있으니, 혹은 우리 집에 재산이 많으니 너는 걱정 말고 공부만 열심히 하면 된다고 하면서 아이의 경제관의 씨앗을 자르지 않아야 한다. 올바른 경제관을 확립할 수 있도록 부모가 도와줘야 하는데, 그러기 위해서는 부모부터 탄탄한 경제관을 가지고 있어야 한다. 물쓰듯 펑펑 쓰며 과소비를 하기보다는 일상 속에서 근검절약을 생활화하면서 모범을 보여야 한다. 주위의 어려운 곳에 보내는 손길 또한 경제 교육의 한 부분으로 꼭 같이 했으면 하는 바람이다.

부의 크기와 행복의 크기는
비례하지 않는다

"무엇이 되었든 간에 비교는 불행의 시작이다."

안타깝게도 나는 이 진리를 참 늦게 깨달았다. 좀 더 일찍 깨달았더라면 많이 아팠던 젊은 날에 마음고생을 덜하지 않았을까 생각해 본다. 다른 시각으로 보면 머리로는 진즉 알았던 사실인데, 나이를 먹고 많은 경험을 하다 보니 저 말에 공감하는 강도가 강해졌을 수도 있다. 여하튼 이 말이 자신의 것으로 되는 시간이 빠르면 빠를수록 스스로에게 선물할 수 있는 자유 역시 빨리 찾아올 수 있다. 그리고 더 행복하게 잘살 수 있게 된다. 타인과 비교하지 않아도 되는 삶, 판단하는 기준을 사회적 잣대 혹은 타인이 아니라 내 가치관에 의한 것이라고 가정해 본다면 생각만으로도 불편한 마음이 대폭 줄어들 것이다.

대부분 다 그러하겠지만 나 역시도 사회적 알람에 맞춰 살다 보니 앞만 보고 달렸다. 그러다 넘어지면 옆을 보게 되고 내 앞에서 멀어져 가는 사람들을 보면서 저절로 비교가 되었다. 내가 처한 상황, 내가 가진 것들의 부족함만 눈에 들어왔다. 그러면서 불평과 불만이 가득해지고, 부족한 것들을 채우기 위해 더 많이 노력하게 되었다. 하지만 결과는 만족스럽지 못했다. 아니 만족스러울 수가 없다. 왜냐하면 처음부터 부족하다고 생각했던 게 옆 사람이나 앞 사람과 비교해서 느낀 감정이기 때문이다. 부족한 것을 다 채운다고 한들 또 다른 남들보다 적으면 여전히 부족하다고 느끼기 때문이다. 비교를 일상처럼 하는 사람들은 어찌 보면 이런 끝이 없는 경주를 평생 계속해야 할지도 모른다.

돈도 마찬가지다. 돈으로 비교하기 시작하면 정말 불행한 삶을 빠르게 자초하는 꼴이다.

"남들보다 더 많이 벌어야지."

평생 돈만 벌다 인생 끝날 수 있다. 아니 평생 돈의 노예로 살 수 있다.

"외제차 정도는 타줘야 폼나고 기가 살지."

이런 사람은 계속 자기 차보다 더 좋은 차와 비교하면서 평생 기 한 번 못 펴고 살 수 있다.

"누구 남편은 연봉이 1억이래."

남편이 '누구 와이프는 연봉이 2억이래'라고 비교하면 기분이 어떨까. 비교하지 말자. 내가 선택한 배우자다.

"옆집은 시댁(혹은 처가에서) 유산으로 몇 십억 주셨대."

그 돈 이면에 어떤 사연이 있는지 어찌 알고 부러워하는가. 본 적도 없고 나랑 전혀 상관없는 남의 돈일 뿐이다. 몇 십억을 받든 몇 백억을 받든 내 주머니에 있는 몇 십만 원이 나에게는 더 값진 돈이다. 씨앗으로 사용할 수 있으니까 말이다.

사람마다 공부머리도 다르고, 각자의 달란트도 다르고, 저마다의 역량도 차이가 난다. 뭐 하나 똑같은 것 없이 하나부터 열까지 다 다르다. 그렇기에 돈을 담는 그릇 또한 각자 개인만의 크기를 가지고 있다. 차고 넘치는 물질이 마냥 행복하고 꿈꾸던 삶을 보장해 주지는 않는다. 복권에 당첨되어 엄청난 금액이 손에 주어져도 못 지키는 사람들이 얼마나 많은가. 자고로 돈이란 내가 필요한 만큼만 원하고, 원하는 만큼 담는 게 맞다. 가난도 힘들지만 감당 안 되는 재물도 삶을 힘들게 하기는 마찬가지다. 사람의 욕심은 끝이 없기 때문이다.

먼저 생각해 보자. 여유로운 삶을 살아가는 데 필요한 금액이 어느 정도일까. 자산이 어느 정도면 더 이상 부에 대해 욕심을 내지 않을 수 있을까? 이것은 경제적 자유를 꿈꾸고 재테크를 시작함에 있어 상당히 중요한 부분이다. 자산이 1억밖에 없어도 행복한 사람들이 있는 반면에 자산이 100억이 넘어도 행복하지 않은 사람들이 분명 있다. 내가 만족할 수 있는 금액이 얼마인지 스스로에게 질문해 보자.

나에 대해서 다양한 방향으로 파악하고, 나의 경제적 욕구를 정확히 알고 난 후 그에 맞는 경제적 목표를 설정하면 된다. 노력을 통해 경제적 목표가 달성된다면 그 자산은 타인의 어떠한 자산과도 비교할 수 없는 금액이 된다. 가령 30억만 있으면 충분하다고 생각하는 사람에게 다른 사람의 100억, 1000억이 뭐 부럽겠는가.

나는 돈이 많으면 많을수록 좋다고 생각하지 않는다. 각자에게 필요한 만큼만 있으면 된다. 자녀들에게 최대한 많이 물려주기 위해 돈 버는 것에만 집중하고, 자산을 불리는 것에만 인생 대부분을 쓰는 것은 매우 안타까운 일이다.

한평생 성장하는 삶을 살아가는 것이 인생이다. 재테크 말고도 성장해야 할 것들이 많이 있다. 가치를 실현하는 삶을 살아가는 것 또한 인생에서 중요한 일이다. 그런 의미에서 재테크가 자본주의에서 필수과목인 것은 맞지만, 부자 되는 것이 여러분 인생의 목표는 아니길 바란다.

돈 경영보다
자기 경영이 먼저다

경제적 자유인이 되기 위한 첫 단추는 결코 재테크가 아니다. 본인의 삶을 리드하는 자기 경영을 습관화하는 것이 먼저다. 그렇지 않은 상태에서 로또라도 당첨되어 엄청난 부가 주어진다고 한들 그 많은 돈이 연기처럼 사라지는 것은 시간 문제일 뿐이다. 자기 경영을 제대로 한다는 것은, 내가 내 삶의 CEO라는 생각을 가지고 매사 나를 성장시키는 노력에 최선을 다하는 것이다.

'내 삶의 주인'이라는 생각을 가진 사람이 소중한 하루를 대충 보낼 수 있을까? 돈으로 살 수 없는 귀한 시간을 펑펑 물쓰듯 무의미하게 흘려보낼 수 있을까? 절대 없을 것이다. 내 삶의 주인으로 산다는 것은, 나의 삶을 책임지는 것이다. 더 나은 삶을 살 수 있도록 현재 나의 내면을 채우고 가꾸는 일에 정성을 다한다는 것을 의미한다. 그것의 시작은 '나는 어떻게 살아갈 것인가?'라는 삶의 방향성을 설정하는 것이다.

좌충우돌 20대에 시작한 자기 경영

타이트하게 짜인 시간표 속에 수동적인 생활을 하는 고등학교 때와 달리 대학교 강의 시간표는 널널함 그 자체다. 수업 시간표뿐만 아니라 학교생활도 확연히 달라진다. 고등학교 때와 달리 하루 종일 학교를 안 나가도 전화하는 담임 선생님은 없다. 그냥 출석부에 체크가 되고 그게 쌓이면 학점에 영향이 미칠 뿐이다. 물론 그 결과는 온전히 학생의 책임으로 남는다. 이처럼 대학생이 되는 순간부터 무한 자유가 주어지고, 그 자유의 또 다른 의미는 100% 본인 책임제라는 것이다.

내가 대학생활을 하면서 느꼈던 것은, 나의 노력에 따라 천지차이의 4년을 보낼 수 있다는 것이었다. 고등학교 때처럼 학교와 집을 무한 반복할 것인지, 틀에 박힌 삶을 벗어나 젊은 에너지를 자원삼아 다양한 배움을 통해 성장하려고 노력할 것이지는 본인 선택의 문제다. 후자의 삶을 살았던 나는 그때의 생활들이 그 다음 단계로 올라가는 밑받침이 되어주었고, 다음을 기약할 수 있는 씨앗들이 되어주었다.

대학교 시간표를 보면 중간 중간 빈 시간이 많다. 입학 후 몇 달을 지내보니 그 빈 시간들이 아깝다는 생각이 들었다. 대부분 불필요한 수다로 채워지는 그 시간들을 특별히 하는 것 없이 그냥 무의미하게 흘려 보내고 싶지 않았다. 지금까지 20년 넘게 써온 다이어리는 그때부터 쓰기 시작한 것이다.

해야 할 일들의 목록을 적어놓고 시간표 중간 중간 빈 시간들에 하나씩 넣어서 해결했다. 여러 차례 시행착오를 겪으면서 수정을 거듭

하다 보니 나날이 다듬어져 갔다. 그랬더니 시간 없다는 핑계로 못했던 일들도 챙길 수 있었고, 학교에서의 하루 일과 또한 알차게 돌아가게 되었다. 하루 전날 다음날의 24시간을 미리 계획하고 만난다는 것은 하루를 시작하는 느낌부터 다르게 해주었다. 그리고 계획했던 일정들을 다 소화하고 나면, 하루를 마무리하면서 찾아오는 뿌듯함에 기분 좋게 잠들 수 있었다. 그렇게 나는 다이어리 쓰는 재미에 서서히 빠져들었다.

자기 경영을 하다 보면 자동으로 자기 성장에 관심을 갖게 되고 자기 계발로 관심사가 옮겨지게 된다. 나 역시도 시간을 소중하게 쓰고 싶은 마음에서 출발해서 하루를 알차게 보내고 싶어졌고, 무엇인가를 배워서 나를 채워가는 노력을 하게 되었다. 대학교 3학년 때 학교 가기 전의 새벽과 아침시간을 활용하여 수영강습과 영어회화를 끝내고 9시 수업에 들어갔다. 저녁 아르바이트를 끝내고 한밤중에 집에 가게 되면 몸은 피곤했지만 오늘 하루를 알차게 보냈다는 뿌듯함에 기분이 좋았다.

대학생활을 알차게 보낸 경험 덕에 '20대를 어떻게 보내느냐에 따라 30대가 결정된다'는 생각을 좀 일찍 하게 되었다. 20대 중반에 사회생활을 시작하면서부터 나의 다이어리는 더 체계적으로 알차게 채워졌다. 내가 소중히 여기는 시간을 값지게 쓰는 것에 초점을 맞추다 보니 경험이 쌓일수록 시간 활용의 효율성은 저절로 높아졌다.

현재에 머무르지 않고 스스로 움직이면 움직일수록 성장할 수 있는 발판들이 도처에 깔려 있음을 알게 되고, 그 발판 위에 서기 위해 노력하지 않을 수 없었다. 배우고 싶은 것도, 도전하고 싶은 것도, 꿈도 많았던 20대였다. 동시에 만만치 않은 세상에서 많이 넘어지고 깨지고 좌절했던 20대이기도 했다. 그렇지만 힘들고 아파서 울지언정 포기는 하지 않았다. 포기했더라면 오늘의 나는 없었을 것이다.

오뚝이처럼 넘어진 수만큼 다시 일어났다. 그러면서 드는 생각이 30대에는 좀 더 성숙된 삶을 살 수 있겠지, 20대의 좌충우돌의 삶이 아닌 좀 더 무르익은 삶을 살 수 있겠지, 였다. 그러려면 "10년 후에 지금을 돌아봤을 때 지금보다 더 열심히 살 수 없다."라는 생각이 들도록 후회 없는 오늘을 살자고 다짐했다. 세상의 펀치들에 많이 좌절했던 20대 때에 말이다.

성숙해진 30대에 삶에서 느낀 자기 경영

20대 중반에 사회생활을 시작하면 보통 서른을 넘어서부터는 일이 어느 정도 익숙해지면서 안정되어간다. 경우에 따라서는 일의 역량이 커져서 더 많은 양의 일을 소화하게 되기도 한다. 그러다 보면 자연스레 일의 속도에 가속도까지 붙을 수 있다. 30대는 일로써 최고의 꽃을 피우는 전성기가 아닌가 싶다. 나 역시 드림 워커로써 쓰리 잡을 기꺼이 감당하며 행복하게 일할 때이기도 했다.

20대에는 단순히 일(work)이 전체 그림이었다면, 그래서 그에 따른 나의 성장들을 고민했었다면, 30대부터는 전체 그림으로 인생이 보이기 시작했다. 일은 언제까지 어떤 방향으로 해나갈 건지, 어떤 모습으로 나이 들어갈 것인지, 앞으로 어떤 삶을 추구해 나갈 것인지 등등 새로운 고민들이 주어졌다. 그러다 결혼하게 되면서는 어떻게 가정을 꾸려 나갈 것인지를 생각하게 되었고, 아이가 태어나게 되면서는 '나는 어떤 부모가 될 것인가, 나의 소유물이 아닌 신으로부터 양육을 위탁받은 아이를 어떻게 키우며 아이와 함께 성장하는 부모가 될 것인가'라는 주제가 하나 더 추가되었다.

그 어떤 시기보다도 자기 계발과 자기 경영에 관한 책을 무한히도 읽었다. 사회적 멘토들의 강의를 적극적으로 찾아다니면서 들었다. 물론 이런 종류의 책과 강의가 나의 고민들에 직접적으로 답을 주는 것은 아니다. 그렇지만 적어도 다양한 방향들을 제시해 줌으로써 앞으로 나아갈 수 있는 다리들을 놔주었다. 적어도 바쁘다는 핑계로 성장과 성찰의 고민들을 놓아버리지 않았다는 점이 나로 하여금 자기 계발을 습관화하게 만들었다.

'열정과 오뚝이'가 20대 삶의 키워드였다면 30대는 '열정과 삶의 성장'이 키워드였다. 주제에 따라 분야를 나누어서 구체적으로 고민을 해보게 되었다. 나를 가운데 놓고 그것을 중심으로 로드맵을 그려보는 것을 놀이처럼 즐겼다. 그렇게 해서 나온 것이 6가지 큰 주제다.

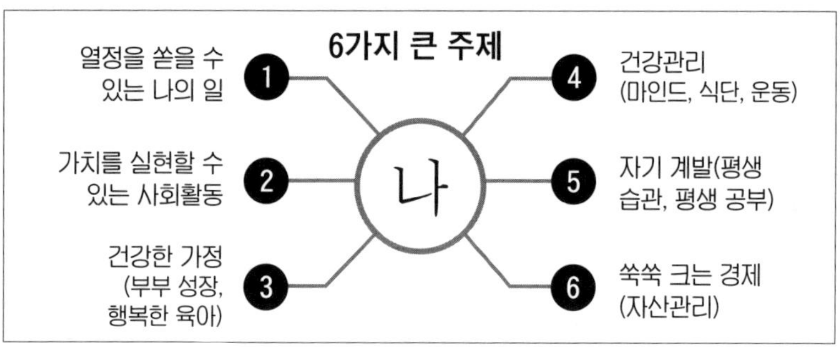

6가지 주제들을 나침반 삼아 10년 후의 모습, 5년 후의 모습, 3년 후의 모습을 그려봤다. 그렇게 하다 보면 연초에 1년의 계획을, 말일에 다음 한 달의 계획을, 일요일 저녁에 다음 한 주의 계획을 세우지 않을 수 없다.

매일 성실하게 열정적으로 뿌리는 기회의 씨앗과
땀 흘리는 노력 없이는 꿈꾸는 미래에 도달할 수 없다.

나의 시간 관리를 도와주며 나와 함께 살아온 플래너들

엄마니까 자기 경영이 더 필요했다

진통하기 전날까지 일을 했었다. 진통이 와서 병원으로 가면서 저녁에 예정되었던 일들을 연기했다. 출산을 하고 쉬었던 3주가 유일하게 내가 일을 쉬었던 시간이었다. 출산하고 3주 만에 다시 일을 시작했는데, 진짜 살 것 같았다. 모유를 위해 하루 세끼 꼬박꼬박 먹어야 했던 미역국과 밥이 곤욕스럽다 느낄 즈음이었다.

고시원에서 공부할 때 빼고는 15년 동안 아르바이트든 직장이든 일을 한 번도 쉬어본 적 없던 나였다. 그런 내가 아무런 활동 없이 모유를 위해 먹기만 하니 얼마나 답답했겠는가. 3주 후에 일을 다시 하니 숨통이 트이는 것 같았고, 질렸던 미역국도 다시 맛있게 느껴졌다. '그래~ 나는 일을 해야만 살아 있음을 느끼는 여자야'라고 생각하며 삶의 활력을 찾기 시작했다.

출산 6개월이 되면서 다시 위기가 찾아왔다. 내 마음이 이상했다. 현재의 내 모습이 내가 아닌 것 같았다. 그 상황이 너무 낯설게 느껴졌다. 이유를 생각해 보니 다이어리에 답이 있었다. 출산 전까지 항상 빼곡하게 적혀 있던 나의 다이어리, 매일이 알찼던 나의 일과들… 그 모든 것이 하루아침에 멈추었던 것이었다.

사실 하루 계획을 세우는 것이 무의미했던 시기였다. 아이가 응애~하며 우유 달라고 우는 시간이 나의 하루 일과 시작이었고, 아이를 양육하는 일에 하루가 다 갔다. 아이 돌보기에 집중하고 그것에 맞춰 생활하는 일상이었기에 '계획'이라는 단어가 어울리지 않는 생활이었다. 그 당시 내 상황은 시속 200km로 달리던 자동차가 하루아침에 멈춰버린 꼴이었다.

아이가 태어났을 시점에 받았던 학교의 러브콜들을 아이를 맡길 곳이 없어 포기했던 터였기에 멈춰버린 내 다이어리를 보는 마음은 더 울적했다. 시댁이든 친정이든 지원을 받으며 본인의 일을 마음껏 하는 여성들이 부럽기까지 했다. '비교는 불행의 시작'이라는 것을 잘 아는 나였지만, 마음이 약해지니 나도 그렇게 '비교'라는 걸 하고 있었다.

그렇게 며칠을 가슴앓이하다가 나에게 편지를 썼다. 그 시간을 통해 마음이 많이 다독여졌다. 그러면서 3년이라는 시간 동안 삶의 키워드를 잠시 바꾸기로 했다. 엄마가 되기 전의 나를 잠시 내려놓고, '엄마'라는 새로운 역할에 최선을 다해보고자 〈행복한 육아〉로 방향을 설정해 보았다. 그랬더니 다시 다이어리가 채워지기 시작했다. 다이어리에 채워지는 주제들이 내 개인적인 것보다 가정 경영과 육아 그리고 엄마로서 성장에 관한 것들로 자연스럽게 이어졌다.

다시 생활의 활력이 되살아나고, 무엇보다 행복한 육아에 푹 빠져 살았다. 목표했던 〈3년 홈 육아〉의 3년차되던 해에는 하루하루가 더 소중하고 애틋하게 느껴졌다. 아이 인생 통틀어 나의 인생 통틀어 하루 24시간 전체를 함께 보내는 시간은 올해가 마지막인 것인데, 그 관점으로 바라보니 매일이 얼마나 소중하게 느껴졌는지 모른다. 아이가 클수록 각자의 삶을 살아내느라 함께하는 시간은 더 줄어들 것이다. 그렇기에 이 시간도 축복이라 여기며 육아하는 그 순간을 최대한 즐겨야 한다고 생각했다.

육아에 열심이다 보니 서서히 열정의 온도가 올라갔다. 다시 다이어리를 쓰게 되면서 유모차를 밀고 서점에 가게 되고, 은행이나 증권사에도 가게 되었다. 아이가 유모차에서 잠자는 시간을 나의 발전을 위한 시간으로 쓰는 요령이 생긴 것이다. 집에서 낮잠을 재우면 나도 함께 잘 가능성이 크기 때문에 일부러 유모차를 밀고 밖으로 나왔다. 그렇게라도 나의 시간을 확보하고 싶었다. 내세울 만한 재능이 없는 나는 스스로를 성장시키기 위해 끊임없이 노력해야 된다는 생각이 깊게 내재되어 있었던 것 같다.

어느 날 서점에서 『독서천재가 된 홍대리』를 읽고 '100일에 33권 읽기'에 도전을 해보았다. 그 독서 미션을 위해 전형적인 야행성인 내가 이른 아침을 사수하기로 독하게 마음먹었다. 아이가 일어나는 순간 나의 개인 시간은 없는 것이니 어쩔 수 없는 선택이었다. 하루는 안 떠지는 눈을 간신히 뜨며 책을 들고 의자에 앉으니 출근 준비하는 신랑이 물어본다.

"피곤하면 그냥 자. 왜 자신을 그렇게 힘들게 해?"

"아냐, 이겨내야 해. 지금 100일에 33권 읽기 미션 중이거든. 내가 왜 이러는지 이해가 안 되지? 내가 3년 육아 끝내고 사회에 다시 나가기 시작할 때 뭔가를 하려면 준비가 되어 있어야 할 것 아냐. 내가 집에서 아이를 키우면서 할 수 있는 준비의 최소함이 독서인 것 같아. 자기는 모르지만, 내가 낮에 뭘 배워보려고 몇 번 시도했거든. 다들 애기를 해결하고 오래. 근데 아이 키우면서 집에서 할 수 있는 것은 새벽 독서밖에 없는 것 같아. 내가 늘 말했잖아. 기회는 준비하는 자에게만 보이는 거라고! 그래서 오늘도 나는 책을 읽는다. 하하하, 잘 다녀오시오!"

우리 신랑은 힘겹게 일어나는 내가 안쓰러워서 한마디했다가 마인드 교육하는 것 같은 이야기를 듣고 출근했다. 나 역시 그 이야기를 하다 잠이 확 깨서 아이가 일어나기 전까지 생존 독서를 이어갔다.

그 이후로 일상으로 다시 되돌아왔을 때 내 다이어리는 가득 채워지기 시작했다. 늦은 출산을 하고 육아와 병행하다 보니 체력의 한계를 느낄 때가 많았지만, 삶에 대한 열정은 전혀 달라지지 않았었다. 그래서 마음껏 꿈꾸고 도전하는 생활을 계속했다. 물론 나는 내 삶의 CEO라는 마인드와 함께!

나의 성장의 발판이 되어준 다이어리와 계획표들

경제적 자유를 위한 실전편1
돈 경영

> "
> 재테크 첫 출발은 종자돈 만들기다.
> 열심히 일해서 소득을 늘리고
> 알뜰하게 모아서 재테크 씨앗을 만들자.
> "

재테크, 왜 하고 싶은가?

부자가 되길 원하고 경제적으로 자유롭고 싶어서 사람들은 재테크를 할 것이다. 부자가 되고 싶은 이유는 다양한 인생사만큼이나 각자의 '왜'가 있을 것이다. 나의 경우, 재테크 전반부에는 부자를 꿈꿨다면 후반부에는 경제적 자유인을 꿈꾸게 되었다. 부자와 경제적 자유인을 같은 것이라고 생각하는 사람도 있을 것이다. 하지만 내 경우에는 분명히 다르게 해석되었다.

부자는 돈이 엄청 많은 사람이다. 사회적 기준으로 부자가 30억이라면 30억을 모아야 부자인 거고 100억이라면 100억을 모아야 부자로 등극하는 셈이다. 하지만 경제적 자유인은 굳이 경제활동을 하지 않아도 평생 여유롭게 먹고 사는 데 전혀 문제가 없는 사람, 본인이 바라는 물질의 목표를 달성한 사람이다. 물론 경제적 자유인의 목표는 개인마다 다를 것이다. 50억이 있어도 부족하다고 느끼는 사람이 있을 테고, 10억만 있어도 매우 만족하는 사람이 있을 테니 말이다.

멋모르고 부를 꿈꿨던 재테크 초보시절을 지나서 내 손이 마이더스손인가 착각에 빠질 때쯤 이런 생각을 했었다. '30세까지 3억에 도전해 봐야지. 만약 그게 이뤄지면 35세까지 10억에 도전해 봐야지. 그마저 이뤄진다면, 그리고 내가 독신으로 살게 된다면, 원 없이 일하고 마음껏 날아서 한계 없이 벌고 죽을 때 내 이름으로 된 교육 재단을 만들고 삶을 마감해야지.'라며 상상의 나래를 폈었다. 결론은 상상으로 끝났다. 부자는 커녕 잘못된 투자로 고통의 터널에 빠져 엄청 고생했었다. 이 이야기는 다음 장 〈실전편 2〉에서 자세히 언급할 예정이다. 고통의 긴 터널을 빠져나와 다시 재테크 판을 정비하면서 10 in 10 강의를 듣게 되었는데, 그때 재테크 목표가 부자가 아니라 경제적 자유인으로 바뀌게 된 것이다.

내가 재테크에 관심을 가졌던 이유는, 미래에 돈 때문에 어려움을 겪는 상황에 절대 놓이고 싶지 않아서였다. 어렸을 때부터 꿈꾸던 나의 일은 부자와는 거리가 먼 직업이었다. '나는 나의 일을 열정적으로 하면서 그 분야에서 성장할 거니까 돈은 돈이 알아서 벌어왔으면 좋겠어.'라고 처음에는 생각했었다. 이런 안일한 생각이 잘못된 투자를 하게 만들었고, 결국 나로 하여금 재테크의 다양한 분야에 관심을 갖게 했다.

여러 풍파를 거쳐 쓰리 잡을 하면서 원 없이 배우고 일할 시점에 경제적으로도 능력 있는 사람이 되고픈 바람이 생겼다. 연봉 많은 남편이나 부자 시댁의 도움을 받아서가 아닌, 스스로 경제적 능력을 갖추고 싶었다. 미래에 엄마가 되었을 때도 순수하게 자력으로 능력 있는 엄마이고 싶었다. 그런 생각들이 나로 하여금 재테크를 열심히 하게 했었고, 그것보다 더 중요한 자기 경영에도 열정을 다할 수 있게 해줬다. 그러다 경제적 자유인을 목표로 하면서부터는 머니파이프라인 만드는 것에 초점을 맞추고 나에게 은퇴를 선물하기 위해서, 경제적 자유를 이루기 위해서 신나게 달렸다.

이제 여러분 차례이다. 각자 스스로 현재 어떠한 경제적 상황에 놓여 있는지 정확하게 분석하고 진단하자. 그 다음 재테크를 꼭 해야만 하는 나만의 이유를 곰곰히 생각해보자.

재테크 예비생, 스물하나에 경제적 독립을 선언하다

한평생 생계를 위해 고생하시는 부모님을 보고 자란 덕분인지, 나는 아끼고 모으는 것이 기본적으로 몸에 길들어져 있었다. 어린 나의 눈에도 부모님이 너무 힘들게 돈을 버시니까 함부로 쓰면 안 된다는 생각이 깊게 자리 잡고 있었다. 어렸을 때 준비물 살 돈을 받지 못해 울며 등교했던 기억들이 있다 보니 비상금은 꼭 마련해 놔야 하고, 만약을 대비해서 돈은 항상 준비되어 있어야 한다는 생각이 강하게 자리 잡고 있었다. 그래서인지 모르겠지만, 여하튼 모으는 걸 참 잘했다.

대학교 1학년 때 한 달 용돈이 15만 원이었다. 용돈을 받으면 제일 먼저 1만 원을 따로 빼냈다. 그 1만 원은 반드시 나가야 하는 삐삐 요금, 즉 통신비였다. 그리고 한 달분의 토큰을 미리 사놓았다. 밥값은 부족하면 도시락을 싸서 해결할 수 있다지만 버스비는 그럴 수 없으니 미리 준비를 해놓은 것이다. 이렇게 한 후 남은 금액 안에서 한 달을 살았다. 되게 빡빡하고 어려운 생활이었다. 신기한 것은 그렇게 몇 달을 노력하고 보니 정해진 금액 안에서 생활하는 것이 익숙해졌다. 알뜰한 생활에 재미가 붙다 보니 더 절약하게 되고, 빠듯한 금액이지만 1만 원 저축하기에 도전해 보는 놀라움도 경험했다.

이렇게 아껴 살았는데 어쩌다 늦잠을 자서 택시를 타고 학교를 가게 되면 나에게 화가 났었다. 일상생활에서 최대한 아껴 살았는데 택시를 타게 되면 큰 금액이 훅 나가게 되고, 그럼 그달 용돈을 집행함에 있어 어려움이 크기 때문이다. 한 번은 늦게 일어나서 어쩔 수 없이 택시를 타고 학교에 갔는데, 휴강이란다. 허무하게 지출된 택시비가 제일 먼저 떠올랐다. 늦잠 잔 것에 대해 벌 받은 느낌이었다. 그런 날은 부지런하지 못한 나에 대한 책망 때문에, 소중한 아침 시간을 날렸다는 자책감 때문에 마음 무겁게 하루를 보내곤 했다.

스무 살에 처음으로 했던 아르바이트는 친했던 선배 언니가 소개해 준 비디오방이었다. 정확하게 기억은 안 나지만 시간당 2,200원 정도였다. 작은 돈이었지만 난생처음 사회에서 스스로 번 돈이었다. 하루는 손님이 나간 후 청소를 끝내고 안내 데스크에 앉아 있었는데, 주머니에 들어 있는 동전이 손에 잡혔다. 내가 한 시간 동안 일해서 받는 돈이 2,200원이다 보니 내 주머니에 있는 동전들조차도 크게 느껴졌다. '내 손에 있는 몇 백 원 동전들이 모여서 나의 시간당 알바비가 되는구나. 푼돈이라 할지라도 진짜로 돈을 함부로 쓰면 안 되겠구나.'라는 생각을 하게 되었다.

2학기 후반부터 기타 알바가 아닌 과외 아르바이트를 하게 되었고, 그러면서 시간적으로나 경제적으로나 조금은 여유롭게 생활할 수 있었다. 그렇게 번 돈으로 영어회화도 배우러 다니고, 컴퓨터 자격증도 취득했다. 두 학기를 지내면서 장학금을 받다 보니 등록금 또한 내가 감당할 수 있겠다 싶었다. 국립대를 다닌 덕분에 등록금이 저렴한 편이었는데, 장학금까지 받아 실제 내는 돈은 적었다. 하지만 형제가 많다 보니 납부금 총액이 상당했다. 그나마 부모님이 자영업을 하셨기에 감당은 할 수 있는 금액이었지만 왠지 나라도 도움을 드려야겠다는 생각이 들었다. 그래서 2학년 올라가는 시점에 부모님께 경제적 독립을 하겠다고 말씀드렸다.

"앞으로 등록금이고, 생활비고, 학원비고, 저에 대한 모든 비용은 제가 다 감당하겠습니다."

이것을 계기로 나는 더 경제관념이 투철해졌고 생활력도 더 강해졌다. 스스로를 책임져야 했기에 아르바이트는 선택이 아닌 꼭 해야만 하는, 열심히 해야만 하는 일이었다.

어느 날 재테크가 인생에 끼어들어 재테크 입학생이 되다

대학 졸업 후 어느 날 엄마가 나에게 모은 돈 있으면 서울 고모에게 2천만 원을 보내라고 하셨다. 무슨 느낌인지 알 것 같았지만 한 번도 경험해 보지 못한 일이라 아무 생각 없이 송금했다. 송금한 다음 달부터 꼬박꼬박 내 통장에 40만 원이 들어왔다. 처음에는 40만 원이라는 큰 금액에 놀랐다. 이게 뭔가 싶었다. 그렇게 몇 달이 꾸준히 들어오자 이런 현상에 대해 놀라움을 금할 수 없었다.

카르페 : 아빠, 고모한테 2천만 원 보냈는데, 어디에 보내셨는지 매달
40만 원씩 들어와요.

아버지 : 2부 받고 있네.

카르페 : 네? 2부요? 그게 뭐예요?

아버지 : 이자율이지, 1부는 원금의 10%, 2부는 원금의 20%를 이자로
주는 것을 말한단다.

카르페 : 은행 이율에 비해 엄청 고이율인데 이런 돈을 누가 써요?

어머니 : 사업하는 사람들 혹은 급하게 돈을 회전시켜야 하는 사람들
이 많이 쓰지. 그만큼 위험한 거야. 빌려간 사람 자금 사정에
무슨 문제가 생기거나 변수가 생기면 원금을 날릴 수도 있단다.

카르페 : 그러겠어요. 1부 이자, 2부 이자. 이런 고금리를 쓰는 사람들
이 있다는 것이 신기하네요.

어머니 : 끝나고 나면 고모한테 마지막 이자인 40만 원은 그냥 다시
보내 드려라.

카르페 : 네? 왜요?

어머니 : 세상에 공짜 없다. 고모 덕에 재미를 보았으면 보답해야지.

카르페 : 맞는 말씀이긴 하지만 그렇다고 한 달 이자 전부를요? 너무
많지 않나요? 그냥 제 형편에 맞게 하면 안 되나요?

어머니 : 그냥 엄마가 시키는 대로 해. 다 보내드려.

카르페 : 네. 이율도 세지만 이자소득세도 엄청 세군요.

그 당시 내가 아르바이트 해서 받는 돈이 25~30만 원이 보통이었

고, 가끔 기회가 주어지는 좋은 조건이 40만 원이었다. 그것도 한 달 내내 일을 해야만 벌 수 있는 금액이었다. 저녁도 제대로 못 챙겨 먹을 때가 태반이었고, 자정이 넘어서 일이 끝나다 보니 새벽에 집에 들어가는 날도 많았다. 아르바이트 하러 가는 버스 안에서 피곤해서 꾸벅꾸벅 졸기 일쑤였고, 만원버스에 시달리며 아르바이트를 다녀올 때면 완전 파김치가 돼서 귀가하고는 했다. 이렇게 고생하며 돈을 벌고 있는 것이 나의 현실이었다.

그런데 이건 뭐지? 나는 아무것도 하지 않았는데 내 돈 2천만 원이 가서 월 40만 원씩 벌어오고 있다는 사실이 너무나 신기했다. 내가 한 달 동안 고생해서 일하는 것처럼 내 돈 또한 나의 노동을 대신해서 새로운 돈을 벌어오는 것이었다. 돈이 돈을 번다는 것을 그때 처음으로 실감했다. 은행 자동화기기에서 통장정리를 하면 어김없이 40만 원이 들어와 있었다. 기특한 마음으로 그 통장을 바라보면서 생각했다.

"돈이 돈을 벌게 하는 시스템을 만들어야겠다. 자본주의 사회에서 재테크는 선택이 아니라 필수구나. 노동으로 돈을 불려 나가는 것만이 길이 아니었어. 물론 그것도 하나의 방법이겠지만 잘 나가는 사업가가 아니고 월급쟁이 혹은 프리랜서로는 한계가 있겠어. 일을 통해 씨앗을 벌고 그 씨앗들을 알뜰하게 모아서 작은 눈덩이를 만들고, 그 작은 눈덩이가 큰 눈덩이로 굴러가게 해야겠구나."

이때를 계기로 나는 재테크에 관심을 가지게 되었다.

일단은 재테크의 총알,
종자돈부터 만들고 이야기하자

재테크 총알 – 종자돈

　나의 돈 2천만 원이 서울 가서 40만 원씩 벌어오는 경험을 하기 전까지는, 돈이 생기면 무조건 통장에 저축하는 것밖에 몰랐다. 재테크의 'ㅈ'자도 몰랐다. 일에서 성공하고픈 꿈이 가득한 20대이었고, 일에 대한 열정이 충만한 청춘일 뿐이었다. 재테크 쪽으로는 완전히 문외한이었다. 수익률이라는 단어도 수학 문제 풀 때나 봤었지 실생활에서는 써본 적이 없는 용어였다. 그만큼 재테크를 딴 세상 이야기로 여겼던 시기였다.

　하지만 원금 2천만 원을 넣어두고 1년에 480만 원을 이자로 받은 그 사건(?)을 계기로 나는 재테크에 눈을 뜨게 되었다. 나는 재테크에 관련된 책을 읽고 경제 신문을 읽기 시작했다. 읽다 보니 공통된 단어 하나가 눈에 들어왔다. 그건 바로 '종자돈'이었다. '음, 재테크를 하려면 종자돈이 필요하구나. 그럼 난 우선 종자돈을 모아야겠구나. 소득이라는 씨앗으로 종자돈을 열심히 모아보자.' 완전 단순했다. 나는 책을 덮으며 종자돈 모으기에 돌입했다.

여기서 내가 잘한 일은 종자돈 모으기를 시작한 것이었고, 잘못한 일은 책을 덮은 것이었다. 아빠에게 물려받은 성실함과 엄마에게 물려받은 강한 생활력으로 종자돈을 모으기에는 성공했는데, 그 기간 동안 공부를 병행하지 않아서 막상 종자돈이 모였을 때 나는 큰 사고들을 치게 된다. 실전편에서 소개되겠지만, 나의 처음 사고는 그 다음 사고를 불러일으켰고, 결국 나를 총체적 난국에 빠트렸다.

그래도 종자돈은 참 잘 모았다. 매달 80만 원 적금을 1년 만기로 넣었다. 그러면 원금 960만 원이 모이고 거기에 이자까지 더하면 1천만 원이 약간 안 되는 금액이 모였다. 만기된 적금에 몇 만원 더 보태서 1천만 원으로 만들고 그걸 다시 예금으로 묶어놨었다. 동시에 80만 원 적금은 그대로 이어갔다.

나는 이 과정이 참 재미있었다. 한 개로 시작한 통장이 두 개로 늘어나고 1천만 원 예금이 2천만 원으로, 3천만 원으로 불어가고 있었다. 동시에 새로운 80만원 적금 통장은 예금 통장으로 합류하기 위해 열심히 달리고 있었다. 그러다 알바를 하나라도 더하게 되면 그 돈을 다시 새로운 적금 기차에 태워 출발시켰다. 한 번 시작한 적금은 중도 해지 않는 것을 원칙으로 했기에 만기까지 무조건 유지했다.

재테크를 처음 시작할 때 종자돈을 모으기 시작하면서 제일 안전하고 다가서기 편한 1금융권 은행 문을 두드렸다. 적금과 예금 통장을 만들면서 수시로 은행을 들락거렸다. 그러면서 은행에서 새로 출시되는 상품들이 없나 레이더망을 켜놓고 다녔다. 창구 직원에게 궁금한 것에 대해 여러 가지 질문들을 하고 집에 와서 다시 괜찮은지 보았다. 그리고 가입해야겠다 판단이 서면 종자돈 모으는 로봇으로 적극 활용을 했다.

내가 혜택 받을 수 있는 상품이라면 적은 돈이라도 꼭 가입을 해서 단 1%의 금리라도 혜택을 보려 했다. 세금 우대나 비과세 상품을 놓치지 않고 드는 건 필수였다. 이런 과정들을 통해 나의 재테크 총알들은 차곡차곡 만들어지고 있었고, 나는 종자돈 만드는 재미에 푹 빠져 있었다.

은행 창구를 이용할 때도 직원이 일처리 하는 동안 멍하니 있거나 스마트 폰을 만지작거리며 시간을 때우기보다는 광고판에 진열되어 있는 상품들을 유심히 보는 노력이 필요하다. 궁금한 내용이 있으면 작은 내용이라도 직원에게 질문하기 바란다. 답을 듣다 보면 또 다른 궁금증이 생기기도 한다. 그럼 또 질문하고, 또 질문하고… 그런 과정을 통해 하나씩 알아가는 거다.

과거와 달리 요즘은 은행에서도 펀드, 보험 같은 상품들을 같이 파니까 괜찮은 투자 상품 있냐고 물어보면 더욱 친절하고 다양한 상품들을 설명해 준다. 특별히 궁금한 게 없을 때는 그냥 일상적인 질문이라도 하는 연습을 해보길 바란다. 나도 창구에서 금리에 관해 이야기 나누다 대부계로 옮겨 부동산 대출 이야기 나누다 조합원 이야기까지 나눴던 적이 있다. 그러면서 또 새로운 사실들을 알게 되고, 은행을 나오는 발걸음이 신났던 기억이 많다.

◆ **2000년 통장 기차 1호**

1월	2	3	4	5	6	7	8	9	10	11	12
80만원	80	80	80	80	80	80	80	80	80	80	80

원금 = 960만 원
이자 = 36만 원 + 4만 원 더해서 ⟶ 1,000만 원 예금으로 자물쇠 채움

◆ **2000년 통장 기차 2호** ⟶ 1,000만 원 예금

◆ **2001년 통장 기차 3호**

1월	2	3	4	5	6	7	8	9	10	11	12
80만원	80	80	80	80	80	80	80	80	80	80	80

원금 = 960만 원
이자 = 34만 원 + 6만 원 더해서 ⟶ 1,000만 원 예금

◆ **2001년 통장 기차 4호**
(알바 추가)

1월	2	3	4	5	6	7	8	9	10	11	12
30만원	30	30	30	30	30	30	30	30	30	30	30

원금 = 360만 원
이자 = 13만 원 + 27만 원 더해서 ⟶ 400만 원 예금으로 자물쇠 채움

◆ **통장 기차 5호** = **통장 2호** (1,060만 원) + **통장 3호** (1,000만 원) + **통장 4호** (400만 원) + 40만 원 더해서 ⟶ 2,500만 원 예금

◆ **2002년 통장 기차 6호**

1월	2	3	4	5	6	7	8	9	10	11	12
80만원	80	80	80	80	80	80	80	80	80	80	80

원금 = 960만 원
이자 = 약 30만 원 + 10만 원 더해서 ⟶ 1,000만 원 예금

◆ **2002년 통장 기차 7호**

1월	2	3	4	5	6	7	8	9	10	11	12
30만원	30	30	30	30	30	30	30	30	30	30	30

원금 = 360만 원
이자 = 약 9만 원 + 31만 원 더해서 ⟶ 400만 원 예금

◆ **2002년 통장 기차 8호**
(알바 추가)

1월	2	3	4	5	6	7	8	9	10	11	12
30만원	30	30	30	30	30	30	30	30	30	30	30

원금 = 360만 원
이자 = 약 9만 원 + 31만 원 더해서 ⟶ 400만 원 예금

◆ **통장 기차 9호**

통장 5호 (2,627만 원) + **통장 6호** (1,000만 원) + **통장 7호** (400만 원) + **통장 8호** (400만 원) + 73만 원 더해서 ⟶ 4,500만 원 예금으로 자물쇠 채움

★ 끝자리를 채워서 뒷자리 숫자들을 '0'으로 만들어라. 973만 원은 1,000만 원으로.

재테크하기로 결심했다면 무조건 모아라.

미니멀 라이프에 도전하면서 절반 이상 비워냈지만 또다시 채워진
통장 상자. 101개의 통장이 빼곡하다.

경제 공부 시작은 빠를수록 유리하다

돈에 대해 공부하고 올바른 경제관을 기르자

태어나 보니 부자였던 사람, 아직 젊지만 부모님한테 물려받을 유산이 많아서 재테크가 필요하지 않는 사람, 미래에 부자 배우자를 만나기로 예약되어 있는 사람들은 더 이상 돈을 모을 필요가 없기 때문에 재테크가 선택 사항이다. (안타까운 것은 이런 사람들이 더 열심히 재테크를 한다는 사실이다. 경제관도 더 밝다.)

하지만 맨땅에 헤딩하듯 부자가 되기 위해 스스로 노력해야만 하는 우리 같은 사람들은 정말 열심히 뛰어야만 한다. 왜냐하면 우리는 스스로 노력해서 나와 내가 사랑하는 사람들을 책임져야 하기 때문이다. 이런 사람들이 절대적으로 더 많다는 것이 그나마 위안이 된다. 그래서 경제적 자유인을 꿈꾸며 걸어가는 길이 마냥 외롭지만은 않다고 말하고 싶다.

무에서 유를 창출하듯 스스로 노력해서 부자가 되고 싶다면, 사업으로 성공해서 부자가 되든지 재테크를 열심히 해서 부를 만들어가야 한다. 재테크를 함에 있어 필요한 두 가지는 종자돈과 재테크 실력이다.

종자돈과 재테크 실력의 공통점이 무엇일까? 그건 바로 **시간**이다. 종자돈을 차곡차곡 쌓으려면 시간이 절대적으로 필요하기 때문에 빨리 시작할수록 유리하다. 그리고 경제 공부를 통해 본인만의 투자 안목을 기르는 데도 개인의 노력에 따라 각자의 시간이 필요하다. 중요한 것은 개인마다 다른 그 시간들이 탄탄한 재테크 지식과 다양한 경험들로 이뤄진 시간들이어야 한다는 것이다.

경제적으로 자유롭기를 결심하고 그 목표를 향한 긴 경주를 시작하려고 출발선에 섰다고 가정해 보자. 제일 먼저 해야 할 일은 나의 근로 소득으로 재테크 총알인 종자돈을 만드는 것이다. 한 달에 꽤 많이 버는 고소득 전문직 아니고는 월급만으로 종자돈을 모으려면 허리띠를 졸라매고 악착같이 모아야 한다. 그 시간들을 잘 해낼수록 투자할 수 있는 기회는 더 빨리 다가온다.

첫 월급을 받거나 혹은 아르바이트 비용을 받았다면, 노동에 대한 보상이 주는 기쁨으로 마음껏 즐기지 말고 무조건 저축해라. 생활을 위한 최저비용, 최소비용만 남겨두고 나머지는 저축해라. 생활하고 남은 돈을 저축하겠다는 생각은 아예 하지마라. 그런 류의 사람들이 저축 많이 하는 것을 본 적이 없다. 맨날 돈이 부족하다고 생각하는데 저축할 돈이 어디 있겠는가.

그런 사람은 그냥 "난 욜로족이다!"라고 외치며 재테크를 안 하는 게 낫다. 재테크에 아예 관심 끄고 마음껏 쓰는 그 순간 정신 건강은 좋을 것이다. 하지만 딱 '거기까지만'이라는 게 함정이다. 여유로운 미래도 없고, 자기 삶의 자율권이 더 커질 수 있는 경제적 자유와는 점점 더 멀어지는 길로 들어서게 된다는 것을 명심하자. 아무리 많이 번다고 한들 지출이 통제되지 않으면 밑 빠진 독에 물붓기다.

다시 한 번 강조하지만, 최소비용만 제하고 80% 이상 저축해라. 상황이 도와준다면 90% 저축도 추천한다.

지출을 통제하기 위한 제일 좋은 방법은 나만의 가계부를 쓰는 것이다. 가계부를 쓰다 보면 나의 소비 패턴도 알 수 있고, 불필요한 소비를 줄일 수 있게 되므로 저축하는 금액을 늘리는 데도 도움이 된다. 한 달 동안 아무 생각 없이 돈을 경영하는 것보다 매일 가계부를 적어가면서 돈이 들고 나감을 파악하는 것은 돈을 쓸 때 엄청난 브레이크 작용을 한다. 독하게 종자돈을 모을 때는 며칠씩 돈을 안 쓰면 가계부에 적을 것이 없으니 편해질 것이다.

독하게 절약을 해야 하는 시기에 혼자하기 외롭다면 짠돌이 관련 카페에 한 번씩은 합류해 보는 것도 좋은 방법이다. 생활비를 절약할 수 있는 노하우나 팁을 배워 나의 생활에 적용해 보면 함께한다는 즐거움에 생각보다 재미있게 실천할 수 있다. 같은 방향의 목적을 가진 사람들이 모이는 공간이다 보니 용기와 긍정의 에너지를 많이 받을 수 있다.

한 가지 더 욕심을 내자면, 시작은 그렇게 도움을 받아서 하더라도 궁극에는 그런 종류의 카페에서조차 절약으로는 둘째 가라면 서러울 정도로, 나만의 스토리를 만들겠다는 각오로 임하면 금상첨화다. 그리고 이런 과정들을 통해서 자신만의 경제 습관을 스스로 만들어갈 수 있어야 한다. 그래야 근검절약이 저절로 몸에 밸 수 있고, 경제적인 자유인이 된 이후에도 합리적인 소비 습관을 유지할 수 있다.

투자를 위한 총알을 모으기 위해 최고로 알뜰한 시간을 보내고 있는 분이 이 글을 읽고 있다면, 그 시간들을 먼저 걸어온 사람으로서 '그 시간 자체를 즐겨라'라는 응원의 메시지를 전하고 싶다. 허리띠를 졸라매는 시간은 영원한 것이 아니고 끝이 있기에 할만하다. 목표가 있다면 원하는 미래를 상상하며 희망을 가지고 현재에 노력이라는 씨앗을 마음껏 뿌려라.

나 역시 결혼 전에 혼자 절약하며 정해진 돈에 맞춰 생활할 때는 김밥 한 줄도 맘 편히 못 사먹었다. 정해진 돈 안에서 생활해야 하는 나한테는 1천 원짜리 한 장 함부로 쓰면 안 되었기에 소비를 철저히 통제하면서 살았다. 철저하게 절약했던 그 시절이 마냥 힘들기보다는 오늘날 경제적 자유를 만드는 근간이 되었기에 나의 노력들에 대한 기특한 기억으로 남아 있다.

그리고 그 시절의 생활이 감사한 이유 중 하나는, 그 시간들을 통해 근검절약이 몸에 배었다는 것이다. 지금은 생활이 많이 여유로워졌지만 여전히 나는 매사 합리적인 소비가 생활화되어 있다. 나에게 충동구매나 지름신은 완전 딴 세상 용어일 뿐이다.

삶이 윤택해지면 달라지는 것이 많다. 그중 하나가 정말 필요하다고 판단되는 것에는 고민 없이 지출이 가능하다는 것이다. 돈이 없을 때에도 빚을 내서라도 내가 하고 싶었던 두 가지는 '배움'과 '여행'이었는데, 지금은 그 두 가지를 돈 걱정 없이 무한히 할 수 있다는 것이 너무 감사하다.

예전 같으면 한 푼이라도 아끼려고 뭐든 셀프로 하는 일이 많았고, 시간이 걸리더라도 돈이 적게 들 수 있는 방법을 찾아다녀야 했었다. 하지만 지금은 그렇지가 않다. 시간을 투자해서 할 만큼의 가치가 없으면 그냥 비용을 지불하고 그 시간에 더 의미 있는 일을 한다. 이런 선택이 나에게 주어졌다는 것 자체가 경제적 자유가 주는 혜택 중 하나라고 생각한다.

미혼일 때도 그랬고, 결혼해서 가정 경제를 꾸리면서도 나는 가계부를 꾸준히 썼었다. 대학교 1학년 때는 15만원 용돈을 가지고 한 달을 살아야 하니 안 쓸 수가 없었다. 지금 생각해 봐도 참 기특하다. 누가 시켜서 한 것도 아닌데 한 달 생활비를 집행함에 있어 필수 금액인 삐삐 요금과 토큰 사는 것을 제일 먼저 해놓고 나머지 금액(대략 12만원) 안에서 살아낸 것을 보면 재테크할 마인드는 타고난 듯하다.

1월	기름	회비/선물	생활비	이자/세금	보험	저축
1						
2						
3						
4						
5				200,000		
6	60,000					
7			3,800			
8		40,000		180,000		
9			7,100	213,741		
10						
11			3,800			
12						
13						
14		30,000	3,300			
15		18,600	1,200		100,000	250,000
16	60,000		5,900			
17						
18						
19						
20				199,381	31,750	
21				180,000		
22						
23		10,000				
24			1,700	491,821		
25			10,900			
26				1,291,013	28,190	500,000
27	60,000		29,109			
28			10,000		200,000	

수입 내역			지출 내역		
근로 소득	내 급여	2,540,000	활동비	선물	51,000
	기타근로소득	800,000		식비	29,000
자산 소득	부동산임대소득	0	구입비	도서	18,600
금융 소득	주식투자	0		병원/약값	36,800
기타 소득	보험	860,000	주거비	가스요금	0
				관리비	—
			기타 비용	일산보일러	180,000
			동호회	회비	40,000
			세금	수수료	6,200
			교통비	기름	180,000
				택시비	3,000
			통신비	인터넷	29,109
			보험료	대생/현대/우	273,681
				기도	100,000
			이자	대출이자	2,182,215
			저축	펀드	750,000
			금융비용	상환비용	193,000
			투자	금융	0
				주식	0
수입 합계		4,200,000	지출 합계		4,072,605

결혼 전에 썼던 가계부 중 하나인데 잘못된 투자로 월급 대부분이 이자로 들어가던 시기였다. 남이 만들어 놓은 것을 그대로 모방해서 쓰기보다는 다양항 틀에 따라 써보고 나의 소비 패턴에 맞게끔 항목도 바꾸고 틀도 수정하면서 각색해서 쓰는 가계부가 제일이다.

명품 백과 외제 차에서 자유로워지자

20대 후반에 마라톤 동호회 활동을 할 때였다. 어떤 회원 한 사람이 200만 원 가까이 되는 지갑을 사고 그것을 자랑하고 있었다. 그냥 듣고 있는 사람, 지갑 예쁘다고 호응해 주는 사람, 부러워해 주는 사람 등 다양한 반응들을 나는 뒤에서 지켜보고 있었다. 나는 어떠한 반응도 보이지 않았지만, 속으로는 정말 이해할 수 없다는 생각만이 가득했다. 그 회원은 계약직 직장인이었기 때문이다.

본인이 한 달 내내 열심히 일해서 번 돈이 200만 원 정도일 텐데 어떻게 그 월급에 맞먹는 금액의 지갑을 살 수 있지? 내 상식으로는 도저히 납득이 되지 않았다. 내가 한 달간 출퇴근하며 힘들게 일한 노동의 결과가 고작 저 지갑 하나밖에 안 되는 거라고? 나는 인정할 수가 없었다. 차라리 180만 원을 내 도움이 필요한 곳에 쓰는 게 더 가치 있는 소비라고 생각했다.

이때 나는 명품을 사는 사람들의 심리에 대해 생각해 보면서 명품을 사는 사람들이 부럽지 않게 되었다. 물론 억대 연봉자이거나 경제적으로 풍요로운 사람이 명품이 주는 기쁨을 얻기 위해 구매한다면

야 누가 뭐라 하겠는가. 문제는 명품을 사는 게 사치인 사람들이 허영심이나 다른 사람들의 부러움을 받고 싶은 마음에 무분별하게 산다는 것이다. 명품을 드는 것이 중요한 것이 아니라, 명품을 살 수 있는 능력을 키우는 게 훨씬 더 중요한 일임을 기억하자.

어떤 여자가 든 가방이 명품인지 짝퉁인지 구분하는 방법이 있단다. 우산이 없는데 갑자기 비가 왔을 때 가방이 비에 젖을까 봐 자신의 옷으로 가리고 뛰면 진품, 비를 맞지 않기 위해 그 가방으로 자신의 머리를 가리면서 뛰면 짝퉁이라는 농담을 들은 적이 있다. 농담이긴 하지만 사람들이 얼마나 명품을 소망하면 짝퉁이라도 들고 싶을까 생각해 본다.

명품이 비에 맞을까 자신은 비를 쫄딱 맞으며 자신의 옷으로 명품백을 가리는 사람도 불쌍해 보이기는 마찬가지이다. 다이아몬드로 치장된 명품 백일지라도 명품보다는 자신이 더 귀하고 소중한 법인데, 누구를 위한 명품인 건지 안타까울 뿐이다.

젊었을 때는 노동 가치의 관점에서 명품을 바라보다 보니 관심을 끄게 되었다. 내가 어렵게 버는 돈이기에 더 가치 있는 일에 쓰는 게 옳다고 생각했다. 내가 도와주고 싶은 곳에 도움의 손길을 보내거나, 경제적 자유를 위해 도전 중이라면 그를 위한 씨를 뿌리는 게 맞다고 생각했기에 명품으로부터 자유로울 수 있었다. 지금은 더더욱 명품에 관심이 없어졌다. 내가 명품을 드는 것보다 스스로 내면이 빛나는 명품이 되는 게 더 멋지고 가치 있는 일임을 알고 그렇게 살려고 노력하고 있기 때문이다.

오히려 명품을 만드는 회사와 그 회사의 CEO에게는 관심이 많았다. 한 예로 가수에서 유명 디자이너로 변신한 임상아를 생각해 볼 수 있다. 나는 그녀가 만든 명품 백에는 전혀 관심도 없고 감흥이 생기질 않는데, 그녀의 도전과 성공 스토리는 나의 세포들을 깨어나게 한다. 많은 젊은이들이 명품을 들려고 혈안이 되지 않고 스스로가 명품이 되거나 명품을 만들어내는 사람이 되는 꿈을 꾸고 도전하기 바란다. 마인드가 바뀌면 명품이 시시해질 것이다.

명품을 못 사서 마음이 허한 젊은이들이여~! 어떤 명품 백, 명품 옷, 명품 시계를 어떻게 하면 살 수 있을까 고민할 시간에 본인 스스로를 명품으로 만드는 방법을 찾고 연마하는 데 집중하길 바란다. 젊음, 그 자체만으로 빛이 나는 20대이다. 그 자체만으로도 축복임을 깨달았으면 좋겠다.

젊은 사람들이 재테크함에 있어 가장 큰 걸림돌 중 하나가 자동차다. 차를 산다고 할 때 사람들은 단순히 차값과 휘발유값만 생각한다. 그런데 차를 유지한다는 것은 생각보다 비용이 많이 든다. 구매비용, 주유비, 세금, 보험, 기타 유지비용을 감안해서 구입을 결정해야 한다. 이처럼 많은 비용이 드는데도 직장생활을 시작함과 동시에 아무 생각 없이 차부터 구입하는 사람들이 있다. 더구나 고가의 차는 유지비용뿐만 아니라 감가상각비 또한 크다는 점을 기억하자.

경제 개념이 약하면 무에서 유를 창출해낼 수 없다. 물론 나도 차를 무척이나 좋아했던 한 사람으로서 그 마음을 이해 못하는 것은 아니지만, 대책 없이 차부터 구매하면 종자돈을 모으는 데 큰 걸림돌이 된다. 나는 차가 없으면 일의 제약을 많이 받는 사람이었기에 차를 구입했었다. 그리고 차에 대한 로망이 있어서 나의 능력과 차를 동일시하는 목표가 있었는데, 재테크의 터닝 포인트 단계에서 차에 대한 생각이 완전히 바뀌었다.

20대 중반, 본격적으로 경제활동을 시작하면서부터 내 차를 운전하게 되었다. 대학교 때 새벽에 아르바이트가 끝나는 날은 가끔 아빠 차를 빌려 타고 일하러 가기도 했었다. 졸업 후 여러 가지 일을 동시에 하면서부터는 차의 필요성이 더 커지게 되었다. 그래서 알바해서 모은 돈 330만 원으로 아빠의 지인 분을 통해 중고로 쏘나타2를 구입했다. 집 앞으로 차가 오던 날은 날아갈 듯이 기뻤다. 중고 차든 새 차든 나의 차가 생겼다는 기쁨은 이루 말할 수 없을 만큼 컸다. 그것도 내가 모아서 산 물건 중 제일 고가의 물건이 아니던가. 이동이 많은 나를 위해 나의 발이 되어준 애마는 정말로 고마운 존재였다.

몇 년을 타고 보니 함께한 시간이 많았던 만큼 정도 많이 들었다. 나에게 있어 차는 미니 집 같은 존재였다. 자투리 시간을 요긴하게 활용할 수 있는 장소였다. 갑자기 주어진 빈 시간에 잠깐 눈을 붙이며 체력을 보충할 수 있는 공간이었고, 목욕 바구니와 기타 물품들을 트렁크에 싣고 다니면서 언제든 사우나를 이용할 수 있도록 도와주는 로드매니저 같은 존재였다.

나에게는 마이카가 주는 행복감이 정말 컸다. 솜사탕 같은 눈이 펑펑 내리는 겨울날 향기 좋은 커피와 함께 여유롭게 운전을 하고 있는데, 라디오에서 우연히 박효신의 '눈의 꽃' 노래까지 나와 주면 그날은 기분이 하늘을 나는 듯했다. 박효신의 음성에 취하고 커피 향에 빠져 눈을 감상하는 시간만큼은 그 누구도 부럽지 않았다. 그만큼 차는 나에게 최고의 힐링 파트너였다.

지금 생각하면 웃음 나오는 목표들이었지만, 열정과 젊음이 충만했던 20대에는 마음껏 꿈꿨었다. 30대는 연봉 1억 목표, 40대에는 연봉 2억 목표, 50대에는 연봉 3억을 목표로 잡아봤다. 하지만 사업을 하거나 신의 직장을 다니지 않는 한 그런 목표에 도달하기는 어렵다. 그러므로 재테크가 반드시 필요하다고 한 발 더 나아가 생각했다. 실은 재테크가 필요한 정도가 아니라 재테크에서 더 많이 벌어야 가능한 목표였다. 여하튼 노동과 재테크가 더해져 목표를 달성했을 때 누릴 수 있는 보상으로 차 이름도 함께 적어봤다.

30대에 목표를 달성하면 트로피로 그랜저를 선물하고, 40대에 목표를 달성하며 체어맨을 선물하고, 50대에도 목표를 달성하면 벤츠나 BMW를 선물하자고 적으면서 스스로에게 동기 부여를 했다. 한마디로 내가 내 자신에게 프로모션을 걸어놓고 혼자서 파이팅 하는 거였다. 일명 셀프 동기부여~!! 그 종이를 보고만 있어도 흐뭇했다. 상상만 해도 진짜 이뤄질 것 같아 힘이 났다.

그렇지만 다이어리에 적혀 있던 나의 거창했던 목표와 프로모션은 훗날 두 가지를 계기로 깨끗이 없던 일이 되어버렸다. 2010년 5월 10 in 10 강의를 들으면서 '가치를 추구하는 경제적 자유인의 삶'에 대해 진지하게 생각하게 되었다. 그 관점에서 보니 내가 세운 목표와 트로피들이 무의미하게 다가왔다. 나이 먹을수록 올라가는 연봉보다 하루 빨리 경제적 자유인이 되어 내 자신에게 은퇴를 선물하는 것이 더 의미 있는 일이라는 생각이 들었다.

우리나라 사람들이 고급 차에 부여하는 의미를 나도 모르게 따라하고 있었던 것이다. 그것이 마치 성공의 상징인 것처럼 말이다. 목표를 달성하기 위해 최선을 다해 달려온 나에게 주는 보상 플랜이었지만, 결과적으로는 내가 좋아하는 차로 나의 성공을 과시하고 싶었던 것은 아니었는지 근본적으로 돌아보게 되었다. 그러면서 더 이상 합리적 소비를 벗어나는 고가의 차는 타지 않기로 마음을 바꾸었다.

강의를 듣고 생각에 매듭을 지었지만, 그 밑바탕에는 강의 전에 체감하고 있었던 고유가가 있었다. 그 당시 휘발유 가격이 심상치 않았다. 1,200원대도 비싸다 느끼면서 탔는데 야금야금 계속 오르더니 어느 덧 1,500원을 넘어섰다. 몇 십 원 차이로 싼 주유소, 비싼 주유소 비교하며 넣는 사람들에게 300원 차이는 엄청난 것이었다. 특히 주유할 때마다 쌓이는 소소한 포인트를 꼼꼼하게 챙기는 여자들에게는 휘발유값 상승이 더 크게 다가왔다. 다들 휘발유 가격에 민감해 하며 손 떨며 주유를 했다. 새벽에 일이 끝나는 관계로 차가 꼭 필요했던 나는 휘발유 가격에 더 민감했다.

생계형 운전자들의 불편한 마음을 아는지 모르는지 휘발유 가격은 내려가기는커녕 다시 1,800원을 넘어 2,000원까지 넘보고 있었다. 이렇게까지 오르니 경제적으로 여유가 많은 사람들은 이런 현상이 오히려 잘됐다고 했다. 도로에 굴러다니는 차들이 줄어서 차량 정체가 덜 하지 않겠느냐는 이야기였다.

정말이지 휘발유 가격이 2,000원을 넘었을 때는 한 번씩 넣는 주유비가 크게 와 닿았다. 휘발유 가격이 계속 오름세였기 때문에 앞으로 얼마나 더 오를까 슬슬 걱정이 되기도 했다. 이러다가 리터당 3천 원, 5천 원인 휘발유를 넣고 다니게 되지 않을까? 많이 과장해서 생각하긴 했지만 그게 현실이 된다면… 상상만으로도 무서웠다. 그러면서 차에 대해 진지하게 생각해 보게 되었다.

이리 생각하고 저리 생각을 해봐도 차가 없는 생활은 상상할 수가 없었다. 시내 모든 지역을 30분 안에 이동해야 하는 나에게 차 없이 움직인다는 것은 매번 택시를 타지 않는 한 불가능한 일이었다. 그리고 비용 계산을 해봐도 운전을 하는 것이 훨씬 더 경제적이었기에 내 차를 굴리는 거였다.

차종이 아니라 내가 30대, 40대, 50대에 차를 계속 탈 수 있다는 사실이 훨씬 더 중요하다고 결심하는 순간부터 차에 대한 인식이 확 바뀌었다. 차는 어디까지나 나의 활동성을 원활하게 도와주는 윤활유 같은 존재라고 여기기로 했다. 그러면서 차에 대한 욕심을 버리게 되었다. 차를 보는 관점에 있어 안정성과 효율성과 경제성을 우선으로 생각하게 되었다.

　항상 새 차 같은 중고 차를 나의 애마로 데려왔었다. 그냥 중고 매장에서 사야 한다면 불안감이 커서 쉽게 구매하지 못했을 것이다. 그런데 잘 아는 차를 중고로 매수하는 것은 상당히 경제적이고 효율적이다. 지금까지 세 대의 차를 구입했었다. 그동안 차 구입에 썼던 총비용은 처음 차를 살 때 지불했던 330만 원이 전부이다. 두 번째 차와 마찬가지로 세 번째 차 역시 내가 산 것이 아니다. 24평 아파트라는 수익 로봇이 일하고 이익을 내서 우리 가족에게 선물해 준 것이다.

　취직 기념으로 새 차를 사고 싶은 마음이 든다면 재테크에 대한 마음을 비워야 한다. 재테크를 하고 싶다면 불필요한 차 소비는 하지 말고, 어떤 차도 골라 탈 수 있는 능력을 키워야 한다. 자동차 시장이 어떻게 바뀌든 내가 계속 차를 탈 수 있는 능력을 만들어야만 한다는 사실이 현재 외제 차를 타는 것보다 더 중요하다는 사실을 잊지 말았으면 한다.

10 in 10에서 방향 턴하고
골든벨을 울렸다

'10 in 10'이란 '10년 10억 모으기'라는 의미이다. 드라마 제목으로도 등장할 만큼 2003년 10억 열풍이 불면서 '10억 만들기'라는 주제가 10대 트렌드에 선정될 정도로 재테크 열기가 대단했다. 내가 경제적 자유를 누리게 되고, 다른 사람들에게 경제적 자유인에 도전하라고 말하고 싶은 이 시점에 10 in 10 카페를 다시 보게 되었다. 10 in 10 카페는 실제로 카페를 만든 주인장 박범영 씨의 '10년에 10억 모아서 경제적 자유를 달성하자'는 개인적인 목표를 담아 만들어졌다. 내가 지금 주변에 말하고 있는 내용들이지만, 10 in 10 주인장님은 8년 전부터 다음과 같이 말하고 있었다.

재테크는 근로 소득이 없으면 경제적 기반이 무너지는 사람들을 위해서 반드시 필요한 지식이다. 앞으로는 지식 정보의 차이로 인해서 부자와 가난한 사람의 차이가 더 벌어질 것이다. 그런 각박한 현실을 인식하고 경제적 자유를 위해서 치열하게 살아야 한다. 그런 지식과 정보를 적극적으로 획득해야 하고, 장기적 관점에서 실천해야 된다.

개인적으로 큰 고비를 넘어서고 재테크를 다시 재정비하려던 시점에 처음으로 광주에서 10 in 10 강의가 열린다는 소식을 들었다. 10 in 10 카페에 가입해 있으면서 경제적으로 어려웠던 시기에도 재테크에 대한 끈은 계속 잡고 있었기에 그 소식을 알 수 있었다. 6개월도 안 된 어린아이가 있었지만 신랑에게 이 강의를 꼭 듣고 싶다며 SOS를 청하고 한 주 한 주 정성껏 들으러 갔다. 강의를 듣고 뒤풀이까지 참석해서 이야기를 나누느라 매번 늦은 귀가였지만 고맙게도 남편이 열심히 협조를 해준 덕에 5주 동안 한 번도 빠짐없이 참석할 수 있었다.

강의를 듣기 전 나의 재테크는 연봉을 키우는 것이 목표의 일부분이었다. 1억 연봉 목표에 도전하면서부터는 월급만으로는 안 되는 현실을 인식하고 재테크가 절대적으로 필요하다고 판단했었다. 나의 성장 목표를 달성하기 위해 일도 최선을 다해야 하고, 재테크도 탄탄하게 하면 된다는 생각이 전부였다. 그런데 이 강의를 듣고 앞으로 나아갈 방향을 새로 설계해야겠다는 생각이 들었다.

5주 동안 강의와 강의 후에 있었던 뒤풀이까지 모두 참석하면서 10 in 10 카페 주인장님을 통해 많은 깨우침을 얻게 되었다. 현재 진행 중인 재테크 상황을 모두 점검하고 방향을 수정해 보았다. 그러면서 나도 가치를 추구하는 경제적 자유인이 되어야겠다는 결심을 하게 된 것이다.

나의 경우에는, 10 in 10에서 새로운 것을 배웠다기보다 내가 원래 가지고 있던 생각들이 맞았다고 인정받는 강의로써 의미가 있었다.

어느 정도 기반 잡을 때까지는 절약이 꼭 필요한 과정인데, 그 길이 때로는 외로울 때가 있다. 하지만 이 강의를 통해 그 외로움을 위로받는 시간이 되었다. '잘하고 있었구나, 재테크에 필요한 과정이었구나' 하면서 말이다.

뒤풀이 때 사람들은 나의 절약생활에 대해 감탄했었다. 그곳에서는 근검절약이 좋은 모습이었기 때문에 그간의 절약 이야기들을 마음껏 나눌 수 있었다. 그때 같은 테이블에 있던 사람들이 나의 절약 이야기를 듣고 나 보고 '여자 박범영'이라고 할 정도였다.

처음 종자돈 모을 때와 월급이 온통 이자를 감당하는 데 쓰이던 시절에는 정말 악착같이 절약을 했었다. 급식비라도 이자에 보태보려고 점심도 안 먹고 일할 때도 있었고, 소비를 최대한 안 하고 생활하려고 피나게 노력했던 시절도 있었다. 정확히 말하면 소비를 할 수가 없었다. 월급으로 이자를 감당해내는 것만으로도 벅찼기 때문에 소비라는 단어 자체가 사치로 느껴졌던 시기였다.

김밥 한 줄을 사먹더라도 몇 번을 생각하고 샀었다. 지금 생각해 보면 참 짠한 시절이었다. 오늘날 '어떤 김밥을 먹을까' 고를 때면 가끔 그때 생각이 난다. 지금이야 가격보다는 어떤 것이 맛있을까, 어떤 것이 몸에 좋은 재료를 사용했을까를 살펴보게 되지만, 그때는 2,000원 짜리 김밥과 2,500짜리 김밥을 놓고 한참을 망설였었다.

여자들은 종종 쇼핑이라는 것을 하면서 스트레스를 풀 때가 있다. 물건을 사고 카드를 긁으면 기분이 좀 풀리는 경험들이 있을 것이다.

나 역시도 마찬가지였다. 가끔은 갑자기 주어진 빈 시간에 아무 생각 없이 대형 마트를 돌며 머리도 식히고 필요한 물건들을 사고 나면 꿀꿀한 기분이 좀 풀리기도 했다. 이럴 때도 나는 전략적으로 소비를 했다. 기분 전환 쇼핑은 아이쇼핑으로 하고, 기분 전환용 소비는 생필품을 사는 것으로 했다. 그래서 백화점보다 웬만한 잡동사니가 다 있는 마트 쇼핑을 선호했다.

생존에 필요한 물건들만 잔뜩 사서 나오면 나중에 카드값 결제할 때 불편한 마음도 없다. 결제 금액도 크지 않을 뿐 아니라 장바구니에 든 제품들은 꼭 써야 하는 물건들만 있었으니 나중에 소비를 후회하는 일도 없었다. 있어도 좋고 없어도 무방한 것은 절대 사지 않았다. 혹여 갖고 싶은 물건이 있어도 눈으로 찜만 해놓고 정말 갖고 싶은 물건인지 여러 차례 검증을 거쳐서 샀다. 사기로 결심이 서면 여러 군데를 비교해서 최대한 만족스런 선택을 해서 구입하고자 했다.

강의 중에 카페 주인장님이 자본주의의 먹잇감이 되지 않으려면 의식이 깨어 있어야 하고 합리적인 소비를 해야 한다고 강조했었는데, 내가 경제적 자유인이 되어보니 그 말들의 진가가 더 실감나게 느껴진다.

사고 싶은 물건을 사면서 누리는 행복은 그다지 오래 가지 못함을 20대에 진작 깨달았다. 아마도 내가 쓰리 잡을 하고, 재테크가 술술 잘 돼서 내 손이 마이다스 손이 아닌가 착각까지 잠시 들던 그 시기가 아닌가 싶다. 그때는 백화점에서 옷도 잘 사 입었다. 정장 입을 일이 많다 보니 언제든 백화점 가서 한 벌씩 장만하곤 했다. 마음에 드는 게 있으면 다음달로 미루지 않고 그 자리에서 추가로 사기도 했다. 가끔씩은 고가 브랜드의 옷도 하나씩 샀었다.

그런데 고가의 새 옷이 주는 만족감은 생각보다 크지도 않았고 오래 가지도 않았다. 처음 몇 번 입었을 때만 새 옷 기분에 행복해 했을 뿐 조금만 지나면 평소 입던 옷과 동급으로 여겨졌다. 더 재미있는 건 내가 항상 "오늘 어디 좋은데 가냐, 누구랑 데이트 있냐?"라는 소리를 들은 옷 중에 하나는 그냥 시내 보세에서 3만 원 주고 산 원피스라는 것이다. 그때마다 몇 십만 원씩하는 정장들을 보면 웃음이 나왔다.

이런 기분을 느끼는 것은 비단 옷뿐만 아니라 차도 마찬가지다. 근사한 새 차를 뽑든지, 새 차 같은 중고 차를 매입하든지간에 처음에는 바뀐 차를 타니 기분이 완전 좋다. 그래서 차도 살살 다루고 운전도 예전보다 조심스럽게 하고 며칠 또는 한두 달은 차를 대하는 행동도 달라진다. 하지만 그 만족감과 그로 인한 행동 변화는 생각보다 오래 지속되지 못한다. 한두 달 지나면 그냥 전에 탔던 차와 크게 다를 바가 없음을 느끼게 된다.

새 물건이 주는 행복감은 그다지 길지 않다는 걸 우리는 자주 경험한다. 우리가 대가로 지불한 비용보다 훨씬 작다는 생각도 든다. 그러므로 허례허식에 빠져 남에게 잘 보이기 위해 소비하지 말고, 매사 합리적인 소비를 하도록 노력해야 한다. 그것을 습관화하면 삶이 더욱 가벼워지고 편해진다.

　요즘에는 미니멀 라이프의 삶에 동참하면서 평소에 하던 합리적 소비가 더 단단해졌다. 수시로 안 쓰는 물건들을 버리는 것이 놀이나 취미처럼 되었다. 그러면서 우리가 '언제가 쓰겠지'라는 막연한 생각으로 불필요한 물건들을 얼마나 많이 껴안고 사는지를 실감하게 되었다. 정말이지 꼭 필요한 물건이 아니면 소비를 자제해야겠다는 생각이 강하게 들었다. 불필요한 소비를 줄이는 습관은 바로 가계부 다이어트로 이어져 효과를 한눈에 볼 수 있다. 합리적인 소비야말로 재테크에 꼭 필요한 중요한 습관 중 하나이다.

아이 입학 전에
머니 파이프라인을 완성하자

요즘 스몰 웨딩이 유행한다고 하는데, 나 역시도 결혼 준비할 때 검소하게 하려다가 엄마랑 매번 부딪혔다. 엄마는 결혼해서 새 가정을 꾸리는 만큼 모든 것을 새로 장만해서 갖추고 살기 바라셨다. 그런데 그건 내 사전에 있을 수 없는 일이었다. 사회생활을 하면서부터 늘 여동생들에게 말했었다.

"우리, 결혼은 부모님 도움 받지 말고 각자의 힘으로 하자. 지금까지 키워주셨는데, 결혼은 손 벌리지 말고 우리의 힘으로 하자."

다행히도 동생들도 같은 생각이어서 다들 사회생활하면서 모아놓은 것으로 결혼 준비를 했었다. 이런 생각을 가지고 있었기에 나는 불필요한 소비를 하면서 살림살이를 장만하는 것은 낭비라고 생각했다. 기본적인 것만 갖추고 시작하고 싶었다. 알뜰하게 살면서 필요한 것은 그때그때 하나씩 사면서 살림살이 늘려가는 재미 또한 누려보고 싶었다.

신혼집을 계약한 후 어느 날 올케가 사놓고 몇 번 안 쓴 세탁기가 있다고 했다. 나는 바로 "Okay, Thank You!"라며 그 세탁기를 가져왔다. 엄마는 이 일을 가지고 나에게 엄청 뭐라고 하셨지만, 그렇게 모셔온 세탁기는 8년이 지난 지금도 잘 쓰고 있다. 그후에도 친하게 지낸 지인들이 이사 가면서 멀쩡한 가구를 정리해야만 할 때 필요한 것들을 가져와서 살림살이를 하나씩 늘려 나갔다. 아이가 어릴 때는 새 가구가 무의미하다는 걸 결혼 선배들을 통해 충분히 경험했었기 때문이다.

터울이 좀 있는 언니들은 이런 나를 참 기특하게 여겼다. 요즘 애같지 않게 생활력도 강하고 알뜰하다며 높이 평가해 주셨다. 그런 마음에서인지 감사하게도 매사 나를 챙겨주시고 성장할 수 있도록 도와주셨다.

엄마랑 가장 크게 부딪힌 부분이 결혼식 한복이었다. 엄마는 한 번뿐인 뜻깊은 날 한복을 빌려 입는다는 것은 있을 수 없는 일이라 했고, 나는 결혼식 때 한 번 입고 옷장에 처박아놓을 한복을 대여해서 입으면 되지 왜 굳이 사야 하는지 모르겠다고 했다. 내가 결혼을 늦게 하는지라 결혼 선배들에게 들은 얘기가 많았다. 열에 아홉은 한복이 제일 아까웠다고 말하는데 굳이 그걸 따라할 필요가 있나 싶었다. 한번뿐인 결혼이니 남들 하는 건 다 하고 갖춰서 하자는 어른 세대와 합리적이고 실용적이게 준비하겠다는 젊은 세대의 충돌이었다.

골드 미스(30대 이상 40대 미만 미혼여성 중 학력이 높고 사회적·경제적 여유를 가지고 있는 계층을 일컫는 신조어)일 때 신랑을 만났다. 지금이야 심하게 늦은 나이는 아니지만, 그 당시만 해도 내 결혼은 상당히 늦은

축에 속해 있었다. 꼭 결혼을 해야 한다고 생각하지도 않았고, 한참 일에 푹 빠져 있을 시기이기도 했다. 일하고 결혼했다고 생각하고 살다 보니 갈수록 진짜 결혼에는 관심이 없어졌다. 하지만 내가 독신으로 살면 눈 못 감을 것 같다는 엄마의 염원과 내가 결혼 안 하고 있는 것을 자기 일처럼 애타했던 멘토 언니 덕에 현재의 가정을 이루고 잘 살고 있다.

신랑은 뛰어난 성실함과 부지런함으로 직장에서 인정받는 사람이었다. 어른들에 대한 예의 바름이 몸에 밴 사람이라 나이 드신 분들이 많이 좋아하는 타입이었지만, 경제적으로는 매우 어려운 사람이었다. 혼자 힘으로 앞가림하며 현재까지 살아온지라 경제에 관심 가질 틈도 없었고, 그렇다 보니 모아둔 돈도 전혀 없었다. 물론 시댁도 가난해서 도와줄 형편이 아니었다.

하지만 내게 이런 것은 큰 문제가 되지 않았다. 남자의 경제력보다 내가 더 중요하게 생각한 것은, 그 사람의 인성과 아내의 성장을 응원해 줄 수 있는 마인드였다. 그래서 겉으로는 강한 듯 보이는 사람이지만 천성은 착하고 내 꿈을 언제나 응원해 주는 남자와 가정을 이루고 살고 있다. 원래 허례허식을 안 좋아하기도 하고, 남편의 상황을 고려해서 소박하게 결혼식을 준비했다. 예단, 예물은 다 생략하고 정말 필요한 물건들만 최소한으로 준비하고 20평 빌라에서 5천만 원 전세로 신혼생활을 시작하였다. 환경에 상관없이 새로운 시작이라는 것만으로도 많이 설레었다.

시작이 주는 설렘도 잠시, 결혼하면서 둘이 하나가 되어가는 과정은 결코 순탄치 않았다. 다른 분야는 둘째치고라도 우리는 경제 부분에서 많은 차이가 있었다. 우리 신랑과 나는 소비 패턴이 정반대였다. 소비 패턴이라기보다는 경제관념이 있고 없고의 차이가 더 컸을 수도 있다.

우리 신랑은 재테크의 'ㅈ'에도 관심이 없는 사람이었다. 반면에 난 이미 재테크를 어느 정도 경험했고, 그 과정 속에서 재미도 쓴맛도 모두 보고 다시 상승장으로 돌아서려고 하던 시기였다. 어려운 환경에서 혼자 고생하면서 자란 신랑은 안정적인 자리를 잡는 데까지 오랜 시간이 걸리다 보니 모아 놓은 돈도 거의 없었다고 했다(나도 고생은 엄청 했거든! 학비 벌어가며 공부했음에도 모아놓은 돈도 있었고, 미래 준비도 착실하게 했었다고 속으로 응대했다). 여기까지도 삶을 대하는 태도가 나와는 많이 다르다고만 생각했다.

그런데 그런 상황보다 내 눈에 더 심각하게 느껴졌던 것은 신랑의 소비 성향이었다. 눈에 들어온 것은 무조건 사고 보는 스타일이었다. 이번 달에 생활비가 마이너스가 되어도 다음달에 또 월급이 들어오니 괜찮다고 생각하는 사람이었다. 나로서는 상상할 수도 없는 생각을 나의 짝꿍님께서 가지고 있었다. 무분별한 지출로 월급이 마이너스 상태가 된 적이 많았다는 고백에 깜짝 놀랐다.

결혼해서 짐을 하나씩 합치는데 신발장에서 입을 다물 수가 없었다. 내 신발을 넣지도 않았는데, 이미 신발장이 꽉 차 있었다. 가득 찬 신발장을 자세히 보니 모두 남편의 신발들이었다. 이것만 봐도 신랑이 모아놓은 돈이 없다는 게 이해가 될 정도였다. 이렇게 마음껏 쓰고 살았는데, 어떻게 모아놓은 돈이 있을 수 있겠는가. 신발장 앞에서 황당한 마음을 진정시키고 간신히 공간을 확보해서 내 신발들을 넣을 수 있었다. 그렇게 해서 내 신발 3켤레와 남편 신발 18켤레가 우리의 신혼 신발장을 가득 채우고 있었다.

신랑의 경제관념을 다시 만들어주는 데 몇 년이 걸렸다. 신랑도 고생, 나도 고생이었지만 지금은 내가 만들어놓은 3개의 통장 틀에 맞춰 월급날이 되면 척척 잘 진행시킬 만큼 든든한 조력자가 되어 있다. 가정의 자산이 자라는 동안 신랑의 경제관념도 함께 성장해서 내심 뿌듯하다.

결혼함과 동시에 남편의 월급에 맞춰 생활비를 설정하고 그 사이즈에 맞춰 살자고 했다. 아기가 태어나기 전까지 집 근처 중학교에서 수업을 하기는 했지만, 그건 계약직이었기 때문에 불안한 수입이었고. 혹시나 내가 아예 일을 쉬고 육아에 전념하게 되면 온전한 외벌이 가족이 되기 때문에, 그때를 대비해서라도 남편 월급에 맞춰 사는 연습을 할 필요가 있다고 설득했다. 실제로 육아하면서는 상황에 맞춰 일하다가 쉬다가를 반복했기 때문에 우리 가정의 고정 수입인 신랑에게 맞춰 생활하는 것은 현명한 결정이었다.

어느 정도 기반을 잡을 때까지는 여러 가지로 힘들었지만, 그렇게 어려웠던 시간들을 잘 지내왔기에 지금의 여유로운 생활이 가능하다고 생각한다. 초반에 가정 경제 시스템을 구축하는 데 있어 절대적으로 필요했던 것은 미혼 때와 마찬가지로 역시나 가계부였다. 생활을 하고 남은 돈을 저축하는 것이 아니라 저축할 수 있는 금액을 최대한으로 하고 남은 금액에 맞춰서 생활하려고 했었다.

지출 통제를 위해서는 가계부 쓰기가 필수다. 우선 첫 달은 사용금액을 무조건 기록해 봄으로써 가정의 소비 패턴을 파악해 보자. 그 파악된 자료를 가지고 합리적 소비를 위한 손질을 해야 한다. 불필요한 소비 항목은 없는지, 절약을 위해 다른 방법으로 대체할 항목은 없는지 보고 또 봐야 한다. 가계부를 매일 쓰고 한 달 결산을 하는 과정을 여러 번 하고 나면 그 과정을 통해 각 가정에 맞는 이상적인 가계부 시스템이 만들어진다.

요즘은 유료로 가계부 잘 쓰는 요령을 가르쳐주는 데도 있고 틀을 파는 곳도 있는 것 같은데, 나는 그것을 꼭 이용하지 않아도 된다고 생각한다. 그럴 돈 있으면 저축해라. 아니면 책 사서 공부해라. 재테크 카페나 블로그 이웃들 중에 본인이 해보고 좋았던 것을 공유하는 착한 분들이 많이 있다. 그분들이 제공해 주는 것을 사용해 보고 이렇게 저렇게 변형해 보면서 각자의 가정에 맞는 시스템으로 재탄생시켜 보기를 권한다.

나 역시도 여러 번의 수정 작업을 거쳐서 완성된 폼으로 다듬어 갔다. 기본 틀을 쓰다가 아이가 태어나거나, 또 다른 변수들이 생기면 그에 맞춰 수정하고 새로운 방향을 구상해 보았다. 초창기에 이렇게 시작한 가계부는 어느 정도 기반이 잡힐 때까지는 열심히 쓰고, 보고 또

봤다.

　지금은 가계부를 쓰지 않는다. 아니 쓸 필요가 없다. 틀을 잡아놓은 덕분이다. 오히려 그 시간에 나는 투자 일지를 쓰고 금융 일지를 쓰고 있다. 뒤에서 언급하겠지만, 우리 가정의 생활 현금 흐름은 3개의 통장으로 시스템을 잡아놨고, 가계부를 몇 년 쓰면서 소비생활 패턴이 습관으로 내재되어 있기 때문에 굳이 쓸 필요가 없게 되었다.

　대신 한 달에 한 번씩 우리 가정의 틀에 맞는 재무제표를 작성하고 흐름을 파악하는 일만 한다. 이래서 시스템이 중요한 것 같다. 제대로 된 틀만 잡히면 절로 굴러가니 편해질 뿐만 아니라 시간도 절약되기 때문이다.

절약은 누구나 할 수 있는 투자이고,
이기는 게임이다

'절약 얼마만큼 해봤니?'라는 대회가 있다면 순위권 안에 들어갈 수 있다고 자부할 만큼 알뜰함을 노력했던 시절이 두 번 있었다. 첫 번째는 자발적으로, 두 번째는 강제적으로 경험했다. 전자는 재테크를 시작하면서 종자돈을 모으던 시기였다. 그때는 잔고 불어나는 재미에 빠져서 검소한 생활이 힘든지 몰랐다. 오히려 재미있었다. 젊다는 게 자산이라는 생각에 자신감이 충천했던 시기였으니 즐겁게 모았다. 하지만 후자는 암울했다.

잘못된 투자로 쓸 돈이 없었다. 월급의 대부분이 이자를 감당하는 데 들어갔기 때문에 최저 생활비도 안 되는 돈으로 생활했다. 새는 돈을 막기 위해 급식도 안 먹었다. 그럼 월급에서 몇 만 원을 잡아둘 수 있었다. 그래서 창피하지만 급식 안 먹는다는 서류까지 내고 점심시간은 가벼운 음료를 마시며 다른 일들을 처리했었다. 퇴근 후 아르바이트를 하고 그 돈을 모아서 빚을 갚아갔다. 그렇게 버텨서 그 끝이 안 보였던 깜깜한 터널을 빠져 나왔다.

결혼하고 경제적 자유인이라는 새로운 목표를 설정하면서도 절약하는 생활은 계속되었다. 결혼한 후에 생활비를 최소로 하려고 실천했던 절약 경험들을 몇 가지 공유해 본다.

카시트 구입

아이가 태어나면 구입하는 물건 중 제일 큰 비용이 카시트와 유모차이다. 내 경우 유모차는 지인들이 물려주는 것을 썼다. 카시트는 쓰는 기간이 길다 보니 물려받지 못해 구입해야 했다. 아이가 태어났을 때 축하 선물로 받은 백화점 옷들이 몇 벌 있었다. 몇 번 못 입는 사실이 안타까워 아이에게 필요한 물건으로 바꿔주러 갔다가 카시트를 구입하게 되었다.

행사기간이어서 할인받고, 옷값 공제하고 해서 몇 만 원 안 되는 비용으로 안정성 면에서 인지도 좋은 카시트를 구매할 수 있었다. 실용적인 물건을 안고 돌아오니 기분이 좋았다. 이 또한 처분할 때 혹시나 하고 중고 카페에 올려보았는데, 젊은 부부가 한걸음에 달려와 가져갔다. 알뜰하게 육아하려는 모습이 기특해서 다른 것도 더 챙겨주고 싶은 마음이 절로 들었다. 왜냐하면 우리가 그 길을 걸어봤기 때문이다. 암튼 유아 때 썼던 카시트를 중고로 판매하고, 그 비용으로 주니어 카시트로 바꾸어주었다.

돌잔치도 알뜰하게

알뜰하게 준비할 수 있는 정보들은 육아 블로그와 관련 카페들에 정말 많이 있다. 무료로 도움을 주는 선배 엄마들이 많으니 잘 활용해

보면 좋다. 그 도움을 받아서 한 번도 안 해본 아이 돌잔치 사진 작업들을 할 수 있었다. 돌잔치의 하이라이트인 성장 동영상도 동영상 카페에 가입하여 물어보면서 만들었다. 정말 전혀 모르는 분야였는데, 기초부터 하나씩 배워서 해냈다. 이것은 비용을 떠나서라도 꼭 직접 해보길 권한다. 경험해 보면 알겠지만 1년간 육아를 했던 엄마아빠에게 무척 가치 있는 일이 될 것이다.

그리고 돌잔치 후에 후기 쓰는 것으로 비용을 절감했다. 돌잔치 후기 쓰기로 1등을 해서 상금 받고, 의상을 비롯한 각종 물품의 이용 후기를 써서 비용 절감을 했다. 아이 육아 앨범도 매일 출근 도장 찍는 카페에서 미션 완성하고 쿠폰 받아서 만들었다. 신랑도 하게 해서 여러 권을 무료로 만들 수 있었다. 지금 생각해 보면 몇 만원을 위해 참 정성이었다.

사랑만 있으면 되는 육아 - 옷과 장난감은 물려받자

유아들은 금방 커버려서 얼마 못 입는 현실에 비해 옷값은 상당히 비싸다. 봄에 입히려고 산 옷을 그해 가을에 못 입는 경우가 많다. 한철 그것도 몇 번 입히려고 새 옷을 산다는 것은 좀 낭비라는 생각이 들었다. 가끔 새 옷을 입힐 정도의 옷들은 선물도 받았기에 굳이 애써서 새 옷을 구입하려고 하지 않았다. 친구들이든 사촌이든 누가 옷을 물려준다면 받아다 입혔다. 상태 좋은 것은 더 오래 입을 수 있어서 좋고, 상태 안 좋은 것은 자연에서 뒹굴면서 놀 때 한두 번 입고 정리하면 되기 때문에 여러 모로 실용적인 일이었다.

이때는 이렇게 물려 입히고 나중에 본인이 메이커를 알게 되고 정말 입고 싶은 옷이 생겼을 때 사주는 게 더 낫다고 생각한다. 막상 아이가 커서 원할 때는 비싸다고, 돈 없다고 못 사준다면 아무리 아가 때 좋은 옷을 입혀 키웠어도 아이는 기억할 수 없으니 불만이 가득할 것이다.

아이가 어렸을 때 우리 집에는 장난감이 정말 많았다. 지인 아이들이 커서 안 가지고 노는 장난감, 시기가 지나서 못 타는 미끄럼틀, 자전거 등 다 우리 집으로 왔다. 그나마 몇 개 있는 새 장난감은 할머니, 할아버지, 이모들한테 특별한 날 선물받은 것들이었다. 7세 전에는 부모인 우리가 장난감을 샀던 기억이 없다. 나의 이런 절약 정신을 알아서일까? 친구들이 주변에서 구해다 주기도 했다.

어느 날 친구가 재활용 근처를 지나가는데 그 자동차가 눈에 띄었단다. 자기가 보기에는 멀쩡해 보이고, 건전지만 갈아 끼우면 될 것 같아서 실어다 놨다며 가져가라고 연락이 왔다. 진짜 집에 가져와서 건전지만 교체했는데 정상적으로 작동이 되었다. 집도 좁고 고가의 자동차를 사줄 우리가 아니기에 아이는 가끔 놀러 가서 타보는 걸로 만족할 뻔했는데, 완전 로또 맞은 거나 다름없었다. 30만 원 넘는 돈으로 아이에게 가용 기간이 짧은 전동자동차를 사줄 봐에야 그 돈으로 아이랑 여행 가는 데 쓰는 게 낫다고 생각하는 것이 우리 부부다. 아마도 평생 그런 곳에 돈을 쓸 일은 없었을 것이다.

과학관, 박물관, 어린이 도서관, 자연에서 키우기

우리 부부는 둘 다 활동적이고 여행을 좋아한다. 그러다 보니 자연스럽게 아이랑 여기저기로 나들이를 잘 다녔다. 이때도 나들이 비용은 거의 들지 않았다. 매번 도시락과 간식을 준비해서 자연으로 많이 놀러 다녔기 때문이다. 아이가 좀 더 큰 후에는 자연스럽게 당일 캠핑으로 이어졌다. 많은 비용이 깨지는 놀이동산이나 키즈 카페보다 자연에서 아이를 마음껏 놀게 할 수 있으니 이 또한 일석이조다.

매주 반복되던 나들이에 가끔 쉼표가 필요할 때면 집과 가까운 어린이 도서관, 어린이 박물관, 과학관 등을 이용했다. 과학관만 빼고는 다 무료였는데, 과학관 입장료도 꽤 저렴해서 2년 넘게 잘 애용했다. 어린이 박물관은 아이들이 좋아하는 가족 영화를 시설 좋은 장소에서 매주 무료로 상영해 주니, 이 또한 고맙게 잘 누리면서 컸다. 이처럼 돈 안 들이고도 아이랑 행복한 추억을 쌓으며 함께할 수 있는 곳이 도처에 많다. 나는 과학관과 박물관 갈 때도 항상 간식을 싸서 다녔다. 컵라면, 햄버거 같은 정크 푸드들을 먹이고 싶지 않은 마음에 그렇게 했지만, 그로 인해 얻어지는 절약은 그냥 덤이었다.

가정의 지출의 통제 1순위는 외식이다

절약을 실천 중인 가정이라면 외식에 돈 쓰는 일은 신중해야 한다. 아무 생각 없이 외식을 하다 보면 편안함과 자극적인 식당 음식에 길들어져 외식이 익숙해질 것이다. 그러면 지출 통제가 되지 않는다. 외식을 최대한 안 하는 것이 중요하다. 나는 굳이 외식이 따로 필요할까 싶다. 우리 가정만 보아도 양쪽 집 경조사 또는 행사 지인들과의 모임, 각종 기념일과 이벤트 행사 그리고 각자 사회생활에서 하게 되는 외식. 나는 이것만으로도 외식은 충분하다고 생각한다. 절약을 위해서나 건강을 위해서나, 가족과 함께하는 집밥을 즐기자. 분명 행복지수는 올라가고 지출은 크게 줄어들 것이다.

평생 하고 싶은 만원의 행복

우연히 신랑 직장 근처에서 지인들과 월 만 원 텃밭을 하게 되었다. 처음에는 권유받아서 아이랑 함께하면 좋겠다 싶어 시작했는데, 여기서 얻는 결실의 기쁨이 엄청났다. 이곳에서 야채를 따서 당일 캠핑을 여러 번 갔었는데, 싱싱한 야채가 고기보다 맛있다는 것을 처음 느꼈다. 이 경험 후 나는 텃밭이 주는 '만 원의 행복'에 푹 빠지게 되었다.

지인들과 함께 하다 보니, 심을 때는 각 가정이 심고 싶은 것을 마음껏 심지만 수확할 때는 너나 상관없이 모두의 밭을 내 밭처럼 이용할 수 있다는 장점이 있다. 상추는 계속 따줘야 더 잘 자란다는 명목하에 말이다. 그러니 월 만 원 내고 수확은 몇 만 원어치 하는 느낌이다. 생활비도 절약되고 건강도 챙기는, 완전 일석이조이다.

겨울에도 따뜻하게 지내는 방법

나는 겨울에 추위를 많이 타는 편이다. 그래서 겨울은 따뜻하게 지내고 싶지만, 그러기에는 가스비가 신경이 쓰인다. 수면양말 신고, 내복 입고, 유리창에 뽁뽁이나 문풍지를 붙이는 것은 생활상 실천 상황이다. 여기에 한 가지 더, 나는 가스비를 미리 저축해 놓는다. 1년을 지내보면 여름에는 만 원도 안 되는 돈이 가스비로 나가지만, 겨울에는 몇 만 원, 심하면 10만 원 넘는 돈이 가스비로 나갈 수 있다. 그러면 정해진 금액에서 생활하는 주부들은 머리 아플 뿐만 아니라 마음 편히 따듯하게 지낼 수 없다. 그래서 나는 1년 내내 동일한 가스비용을 내도록 미리 책정하여 기입한다. 그러면 여름에 가스가 미리 저축되는 꼴이니 겨울에는 좀 더 여유롭게 틀 수 있고, 결과적으로 따뜻하게 지낼 수 있다.

통신비와 기타 비용을 줄이자

단말기 비용을 내면서까지 휴대폰을 약정 기간 안에 바꾸는 일은 한 번도 없었다. 남들이 스마트폰을 쓸 때도 나는 일반 폰을 썼었다. 그런데 스마트폰으로 바꾸면 요금이 3만 원대로 내려가는 것을 알고 갈아탔었다. 그후로는 휴대폰에 이상이 있어서 교체를 해야 하면 가급적 보급 폰으로 바꾸어서 기계비용을 내지 않았다.

올해 초에 이진우의 〈손에 잡히는 경제〉를 통해 할부 구매를 하게 되면 그 비용이 24개월 5~6만 원 정도 된다는 것을 알고 가급적 일시불 구입을 선택했다. 우리 집 통신비 절약에는 신랑의 공헌도가 상당히 컸다. 신랑은 알뜰 폰을 쓰는데 요즘 같은 세상에 스마트폰을 쓰면서도 한 달 요금이 만 원 이하로 나왔다. 7,000원, 6,000원, 5,100원 신기록이 갱신될 때마다 금메달이라도 딴 양 의기양양해서 나에게 자랑을 했다. 이 또한 재미있게 즐겼던 신혼 시절이었다.

우리 집은 TV가 없다. TV가 없어서 좋은 점이 상당히 많은데, 그중의 경제적인 면만 보면 TV 구매 비용과 전기세가 들지 않는다. 무엇보다 매달 내야 하는 수신료도 없다. 수신료를 안 내다 보니 몇 년에 한 번씩 경비실에서 체크하러 오는 불편함은 있다. 처음에는 '진짜 없는지', 다음번에는 '아직까지 진짜 없는지'를 확인하러 온다. 동생네를 보니 TV가 있어서 지출되는 비용이 간혹 들린다. 고장 나서 수리해야 하고, 이사 갈 때 에어컨처럼 비용을 주고 옮겨야 한단다.

체크카드로 소비를 최소화하자

우리가 무의식적으로 그냥 사는 물건이 생각보다 많다. 그것을 방지하기 위해서 장을 볼 때는 쇼핑 리스트를 만들어서 꼭 필요한 물건만 사자. 그 외에는 사지 말자. 리스트에 없는 것은 굳이 없어도 되는 물건일 가능성이 크다. 그리고 대형 마트보다는 동네 마트를 이용해라. 대형 마트 마케팅 때문에 더 싸다고 느껴지지만, 결과적으로 분석해 보면 훨씬 더 많이 지출하게 된다는 사실만 기억하자.

선저축을 풀로 한 후 최소 비용만 생활비 통장에 넣어놓고 체크카드를 사용하자. 정해진 금액 내에서만 쓰게 되므로 강제적으로 지출이 통제된다. 현재 나는 체크카드를 쓰고 싶어도 못 쓴다. 은행은 체크카드를 별로 안 좋아한다. 자산이 커지고 투자 판이 커지다 보니 체크카드 사용이 나에게는 더 손해일 때가 있기 때문이다. 체크카드는 쓸수 있을 때 적극 활용하기 바란다.

미니멀 라이프

작년부터 미니멀 라이프를 실천 중이다. '사람을 위한 집인가 짐을 위한 집인가'라는 주제의 영상을 가족 모두에게 보여주고 동참하도록 했다. '언젠가는 쓰겠지' 하고 묵혀두는 물건들을 버리면 집이 정말 넓어진다. 그러고 나면 물건을 살 때도 정말 필요한 물건인지 몇 번을 더 생각하고 사게 된다.

미니멀 라이프를 실천하면 물질에 대한 욕심이 많이 비워진다. 그럼으로써 마음은 더 풍요로워짐을 느낀다. 불필요한 씀씀이가 줄어들어 경제에 도움이 되는 것은 덤이다. 물질에 대한 욕심 또한 같이 버려지기에 근검절약하는 생활이 편안해지고 경제적 자유인으로 가는 시간도 짧아지게 될 것이다.

우리 집은 3개의 통장으로 굴러간다

다양한 재테크 방법들을 간접 경험해 보고,
그것을 토대로 각자 가정에 맞게 각색하는 놀이를 즐기자.

재테크의 기초적인 내용들이 소개되어 있는 책 중에 『4개의 통장』
이라는 책이 있다. 그 책에서 돈 관리를 하는 시스템으로 4개의 통장
을 권했다.

4개 통장의 활용

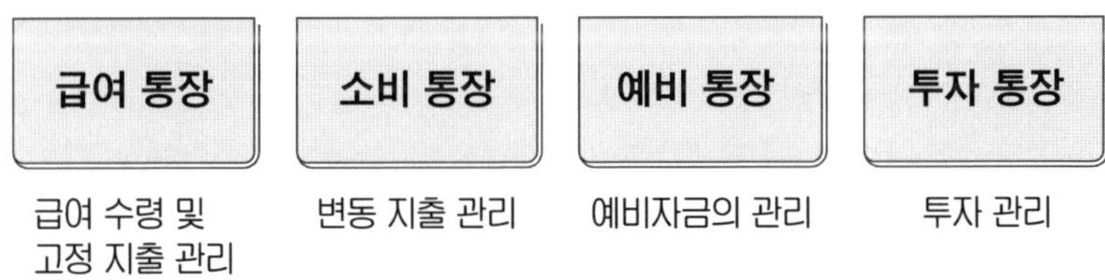

나는 『4개의 통장』에서 권해준 내용을 각색해서 우리 집 경제 상황
에 맞게 만들어보기로 했다. 일반적으로 가정의 소비 패턴을 보면 크게
고정 지출과 비고정 지출로 나뉜다. 그중 고정 지출은 절약과 상관없이
나가야 하는 돈이니 급여 통장에서 바로 빠져 나가게 하는 게 편하다.

우선 우리 가정의 통장은 생활비 통장, 비정기 통장, 여행 통장 3개로 만들었다. 책에서 언급되었던 예비 통장이나 투자 통장은 재테크를 담당하는 통장의 몫이니 나의 투자 통장으로 대체했다. 결혼 당시, 개인적으로 재테크가 이미 오랫동안 진행 중이었기 때문에 가정 경제 시스템과 합체하기보다는 별도로 투자 시스템을 운영하기로 했다.

엄연히 따지면 여행 통장도 비정기 지출로 여겨 비정기 통장에 합쳐서 운영할 수도 있다. 하지만 비정기 통장과 여행 통장을 따로 구분한 것은 비정기 지출로부터 여행 자금을 보호하고 싶었기 때문이다. 혹시나 비정기에 자금이 부족하거나 바닥났다는 이유로 여행이 미뤄지거나 취소되는 것을 막고 싶었다. 4개의 통장을 각색한 우리 집의 3개의 통장은 다음과 같다.

3개 통장의 활용

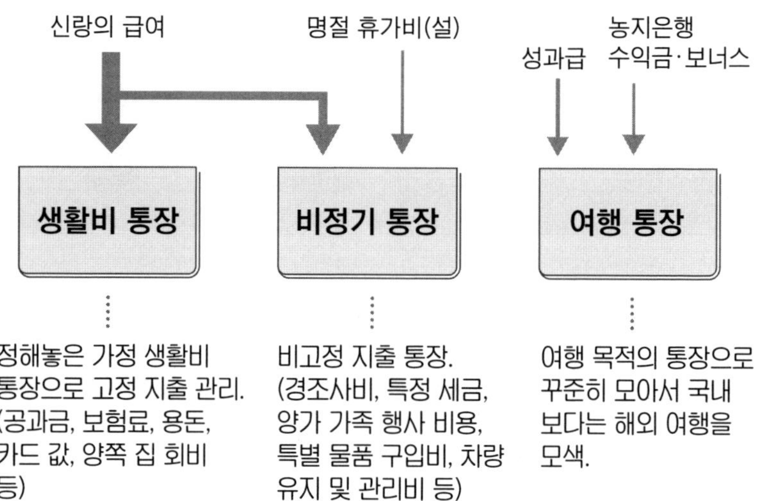

● 신랑 급여 통장 => 가정 생활비 통장

우선 신랑 이름으로 된 통장으로 월급이 들어온다. 그러면 신랑이 제일 먼저 내 집 마련 프로젝트를 위한 저축 금액을 관련 계좌로 보내놓고, 정해놓은 생활비를 제외한 나머지 금액은 비정기 통장으로 보내게 했다. 생활비 통장에서는 고정 지출 금액들이 나가게 된다. 즉, 각종 보험료들, 양쪽 집 회비, 신랑 용돈, 공과금, 카드 값 등이다. 정해진 금액 내에서 생활해야 하므로 카드도 한계를 정해놓고 썼다. 대부분 자동이체가 되어 있기 때문에 이렇게 운영되다 보면 생활비 통장은 월급이 들어와 채워지고 날짜가 지나면서 스스로 비워진다. 이렇게 시스템이 잡히고 지출 흐름이 고정되고 나니 가계부를 쓸 필요가 없어졌다.

● 과거 내 급여 통장 => 비정기 통장

급여 통장이 주는 혜택(ex.이체수수료 무료)을 누리기 위해 퇴사 후에도 계속 사용하는 중이었는데, 이것을 비정기 통장으로 이용했다. 비정기 통장은 비고정 지출이 이뤄지는 곳이다. 제일 대표적인 경조사비를 비롯해서 특정 달에만 내는 세금들이 대부분이다. 비정기적으로 있는 양가 가족 행사 비용이라든지, 갑자기 가전제품을 교체해야 한다든지, 특별하게 구입할 물건들 비용도 여기서 지출하게 된다. 자동차에 문제가 생겨 수리를 하거나 몇 달에 한 번씩 드는 차량 유지 및 관리비도 비정기 통장 몫이다.

신랑 월급 명세표를 보면 정해진 월급 외에 잠시 숨 돌릴 틈을 주는 금액들이 있었다. 1년에 두 번 들어오는 정근 수당, 명절 휴가비, 그리고 1년에 한 번 들어오는 작은 성과급이었다. 2개 정근 수당과 명절 휴가비(추석) 하나를 아이의 교육비 통장으로 보냈다. 또 다른 명절 휴가비(설)는 비정기 통장으로 지원을 보냈다. 이렇게 지원군이 와줘도 비정기 통장은 늘 팍팍했다. 경조사도 많았고, 가족 행사도 많았으며, 예기치 못하는 일들이 수시로 생겼다.

생활비는 더 절약해서라도 통제할 수 있지만, 예기치 못하게 생기는 일은 통제가 안 되기 때문에 어쩔 수 없었다. 펑크가 나면 투자 통장에서 수혈을 해오고, 나중에 보너스가 들어오면 수혈받은 걸 갚기를 몇 번 반복했다. 몇 년을 그렇게 관리하다가 비고정 지출마저도 틀이 잡히고 잔고도 쌓이면서 지금은 비정기 통장도 자생 능력이 생겨서 내가 손을 떼도 절로 굴러간다.

● 농지은행과 연결된 통장 =〉 여행 통장

여행 통장을 성과급만으로 채우면 국내 여행용밖에 안 된다. 그래서 여기에 농지에서 나오는 보너스 금액을 추가해서 여행 통장 자금을 만들어놨다. 작년 연말에 1년을 고생한 포상 휴가의 의미로 가족들과 부산 여행중이었는데 문자가 들어왔다. 농지은행에서 보너스를 입금했다는 문자이다. 친절한 그 문자 덕에 여행 도중 기분이 더 업됐다. 그때 '이 금액들을 꾸준히 모으면 가까운 해외여행은 다녀올 수 있겠다' 싶었다. 그래서 농지에서 나오는 수익금까지 여행 통장에 합류시켜서 여행 통장을 튼실하게 만들어놨다.

다음은 아이를 위한 준비 통장 2개를 살펴보자.

● 교육비 통장

내가 결혼 후 새로 꾸린 통장 중 아이 교육비 통장이 제일 튼실한 것 같다. 여기에도 시간의 힘은 크게 작용했다. 결혼을 준비하는 동안에 재무에 대한 이야기를 나누고, 그림을 그리며 계획을 세웠었다. 남편의 월급을 관리하면서부터 바로 실천에 옮겼고, 그 위에 시간이 더해지다 보니 아이가 태어나기 전부터 일정 금액이 모아져 있었다. 아기가 태어난 후부터는 매달 양육 수당을 받았는데, 처음 1년은 분유와 기저귀 값으로 지출했다. 분유 대신 밥을 먹게 되고 기저귀를 떼면서부터는 매달 받는 양육 수당을 다시 아이 교육비 통장에 합류시켰다.

아이가 어릴 때는 교육비가 들지 않기 때문에 큰 지출이 없었는데, 나중에 지출 항목을 점검해 보면 그나마 제일 많이 쓴 곳이 아이 책값이었다. 우리 집을 방문한 사람들은 엄청난 책의 양에 놀라곤 했는데, 본래 가격이라면 꽤 많은 돈이 들었겠지만 실제로 지출된 비용은 적었다. 아이 전집을 풀 세트로, 테마 별로 단계별로 구입하려고 몇 천씩 쓴 이웃에 비하면 내가 지출한 비용은 세발의 피였다.

그 비결은 일찍 결혼한 지인들과 나의 부지런함이었다. 우리 아이가 읽는 책 대부분은 이미 아이를 키운 친한 친구들이 물려준 것이었다. 본인 아이들이 즐겨 있었던 소중한 책들을 감사하게도 우리 아이에게 물려주었다. 그 덕분에 우리 아이는 다양한 책들을 마음껏 읽어볼 수 있었다. 간혹 블로그 하는 지인들이 판매한다고 올리기도 하는

데, 그럼 그 기회를 잘 포착해서 저렴하게 사기도 했다.

또 우리 집과 가까운 아름다운 가게에서 일주일에 한 번씩 새 책 같은 전집을 완전 저렴하게 판다는 사실을 알고부터는 적극 활용했다. 이처럼 지인들과 알뜰하게 구매할 수 있는 기회들을 잘 활용해서 아이에게 책은 마음껏 읽힐 수 있었다. 꼭 이런 방법이 아니더라도 요즘은 어린이 도서관들이 잘 되어 있다 보니 아이에게 책을 읽히는 데는 생각보다 큰 금액이 필요하지 않다.

어린이집 이후에 6~7세는 유치원으로 옮겼는데, 병설 유치원을 다녔기 때문에 따로 드는 비용도 거의 없었다. 어린이집 다닐 때 내던 비용은 전부가 교육청 지원으로 거의 무료였다. 비록 사립 유치원처럼 타이트하게 공부시키고, 폼 나는 체험을 많이 다니고, 화려한 재롱잔치를 하지는 않지만 공부보다는 인성에 초점을 맞춰서 하는 안정적인 교육 방향이 맞아서 보낸 유치원이었다.

7세가 되면서 피아노를 배우고 싶다고 해서 피아노에 입문을 하고 태권도도 하고 싶다고 해서 그것도 등록을 하면서 교육비가 본격적으로 사용되기 시작했다. 그래도 태어나기 전부터 쌓아놓았던 교육비 통장이라 앞으로 상당 기간은 펑크 나지 않고 잘 굴러갈 것 같다. 무분별한 사교육은 절대 시키지 않을 것이지만, 아이가 관심 있어 하고 배우고 싶어 하는 곳에는 전폭적인 지지를 해줄 수 있는 든든한 통장이다.

● 미래 통장 = 주식 통장 + 청약통장 + 입출금 통장

나는 아이의 첫 금융 거래 통장을 증권사에서 개설했다. 교육비 통장은 MMF로 개설하고, 아이 앞으로 들어오는 돈을 모으는 계좌는 CMA로 하게 되었다. 약간의 이율이라도 더 혜택을 보게 하려는 마음이 있었고, 아이 앞으로 들어오는 돈을 그냥 은행에 잠자게 놔두는 것보다 멀리 내다보고 아이와 함께 자랄 수 있는 가치주(현재 실적이나 자산에 비해 기업 가치가 저평가 돼서 낮은 가격에 거래되는 주식)를 사주고 싶은 마음에 증권 계좌를 개설한 것이었다. 세뱃돈이나 생일, 졸업, 입학 축하금 등으로 받은 돈들을 CMA 계좌로 모아서 일정 금액이 쌓이면 내가 샀던 주식을 아이도 같이 매수해 주었다. 그 종목이 배당금을 빵빵하게 주는 주식이다 보니 내가 배당금을 받으면 아이도 같이 받았다. 그래서 아이도 나와 같이 배당 세금도 낸다. 1년에 한 번 혹은 두 번이지만, 이 배당금이면 현재 아이 한 달 교육비 이상은 되는 것 같다.

보너스 같은 배당금을 받는 재미가 쏠쏠하다. 아이의 돈 역시 미약하게나마 아이의 자산을 위해 일하는 시스템인 셈이다. 나중에 아이가 커서 이 계좌에 대해 설명해 줄 날이 기다려진다. 그동안 받아온 배당금에 대해서도 알려주고 싶다. 이 시스템을 알았을 때 아이가 어떤 궁금증들을 쏟아낼지 기대가 된다. 아이랑 경제에 관한 대화를 나눌 시간이 기다려진다.

- 입출금 통장

  시중은행에서 만들 수 있는 가장 일반적인 통장.
  금리는 0.1% ~ 0.01% 정도로 미비하다.
  이곳에는 필수 비용 빼고는 기타의 돈을 놔두면 마이너스라고 생각하자.

- CMA (종합자산관리계좌)

  확정된 금리를 제공.
  입출금 통장과 기능은 같다.
  금리는 1.2 % 전후.

- MMF (머니마켓펀드)

  운용 실적에 따라 수익금 배분. 우량 채권이나 기업어음에 투자해
  그 이자를 매일매일 돌려주는 시스템.
  안정적이며 수수료가 없어 언제든 환매가 가능하여
  단기로 자금을 운용하는 투자자에게 적합한 상품.
  단, 펀드이다 보니 결제 계좌 기능은 없다.

  ※ CMA, MMF ⟶ 하루만 맡겨도 은행에 비해 높은 금리를
  받을 수 있다는 장점.
  짧은 시간에 수익을 올릴 수 있어
  활용도 높고, 수시로 입출금 가능.

일상 경험 속의 질문을 통해
나의 것으로 만들자

무엇이든 내가 직접 해보면 성공 여부를 떠나 나의 경험이 된다. 다양한 경험을 하면서 '왜'라는 호기심을 가지고 궁금증을 하나씩 해결해 나가다 보면 새로운 지식들을 습득할 수 있게 된다. 그냥 듣고 흘려버리지 말고 메모하고 기록하는 습관을 갖게 되면 훨씬 더 효과적으로 공부할 수 있다.

어떤 상황을 경험하든 그 분야의 전문가들에게 몰랐던 것을 배우고 나의 것으로 만들 수 있는 좋은 기회인 셈이다. 이런 지식들이 쌓여서 나중에 소비자가 아닌 생산자의 삶을 살 수 있는 기회가 나에게 올 수 있다. 그러니 부디 실전에서 많이 경험하고, 관련된 사람을 만났을 때 무한히 물어보고, 배운 내용들을 나의 것으로 만들어라. 다시 한 번 강조하지만, 매사 'Yes'가 아니라 'Why'로 접근하자.

보험은 설계사의 설명 위에 나의 분석을 더해서 가입하자

하루는 우체국에 볼일이 있었는데, 동네 우체국이 아니라 다양한 일들을 같이 볼 수 있는 큰 우체국을 방문했다. 일 보는 동안 눈에 들어오는 상품들이 있어 상담을 요청하니 잠시 후에 FP라는 분이 나오셨다. 기본적인 이야기를 주고받을 때는 좋았는데, 좀 더 자세한 것을 질문하니 대답을 어려워하신다. 오히려 그분이 다른 말을 하면 내가 정정해 주기도 했는데, 그러다 나에게 이쪽 일을 해본 적이 있냐는 질문을 받았다. 일한 적은 없지만, 재테크와 자산 관리에 관심이 많고 보험 쪽으로 경험이 많아서 그렇다고 했더니 같이 일할 생각이 없냐는 것이었다.

금융 상품 쇼핑하러 왔다가 생각지도 못한 제안에 웃고 넘겼지만, 며칠 후에도 같은 질문을 받았다. 지인이 너무 좋은 상품이 있다고 추천하길래 직접 담당자하고 통화해서 궁금한 것들을 물어봤다. 그냥 궁금한 것들을 물어봤을 뿐인데, 또 보험 쪽 일을 했냐는 질문을 받은 것이다. 질문하는 게 일반 고객들과 달라서 다르게 느껴졌단다.

나는 언제부터인가 보험 상품을 그냥 가입할 수 없게 되어버렸다. 담당 직원에게 일반적인 설명을 듣고 집에 와서 내가 자세히 분석을 해봐야 한다. 내가 가지고 있는 상품들과 비교 분석까지 하다 보면 다양한 질문들이 생성된다. 그럼 그때서야 담당자와 다시 통화를 해서 궁금증을 풀기 위한 질문들을 쏟아낸다. 어떤 때는 질문하다가 또 다른 질문이 생기기도 한다. 그러다 보면 그 보험 상품의 한계가 보일 때가 많아 가입을 안 하는 경우가 많지만, 이런 과정을 통해 내가 알게 되는 지식들이 하나 둘씩 늘어나기 때문에 살아 있는 공부를 한다는 느낌이 들었다.

동생 친구 중에 보험 조직을 이끄는 친구가 있었는데, 녀석도 내 질문을 받아내느라 진땀 좀 뺐다. 그런데 보험 조직을 이끄는 사업을 하는 녀석이다 보니 나에게 건네는 말이 달랐다. 그 지식으로 시험 한 번 보라는 것이다. 누나 정도는 한 번에 붙겠다며 응시를 권했다. 생각지도 않는 일이었지만 한번 해보는 것도 괜찮을 것 같아 응시를 했다. 생명보험과 화재보험 시험을 그냥 봤는데, 동생 말대로 한 번에 붙었다.

보험 영업을 할 것은 전혀 아니었지만, 적어도 내 보험은 내가 컨설팅해서 넣을 수 있게 되었다. 그 결과 현재는 우리 집 자동차 보험과 내 상가들의 화재보험은 내가 넣을 수 있게 되었다. 한 번도 생각해 보지 않았고 의도하지 않은 일이었지만, 많은 경험을 하고 그때마다 수많은 질문을 하면서 산 공부를 하다 보니 스스로 터득된 것들의 결과물이었다. 보험 가입 수당은 보너스로 주어지는 셈이다.

자동차보험도 내가 알아야 금전적 손실을 줄일 수 있다

자동차보험도 마찬가지다. 20대 후반에 연달아 사고가 나면서 병원에 입원했던 적이 있었다. 그중 첫 번째 사고로 인하여 나는 세상 물정에 눈을 뜨게 되었다. 지금이니까 그때의 일을 여유롭게 회상하면서 쓰지만, 아무것도 몰랐던 그 시절에는 정말 마음고생을 많이 했다. 그만큼 제대로 공부한 시기였다.

그 사건 때문에 파출소, 경찰서, 병원 등을 드나들게 되었고, 자동차 보험에 대해 많이 알게 되었다. 대물사고 처리 방식, 대인 사고 처리 방식, 보험사들의 사고 처리 스타일, 할증률, 할증 요건, 구상권 청구,

책임보험, 종합보험, 무보험 차량 보상 처리 방식 등등 매일 담당자들과 통화한 내용들을 기록하는 동시에 궁금한 것들을 해결하기 위해 이곳저곳에 자문을 구했다. 사건이 마무리될 때까지 사건의 진행 상황을 꼼꼼히 정리했다. 그러다 보니 자동차보험에 관한 공부가 절로 되었다. 이런 경험을 몇 번 더 하다 보니 자동차보험에 대해서는 빠삭하게 알게 되었다.

그후의 사고들도 상대방이 법적으로 문제가 있는 사람들을 만나게 되어 덩달아 새로운 경찰서도 가보게 되고, 이젠 뺑소니에 관해서 법적인 것까지 절로 알게 되었다. 일을 처리할 때마다 '왜, 어떻게'로 접근하다 보니, 그 과정 속에서 많은 공부가 되는 것을 실감했다. 이런 경험들이 나의 일로 연결된 것은 아니지만, 적어도 나는 물론이고 지인들이 사고 났을 때 적극적으로 도움을 줄 수 있을 정도는 되었다.

몇 년 전에도 신랑 지인이 억울한 상황에 몰리게 되어서 그 담당 직원과 누나인 척하고 통화를 하게 되었는데, 그분 하는 말이 "실례지만 이쪽 일하세요?"였다. 배우면 써먹을 때가 있는 법이니 일상생활 속에서 경험한 것들을 나의 지식으로 만드는 일에 게을리하지 말자. 그냥 궁금한 것을 물으면 된다. 질문만으로도 상식이 늘어난다.

아는 만큼 절세할 수 있으니 세금 공부는 재테크에 필수과목이다

지인 한 분이 많은 이익을 보고 땅을 매도한다며 나에게 예상 양도세를 물어오셨다. 나는 계산하자마자 바로 전화해서 계약서 쓰셨냐고 물어봤다. 안 쓰셨으면 조금 늦추라고 권해드리고 싶었다. 몇 달 사이로 내는 세금의 차이가 상당했다. 내가 봐도 너무 안타깝고 이미 계약서 쓰신 사장님도 씁쓸해했다. 쓰시기 전에 미리 한 번 전화를 주셨으면 좋았을 텐데 하는 아쉬움이 들었다. 세금은 물건 매수, 매도하기 전에 미리 계산해 보고 들어가는 게 중요하다. 그만큼 부동산에서는 세금의 영향력이 상당하다. 세금 때문에 수익률이 반토막이 될 수도 있다. 나 역시도 물건 하나를 매수하든 매도하든, 미리 세금 계산을 몇 번이나 해보는지 모른다. 그에 따라 매수 혹은 매도의 계획이 분명 바뀔 수 있기 때문이다.

타의로 경매를 경험하고, 그 물건을 매도할 때 억울한 양도세를 물지 않기 위해 팔방으로 알아보면서 세금 공부가 생각보다 재미있음을 느꼈다. 그 과정 속에 있을 때는 정확한 답을 못 들으니까 답답하고 애가 타기도 했지만, 해결해 놓고 보니 결과적으로는 '절세'라는 말을 참 좋아하게 되었다. 안 내도 되는 세금까지 내지 말고 혹시나 해당 요건이 되는 것이 있으면 자료를 챙겨서 세금을 절세하는 게 나의 권리를 잘 누리는 것이다. 나 역시도 재테크 활동 영역이 넓어질수록 유능한 세무사가 파트너로 있으면 좋겠다는 생각을 많이 한다.

농지를 매입했을 때는 농지 관련 세금에 대해 계속 알아봤다. 그러면서 농지은행도 알게 되었다. 땅을 작업할 때는 사업용 토지와 비사업용 토지에 관련해서 세금 관련 이야기들을 집중적으로 읽으면서 두루 섭렵했다. 아파트는 다른 물건들에 비해 비교적 단순하니까 세금 공부가 수월한 편이다. 하지만 관리하는 아파트 수가 많아지거나 주택 수가 많아지게 되면 부지런히 경우의 수를 예상해 보고, 열심히 계산기를 두드려봐야 한다. 물건마다 단기 임대 사업자등록과 준공공 임대 사업자등록 중 어느 것을 택할 것이지도 다양한 경우의 수를 따져보면서 고민해야 한다.

'묻지마' 투자로 취득한 땅 세금 문제로 세무사 한 분을 소개 받았다. 그분과 이야기를 하면서 땅뿐만 아니라 다른 부동산 세금에 대해서 궁금한 것이 있어서 폭풍 질문을 했었다. 그랬더니 세무사님이 아시는 것은 답해주시고 애매한 것은 더 알아보고 연락 주시기로 했다. 부동산 분야보다는 사업 세무 관련 일들을 주로 하신 세무사님이시다 보니 부동산을 많이 하는 나를 신기해 하셨다. 젊었을 때부터 부동산에 관심을 가지고 시작한 것이 대단하다고 하셨다(실은 부동산 공부 안 하고 덤벼서 사고 친 물건인 속사정은 모르시고).

후에 임대사업자를 내면서 내 사업 세금도 그분에게 의뢰했다. 나는 항상 세금을 미리 계산해 보기 때문에 자료들을 먼저 드리고 예상 세금을 여쭤봤다. 계산해서 알려주시기 전까지 나 역시도 인터넷을 보면서 공부해서 세금 산출을 해보고 있었다. 몇 시간 후에 세무사님이 예상 세액을 보내오셨는데 나랑 좀 달랐다(내 방식이 살짝 적게 나왔다). 그래서 나의 계산법을 보내드리며 궁금한 것들을 질문했었다. 그러면서 수정이 되기도 하고 절세를 할 수 있게 되기도 한다.

이렇게 해당 요건들을 분석하고 문구를 해석 적용시켜 세금을 산출하는 과정이 의외로 재미있다. 여러 번 해보면 다른 것에도 응용할 수 있게 된다. '혹시 내가 못 써먹은 요건은 없나 하고 눈에 불을 켜고 절세할 수 있는 방법을 찾는 열정은 내가 최고가 아닐까?'라는 생각을 자주 한다. 하나를 습득하게 되면 그 하나가 다른 질문을 던져주고, 또 그것을 알아가는 과정에서 계속 가지치기를 하듯 공부가 뻗어 나가게 된다. 이렇게 하나씩 배워 나가는 거다. 기초적인 것부터 체크해서 알 아보고, 그 과정들이 쌓이면서 나의 지식이 되는 것이다.

한 예로, 사업자를 내면서는 세금 계산을 하다가 절세할 방법이 없 나 알아보던 중 '노란 우산 공제'를 알게 되었다. 얼핏 광고로 접했던 것 같긴 한데, 막상 나와 관련 있는 일이 되니 눈에 불을 켜고 읽게 되 었다. 통화로 궁금한 것들을 물어보고 답변을 들을 때는 귀에 쏙쏙 들 어왔다.

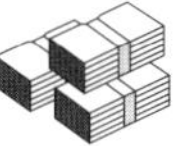

노란 우산 공제 (www.8899.or.kr)

소기업, 소상공인들이 가입 대상이다.
직장인들처럼 이 상품으로 연간 납입액과 한도에 따라 소득공제를
받을 수 있다.
소득금액이 4천만 원 이하는 500만 원, 1억 이하는 300만 원,
1억 초과는 200만 원을 한도로 소득 공제된다.
납입금 전액 연 복리이자를 적용한다.
압류에도 우산 공제 불입금은 법적으로 보호된다.
사업자 상해보험이 무료 가입되고, 납입기간이 12개월 이상이면
불입 금액의 90% 내에서 저리 대출이 가능하다.
폐업이나 질병, 부상 등 공제 사유가 생기면 지급된다.
다만 그냥 중도해지 시 원금 손실의 위험이 크며, 폐업을 하지 않고
10년 이내에 사업 중지 시 기간에 따른 해지환급금이 달라질 수 있다.
중도해지만 하지 않는다면 장점이 더 많다.
폐업한 이후 생활 자금으로 쓸 수 있는, 퇴직금 개념으로 생각하면 쉽다.

각자만의 스타일로 세금 관련 지식들을 다양하게 알려주는 분들 중 현재 내가 자주 질문하는 블로그 3곳을 소개한다.

- 제네시스박 http://blog.naver.com/genesis421
- 투에이스 http://blog.naver.com/tbank
- 미네르바 올빼미 http://blog.naver.com/khr1265

직장인이라면 연말정산의 달인이 되자

신혼 초에 두 해 정도는 신랑의 연말정산을 열심히 파헤쳤다. 이런 분야에는 관심이 없는 남편이다 보니 내 손을 거치지 않을 수 없었다. 과거에 내가 직장생활할 때 해본 가락이 있어 익숙한 일이었지만, 그래도 이제 가정을 꾸린 가장의 연말정산을 하는 것이니 좀 더 챙길 게 뭐가 있을까 하고 연구했었다. 연말정산 잘하는 직장인 미래 씨에게 연말정산 서류를 들고 찾아갔다. 그리고 항목별로 구체적으로 질문을 했다. 역시나 눈 씻고 찾아봐도 그 당시 내가 아는 범위를 벗어나는 새로운 내용은 없었다. 우리 가정 특성상 소득공제 받을 요건에 충족되지 않는 것들이 많다 보니 연말정산이 상당히 단순했다.

나는 개인연금을 하나도 넣지 않았다. 소득공제용으로 개인연금 가입 붐이 불었을 때가 몇 번 있었다. 그때마다 상담을 받아봤지만, 결국 두 가지 이유에서 가입하지 않았다. 첫째는 현재 내가 불입한 금액은 상당히 크게 느껴지는데, 20년 혹은 30년 이후에 내가 받을 예상 금액이 생각보다 적었다. 지금도 이렇게 느껴지는데 20~30년 후의 돈의 가치로 보면 얼마나 푼돈이겠나 싶었다. 두 번째 이유는 연금을 받을 때 다른 소득이 연금하고 합해져서 다시 소득세 세금을 내야 한다는 사실이었다. 결국 지금 소득공제 받는 혜택이나 훗날 다시 소득세 내는 돈이나 같을 것 같아서 가입하지 않았다. 내가 재테크 공부를 해서 그 돈으로 차라리 우량주 한 주씩을 사든지, 그 돈으로 이자 비용을 감당하는 게 훨씬 나을 거라는 판단에서였다.

우리 가정이 할 수 있는 유일한 절세는 카드 소득공제 300만 원 받는 것을 좀 더 노력해서 400만 원 받는 게 유일했다. 100만 원 더 받기 위한 요건들을 다 체크해 두고 생활 패턴을 거기에 맞췄다. 주차하기 힘든 곳은 대중교통을 이용해서 이동하기도 하고, 장을 볼 때도 가급적 전통시장을 이용했다. 이왕 하는 외식도 전통시장 식당을 이용하고자 했다. 전통시장을 이용할 때 카드나 현금영수증이 안 돼서 불편하다면 전통시장 안에 있는 마트를 이용해 보자. 일반 마트인데 전통시장 내에 있으면 마트에서 사용하는 금액이 전통시장을 이용한 것으로 분류된다.

전통시장을 종종 이용할 여건이 정착된다면 온누리상품권을 활용하는 것도 좋을 것 같다. 가끔씩 명절을 앞두고 온누리상품권을 5% 혹은 10%로 할인해서 판매한다. 구입할 때부터 이익인 셈이다. 온누리상품권은 전통시장에서 사용해야 하니, 장볼 때 사용하고 현금영수증 공제까지 받는다면 일석이조일 것이다. 이렇게 생활 패턴으로 만들어 틀을 잡아 놓으면 연말정산 세법이 바뀌기 전까지는 그대로 굴러가니까 매년 연말정산하려고 노력하지 않아도 된다.

과세표준금액	세율(%)
1,200만 원까지	6
1,200만 원 초과 ~ 4,600만 원까지	15
4,600만 원 초과 ~ 8,800만 원까지	24

Q. 소득공제와 세액공제의 차이를 아는가?

Q. 의료비, 교복 구입비, 취학 전 아이 학원비는 두 번 공제된다는 것을 아는가?

Q. 신용카드와 체크카드의 적절한 배분 사용을 아는가?

Q. 현금영수증 챙기는 것이 습관화, 일상화되어 있는가?

Q. 연말정산 전에 미리보기 서비스로 신용카드 금액 미리 체크해 본 적 있는가?

Q. 신용카드를 써도 소득공제 제외 대상 항목을 아는가?

(공과금, 보험료, 아파트 관리비, 해외결제금액)

등기부등본 셀프 수정 어렵지 않아요

한 번은 부동산 관련 일처리를 할 때 등기부등본의 주소가 예전 것으로 되어 있어서 문제가 있다면서 법무사 비용을 청구해 왔다. 주소 수정하는 과정이 어렵냐고 물어보니 그렇지는 않다는 것이었다. 그럼 내가 하겠다고 하고 등본 주소 변경 방법과 준비물을 알아보고 등기소에 갔다. 막상 가서 직접 해보니 예상보다 훨씬 쉬웠다. 한쪽에서 안내해 주시는 분들이 계셨는데, 어찌나 자세하게 알려주시는지 누구나 할 수 있겠다 싶었다.

　등기부등본에 나와 있는 주소 변경하러 왔다고 말하면 관련 서류를 주시며 자세히 가이드라인 해주신다. 쓰라는 것 쓰고, 붙이라는 인지 사서 붙이고, 어디로 가라며 가고… 즉 안내해 준대로만 하면 자동 처리된다. 그게 끝이었다. 인지세 같은 필수 비용만 들어서 몇 천 원밖에 안 들었던 것 같다. 이 처리 비용을 5만 원 달라고 했던 것이다. 지금은 이것도 올라서 법무사에 맡기면 6만 원 정도 대행 비용을 내야 한다. 돈도 절약하고 내가 직접 해봄으로써 새로운 지식들도 알게 되니 일석이조다.

　개인적으로 셀프 등기도 한 번 해보고 싶었는데 결국 못 해봐서 참 아쉽다. 왜냐하면 앞으로는 해볼 기회가 없을 거라는 걸 잘 알기 때문이다. 셀프 등기는 물건 매입 시 대출이 없을 때만 가능하다. 대출을 일으키면 은행 법무사가 등기 업무를 처리하기 때문에 내가 해볼 수가 없다. 현재는 은행이 나의 사업 파트너인 관계로 앞으로 매입할 때는 항상 함께해야 하기 때문이다. 재테크 처음 하시는 분들은 한번 도전해 보는 것도 좋은 공부가 될 수 있으니 경험해 보길 바란다. 처음에는 어렵고 복잡해 보이지만 한번 경험해 보고 나면 멀게만 느껴졌던 부동산 관련 용어들이 한결 가깝게 느껴질 것이다. 구청도 가고, 은행 가서 채권 매입도 하고, 서류 챙겨서 등기소 가서 등기 완료도 하는… 이 모든 과정들이 재미있어 보이지 않는가?

돈과 시간으로부터 자유를 얻자

고진감래. 과정이 힘들었던 만큼 결실은 그만큼 값지다.

'경제적 자유인'이라는 단어가 내 삶에 콕 박힌 건 10 in 10 강의를 통해서였다. 부자되기 열풍에 합류해서 열심히 재테크하는 도중에 10 in 10 강의를 듣게 되고, 이 단어를 알게 된 순간 앞으로의 방향성이 명료해졌다. 그리고 그것에 맞춰 판을 다시 짜보면서 '은퇴'라는 단어도 생각하게 되었다.

'나에게 몇 살쯤 은퇴를 선물할까?'를 고민해 보니 아이 입학과 맞물리는 마흔 전후가 딱 좋겠다는 판단이 섰다. 이때를 계기로 실직적인 목표와 구체적인 계획들이 세워졌다. 내가 마흔이 되었을 때 경제적 자유인이 되고 안 되고는 중요치 않았다. 내가 꿈꾸는 목표가 달성되어 은퇴할 수 있는 환경만 만들어지길 원했다. 그러면 나는 나에게 은퇴를 약속대로 선물하자고 다짐했다. 마흔이 가까워져 오니 정상이 보였다. 참 많이 성장했고, 이만하면 됐다는 생각이 들었다. 최선을 다해 걸어왔고, 인정도 받았고, 감사 인사로 최고의 박수를 받는 이 시점! 이제 은퇴해도 되겠다 싶었다.

지인들에게 아이 학교 입학 전후로 은퇴할 거라고 말했다. 실력이 아깝다며 이해할 수 없다는 표정으로 이유를 묻는 지인들에게 "아이랑 마음껏 여행 다니고 싶어서"라고 했다. 제주도 1년 살기도 해보고 싶고, 해외여행도 마음껏 다녀보고 싶으니까 걸리는 일이 아무것도 없었으면 좋겠다고 말했다. 겉으로는 그렇게 이유를 말했지만, 속으로는 또 다른 이유가 있었다.

현재의 삶에 매우 만족하고 있고, 최고로 인정을 받은 시점이 은퇴 시점이라고 여겼기 때문이다. 이만하면 되었다는 판단이 섰고, 20년 가까이 정말 힘들게 고생하면서 이 자리까지 온 내 자신에게 스스로 판단한 시점에 은퇴를 선물하고 싶었기 때문이었다. 혹시나 계속 일하다가 50대에 은퇴해서 남은 생을 뭐하며 살지 생각해 보고 준비한다면? 하지만 이내 그런 생각을 접었다. 뭔가 새로운 일을 하고 싶다면 배우는 데 시간이 걸리니 지금부터 준비하는 것이 맞다 싶었다.

1만 시간의 법칙을 적용해서 뭔가를 터득해 보려고 해도 10년은 족히 걸리니 지금부터 고민해 봐야 한다는 마음에, 늘 머릿속에 새로운 미래에 대한 생각을 담고 다녔다.

'예순 넘어서는 어떤 일을 하며 삶에 열정을 쏟고 있을까?'

'여든에는 어떤 할머니 모습을 하고 있을까?'

다양한 생각들이 떠올랐다. 그 각각의 주제들이 생각의 가지치기를 하면서 상상의 나래를 펼치게 되고, 그것을 즐기며 40대를 시작하고 있었다.

그러던 어느 달 말일. 나는 늘 하던 대로 시스템의 월말 결산을 하고 있었다. 이때 하는 월말 결산은 금전적인 것뿐만 아니라 월초에 세웠던 목표를 얼마나 해냈는지 등 전반적인 결산을 하는 의미 있는 시간이다. 한 달을 돌아보고 마지막 부분에 나만의 대차대조표를 쓰고 있었는데, 순간 멈칫하며 쓰고 있던 펜을 손에서 내려놓게 되었다. 컴퓨터 화면에 있는 표들을 한참 바라보았다. 잠시 후 백지와 계산기를 이용해서 몇 가지 정산을 더 해봤다. 그러다 어디엔가 기록해 뒀던 돈과의 약속 선언서를 찾아봤다. 내가 『마흔 살의 행복한 부자아빠』 책을 읽고 따라 썼던 것이었다.

재테크를 시작할 당시에는 막연히 '부자' 혹은 '경제적인 여유로움'이라고 세웠던 재테크 방향성이 2011년에 10 in 10을 듣고 '경제적 자유인'이라는 구체적인 목표로 바뀌었다. 그리고 2012년에 그 책을 읽고 돈과의 약속 선언서를 쓴 지 4년쯤된 시점이었다. 자산을 어디에다 배치하냐에 따라 약간 부족할 수도 있고 넘을 수도 있는 것이기에 정확한 금액은 중요치 않았다. 다만 그때 내 머릿속에 든 생각은 딱 하나였다.

'이제 그만해도 되겠구나. 더 이상 여기서 무엇인가를 더 바라면 안 되겠구나.'라는 느낌이 강하게 들었다. 그러면서 내가 만들어놓은 시스템이 눈에 들어왔다. 다양한 수익 로봇들로 인해 이제 진짜 그만해도 된다는 것이 눈에 훤히 보였다. 처음에 튼실한 눈덩이 하나를 잘 만드는 것이 어려워서 그렇지, 작은 눈덩이를 굴려서 어느 정도 크기로 만들기까지 고생해서 그렇지, 탄탄한 눈덩이가 되면 그 다음부터는 저절로 굴러가서 큰 눈덩이가 되는 원리가 눈에 훤히 보였다.

'이거였구나. 1천만 원으로 1억을 만드는 것이 어렵지, 1억으로 2억

만들고 5억 만들고 10억 만드는 건 더 쉽다는 것이 이거였구나.'

잠시 생각에 잠겼다. 두 가지 길이 내게 말을 걸어왔다. 이것을 발판 삼아 백억대 자산에 한번 도전해 볼까? 아님 여기서 만족하고 또 다른 일에 도전해 볼까? 내 자신과 많은 대화를 나눈 후에 후자로 방향을 결정했다. 결정을 하고 나니 마음이 편안해졌다. 근검절약이 몸에 배었고, 지금은 합리적인 소비가 완전 습관화된 덕분에 안심하고 돈과의 약속 선언서를 지킬 수 있었다. 그리고 매년 흑자가 나고 시간이 흐를수록 눈덩이가 커지도록 만들어놓은 시스템 덕분에 나는 시간과 돈을 지배할 수 있는 경제적 자유인이 될 수 있었다.

물론 내가 100억대 자산의 도전을 잠시 생각했던 것은 부자 욕심 때문이 아니었다. 미혼이었을 때 '독신으로 산다면 원 없이 일하고 원 없이 벌어서 100억대 자산가가 되어 나의 교육 재단을 세우고 삶을 마무리해야지.'라고 생각했던 때가 있었다. 그것의 연장선으로 생각해 본 것이었다. 그런데 지금 나의 내면의 울림은 나에게 경제적 자유인을 처음 결심했을 때의 목표대로 가라고 했다.

"경제적인 것은 여기에 만족하고 그 다음을 고민하자. 노후 준비에는 경제적인 것과 가치를 담은 평생 현역의 삶이 있는데, 전자는 이미 완료되었으니 후자에 대해서 다양한 생각들을 해보자. 지금까지는 열정적으로 잘 살아왔는데 앞으로는 뭐하며 열정적인 중년이 되어갈까? 나는 어떤 일로 사람들을 도와줄 수 있을까?"

이 숙제를 가지고 그동안 읽지 않았던 분야의 책들도 많이 읽으면서 상담을 위한 공부를 시작했다. 캘리그라피도 배우면서 경험해 보지 못한 다양한 상황들에 나를 노출시키며 여유로운 삶을 살았다. 그것이 2017년 초반까지 상황이었다. 그 이후 내 삶은 다시 한 번 대 변화를 겪게 되는데, 그것은 마지막 장에서 언급할 예정이다.

부자의 기준은 뭘까? 새삼스레 이 단어의 기준이 궁금해졌다. 매년 물가도 오르는데, 예전에 비해 부자의 기준도 오르지 않았을까 싶어 인터넷을 찾아봤다. 2017년 대한민국 부자의 기준을 표로 나타낸 것이 있는데, PB들의 기준으로 보면 모를까 부자들의 기준으로 보면 나는 부자가 아니다.

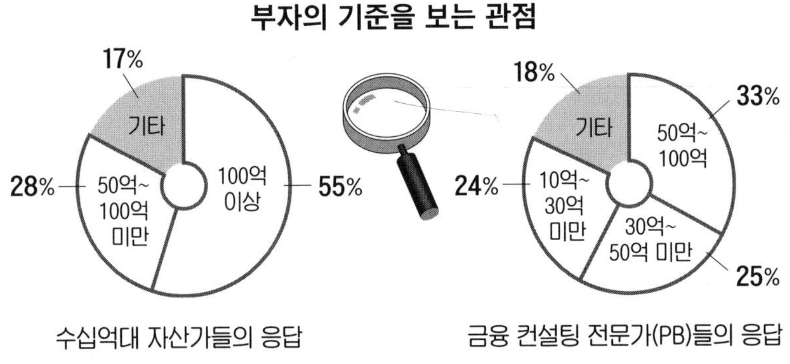

나는 부자의 기준은 상대적이라고 생각한다. 천문학적인 자산을 가진 우리나라 재벌들, 전문직에 종사하는 고소득자들, 유산으로 부자인 사람들, 사업으로 부를 일군 사람들에 비하면 나는 여전히 서민이다. 하지만 1억도 어마어마하게 크게 생각하는 사람에게는 나도 부자처럼 느껴질 수 있다. 이처럼 '부'라는 것은 상대적이기 때문에 부의 기준을 다른 데 두지 말고 본인 스스로 기준과 목표를 정했으면 한다. 나는 사람들이 부자를 꿈꾸기보다 경제적 자유인을 꿈꿨으면 하는 바람이다.

내가 생각하는 경제적 자유인은 돈과 시간으로부터 자유로운 사람, 즉 '나의 돈과 나의 시간을 내가 장악할 수 있는 사람'이라고 생각한다. 돈을 벌기 위해 의무적으로 해야만 하는 경제적 활동을 안 해도 되는 사람, 경제활동을 전혀 하지 않아도 경제적 어려움이 제로인 사람이다. 돈보다 소중한 자신의 시간을 본인이 원하는 곳에, 스스로 가치를 두는 곳에 자유롭게 쓸 수 있는 사람이 경제적 자유인이라고 생각한다. 나는 이 두 가지를 만족하였기 때문에 경제적 자유인이라고 생각한다.

다만 '돈으로부터 자유롭다는 것'을 돈이 엄청 많아서 마음껏 쓸 수 있다는 것으로 오해하지 않길 바란다. 또한 '시간을 지배한다는 것'과 시간을 물쓰듯 내 마음대로 흘려보내는 것과는 다르다는 사실을 인지했으면 좋겠다. 결국 경제적 자유인이 된다는 것은, 단순히 돈이 많은 부자가 된다는 것이 아니라 돈과 시간으로부터 자유롭다는 것이며, 그것은 구체적으로 돈 관리와 시간 관리가 철저히 된다는 것을 의미한다.

경제적 자유인이 되고 보니 '빈익빈 부익부'라는 단어를 더 실감하게 되었다. '이곳에서도 돈이 돈을 벌고 있구나. 이렇게 해서 부자는 더 큰 부자가 되어가는구나.' 이는 재테크를 하면서도 종종 경험했지만, 자유인이 돼서 체험하는 느낌은 또 다르다. 이미 부자 시스템을 마런한 덕분에 노력 안 해도 되는 부자들은 더 갖기 위해 더 많은 노력을 하는데, 아이러니하게도 그렇지 못한 사람은 안일하게 살면서 과소비를 하는 것이 예전보다 더 많이 눈에 들어왔다.

나는 나 같은 많은 서민들이 가정 경제에 대해 위기의식을 갖고 경제 공부를 시작했으면 하는 바람이 간절하다. 재테크에 관심을 갖고 경제의식을 탄탄하게 구축하려고 노력해야 한다. 돈의 노예가 아닌 돈의 주인으로 살 수 있는 방법을 연구해야 한다. 아무나 될 수는 없지만 누구나 노력으로 될 수 있는 경제적 자유인이 되기를 꿈꿨으면 좋겠다. 부자 부모한테 태어난 게 아니라면, 부자 배우자와 살고 있는 게 아니라면, 사업 수완이 좋아서 사업으로 엄청난 돈을 벌 수 있는 게 아니라면 말이다.

나 역시 대학교 때 20만 원 월급의 비디오방 아르바이트로 경제활동을 시작했지만, 긴 시간 동안 수많은 시행착오를 거쳐 지금은 경제적 자유인이 되었다. 그후로 자유를 만끽하는 일 말고도 감사한 일들이 파노라마처럼 펼쳐지고 있다. 그 이야기가 궁금해서 먼 지역에서 나를 만나러 오시는 분들이 계시고, 메일이나 블로그에 장문의 글로 문의를 해주시는 분들이 계셨다. 그분들을 통해 세상 속 재테크에 다시 관심을 가져보니 경제적 자유인에 대한 열망을 품은 사람들이 꽤 많음을 알게 되었다. 나 역시도 사람들이 경제에 관심을 가지고 경제 공부를 하기 바랐는데 다행이다 싶었다. 단 사기만 당하지 않는다면, 다른 이의 성공에 들러리만 서지 않는다면, 잘 하고 있는 것이다.

열정적으로 공부하고 독하게 노력하면 누구나 경제적 자유인이 될 수 있다는 것을 말해주고 싶어서 그동안 재테크하면서 걸어온 것들을 정리해 보았다. 세상은 넓고 재테크할 곳은 참 많다는 것을 공부하면 할수록 느꼈다. 핑크빛 전망을 심어주기 좋은 성공담만 기록하지는 않았다. 실패가 주는 교훈 또한 분명히 있기에 젊은날 객기 부렸던 투자 경험도 창피함을 무릅쓰고 적었다. 전 투자 과정을 통해 내가 전하고자 하는 메시지가 잘 전달되었으면 좋겠다. 그리고 물질에 대한 바람이 작을수록 자유의 길은 더 빨리 열린다는 것도 기억하자.

경제적 자유를 위한 실전편2
수익 로봇

> **"**
> 쉬거나 잠든 시간에도
> 내가 만든 머니 파이프라인은 계속 돌아간다.
> 여행 다니며 인생을 즐기는 동안에도
> 수익 로봇들이 나의 자산 증식을 위해
> 끊임없이 일하는 시스템을 만들자.
> **"**

부동산편

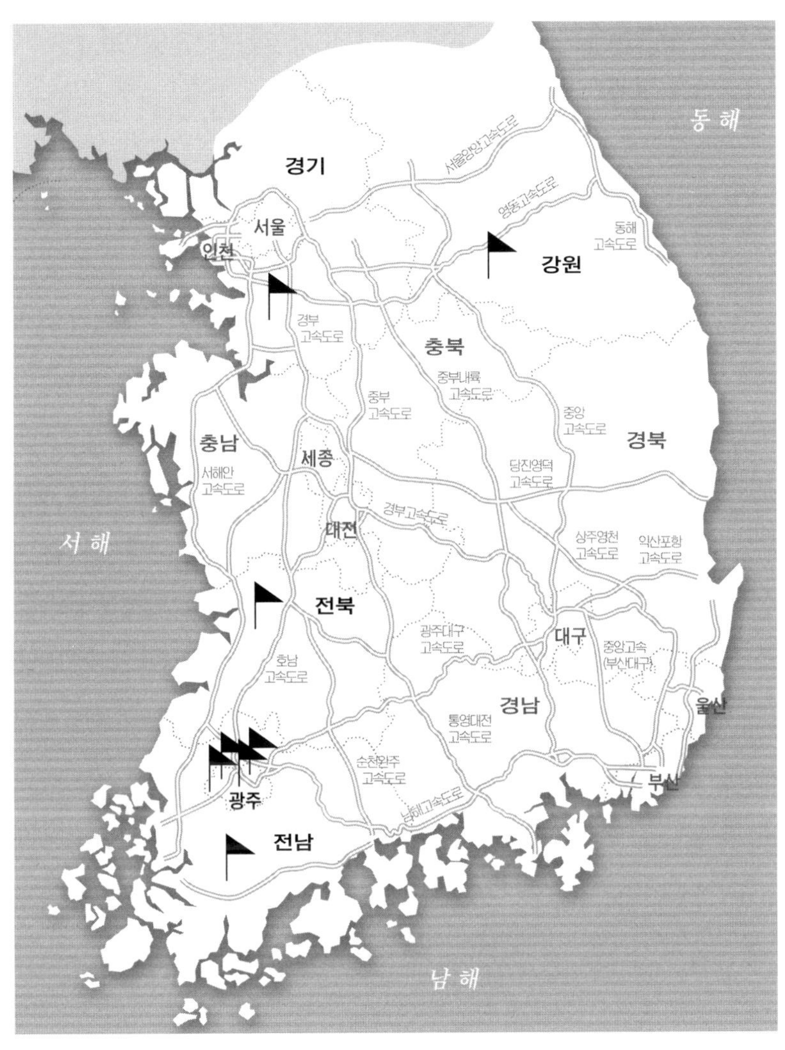

나의 부동산이 있는 지역에 깃발을 세워보았다.

광주 4곳, 강원도 1곳, 경기도 1곳, 전라북도 1곳, 전라남도 1곳.

경매는 작은 돈으로 투자하기 좋은 로봇이다

수동적 경매 VS 자발적 경매

난생처음 계약한 물건이 경매에 넘어가다

20대 후반에 오피스텔을 2년 전세로 계약했다. 그 당시는 재테크적인 접근이 전혀 아니었기에 입지, 미래 가치 같은 것은 안중에도 없는 선택이었다. 새 건물이고 가격이 무난하다고만 생각했다. 마트에서 물건 고르듯 선택해서 아무 생각 없이 중도건설과 전세 계약을 했다. 난생처음 내 이름으로 부동산 계약을 하니 진짜 독립된 어른이 된 것 같아 혼자 뿌듯해 했다.

어느 날 늦은 오후에 출입문을 열고 들어가는데 많은 종이가 나풀거려 난잡해 보이는 우편함이 눈에 들어왔다. 같은 종이가 모든 세대함에 넣어져 있어서 처음에는 광고지인 줄 알고 그냥 지나치려 했다. 그런데 왠지 느낌이 이상해서 혹시나 하고 꺼내 보았다. 막상 읽어도 긴가민가했다. '당신이 사용하고 있는 오피스텔이 몇 월 며칠 누구에 의해서 경매에 넘어갔다'고 알아듣기 쉽게 쓰여 있지는 않는다.

그 당시는 경매에 대해 전혀 몰랐었다. 단 한 번도 해본 적이 없고, 경매가 내 자산을 공격해 오는 일이 일어날 것이라고는 상상조차 해본 적 없었다. 내가 생각하는 경매는 '안 좋은 것' 혹은 '복잡한 것'이라는 막연한 이미지뿐이었다. 앞으로도 나와는 관련 없는 단어일 것이라는 안일한 생각으로 살고 있었을 때였다.

우편함에 있던 종이를 들고 아는 부동산 사장님에게 여쭤보니 경매에 넘어간 것이 맞다고 했다. 2005년 2월에 소유자도 중도건설에서 유정하우징으로 바뀌어 있었고, 그해 11월에 경매로 넘어갔다는 사실까지 알려주셨다. 거기까지였다. 부동산 사장님이 더 이상 해줄 일은 없었다. 경매를 전혀 모르는 나에게 스스로 해결해야만 하는 숙제가 남겨졌을 뿐이었다.

전세금을 지키기 위해 경매를 공부하다

피할 수 없다면 공부해서 전세금을 지키기로 마음먹었다. 무슨 방법이 있을 것이라고 생각하며 그때부터 기초적인 것부터 하나씩 알아보기 시작했다. 그렇게 경매와 함께하는 여행은 시작되었다. 서점 가서 경매에 관한 책들을 손에 잡히는 대로 마구 읽어댔다. 궁금한 것들은 인터넷을 검색해 가면서 공부했다. 궁금증이 해결되지 않거나 중간에 또 다른 궁금증이 생기면 댓글을 달아 질문하기도 하고, 그래도 해결이 안 되면 글쓴이에게 메일을 보내 답을 듣곤 했다. 이해 갈 때까지 질문하고 또 질문을 했다.

이 물건의 경우 세입자인 나에게 제일 이상적인 것은 무엇일까?

그건 바로 누군가 이 오피스텔을 낙찰 받아가서 나는 내 전세금을 온전히 돌려받고 그곳에서 나오는 것이었다. 하지만 그건 가능성이 희박한 일이라는 것을 공부하면서 알게 되었다. 왜냐하면 나는 전세 계약을 하면서 전입신고도 해놓고 확정일자도 받아놓은 대항력 있는 임차인이었기 때문이다.

이 말의 의미는, 누군가 아무리 싸게 이 오피스텔을 낙찰 받아도 대항력 있는 임차인의 전세금을 물어줘야 하므로 결국 시세보다 더 비싸게 매수하는 꼴이 된다. 그러니 누가 이 물건에 입찰을 하겠는가?

경매는 이해 관계 얽힌 사람들도 많고 법적 절차를 거치다 보니 시간이 오래 걸리게 된다. 이 사건의 경우도 3개월이 흘러서 배당 요구를 하라는 우편물이 날아왔다. 이건 또 뭔가? 뭘 어떻게 하라는 건가? 또 알아보기 시작했다. 이렇게 하나씩 몰랐던 것을 알아가는 재미가 쏠쏠했다. 그러다 보니 경매에 대한 부정적 이미지가 지식을 얻는 기쁨으로 서서히 바뀌어 갔다.

물건 낙찰과 함께 내 이름으로 된 두 번째 부동산 탄생

시간이 흘러 다음해 5월이 되어 기다리던 경매가 개시되었지만 예상대로 계속 유찰되었다. 유찰이 거듭될수록 입찰가는 계속 내려갔지만, 어느 누구도 입찰을 하지 않았다. 결국 3회도 유찰되고 4회 입찰일이 다가오고 있었다. 이러다가 아무도 낙찰 받지 않는다면 결국에는 경매가 취소될 수 있다는 생각에 걱정이 되기 시작했다.

나는 걱정이 생기고 생각이 많아지면 종이에 씀으로써 해결책을 모색하는 습관이 있다. 망설이는 이유가 무엇인가? 문제점이 무엇인가? 현 상황의 장점은 무엇이고 단점은 무엇인가? 이런 질문들을 종이에 쓰면서 내 자신과 대화하다 보면 거기서 해결책 혹은 그 다음으로 나아갈 방향들이 나오곤 했다.

뭐가 문제니?	어떻게 하면 좋겠니?
1. 경매 취소돼서 전세금 못 돌려받으면 그곳에서 계속 있어야 해. 말도 안 돼~! 2. 소유권이 없으니 매매를 한다거나, 다른 임차인을 구하거나 하는 행위를 할 수가 없어. 한마디로 대략 난감한 상황이야.	기약 없이 그곳에 발목을 잡히는 것보다 어떻게든 액션을 취하는 것이 나을 것 같아. => 경매가 취소되서 기약 없이 시간이 흘러가는 것보다 우선 내가 낙찰을 받아 소유권이라도 가져오는 것이 어때? => 낙찰만 되면 미리 부동산들에 내놓고 매도를 시도해 보자. => 그렇게 해도 매도가 안 되면 전세로 내놓아 투입된 전세금이라도 사용할 수 있게 되잖아.

그렇게 해서 나는 2007년 9월 4회차 때 입찰해서 전세로 살고 있던 그 문제의 오피스텔을 낙찰 받았다. 경매 법정에 갈 때까지도 다른 입찰자가 있기를 바라고 또 바랐다. 입찰 종이를 제출하고 나서도, 입찰 결과가 나올 때까지도 부질없는 희망을 버리지 않고 있었다. 결과는 깔끔하게 단독 입찰이었다. 나 역시도 처음 하는 경매 입찰이라 혹여

실수할까 봐 부동산 하시는 분의 도움을 받아 몇 번을 확인하고 또 확인해서 서류를 작성했다. 입찰표 작성 후 입찰 보증금과 함께 입찰 봉투에 넣고 사건 번호와 이름을 적어 도장을 찍어서 제출했다.

내 경우는 입찰가를 정할 당시 당장 추가로 들어갈 손실만 생각하고 더 깊이 고려하지 못한 것이 나중에 문제가 되었다. 그분은 우선 취·등록세를 생각해서 최대한 낮은 가격으로 입찰하라고 조언해 주셨다. 그분이 조언한 대로 제일 낮은 가격에 입찰을 했는데, 이것이 양도세라는 새로운 복병을 만나서 나를 엄청 공부하게 만들었다. 나중에 내가 시세에 맞춰 이 오피스텔을 매도할 때는 머리 아픈 상황이 발생할 수 있다는 것을 그때는 생각하지 못했다. 매도 경험이 없었으니까. 여하튼 낙찰을 받았고, 이젠 등기부등본에 소유자 이름을 내 것으로 바꿔놓을 일만 남았다. 낙찰을 받고 7일 후에 법원에서 '매각허가결정' 확정을 내린다.

매각허가결정이 난 다음 잔금납부서를 받아 잔금을 납부하면 되지만, 나 같은 경우에는 '상계신청서'를 제출해서 해결했다. 다음에는 법무사를 이용하든 셀프로 하든 소유권 이전을 해야 한다. 지금 다시 하라고 하면 당연히 셀프로 했겠지만, 그 당시는 처음이라 어리둥절해서 법무사를 이용했다. '경매 부동산은 일반 부동산 매매와 달리 반드시 해당 법원에 가서 촉탁 신청을 해야 합니다.'라는 말이 생각나기도 했기 때문이다. 일반 물건이 아니라 경매 물건이기 때문에 절차가 더 복잡할 것 같았다.

〈 상계신청서 〉

나처럼 전세금이 묶여 있는 임차인이 낙찰 받은 경우에
'매각 대금 잔금을 또 내야 하는가'에 대한 의문이 생겼다.
주변 부동산에 물어보니 다들 "글쎄요."라며 정확한 답을 해주는
사람이 한 명도 없었다.
2천만 원에 가까운 돈을 낼지도 모른다는 불안감에 구제받을 방법이
없는지 사방으로 알아봤다. 그러던 중 '상계신청서'라는 것을 알게 되었다.
부동산도 초보이고 경매도 초보인 나는 그 순간 완전 구세주를 만난
기분이었다.
문제가 해결되어서 기분이 좋기도 하고,
새로운 사실을 또 하나 알았다는 기쁨에 경매가 슬슬 재미있게
느껴지기도 했다.
여하튼 구세주 같은 상계신청서를 작성해서 제출하는 것으로
잔금 납부를 대신했다.

제대로 공부하고 싶다면 질문하고 또 질문하라

경매에 넘어갔다고 안내를 받은 지 1년이 되던 시점에 배당결정기일 우편물을 받았다. 잊을 만하면 한 번씩 경매에 관련한 법원 우편물을 받다 보니 상황이 완전 종료될 때까지 경매 초보자는 긴장을 늦출 수가 없다. 그해 12월에 배당 기일에 법원 경매계에 가서 배당금을 110만 원 정도 받았다. 이 돈도 순탄하게 받은 금액이 아니다. 배당받기 전부터 경매 물건 서류에 나와 있는 숫자들이 닳을 정도로 보고 또 보았다. 이해 안 가는 부분은 체크해 두고 법원 갈 때 잊지 않고 챙겨 갔었다. 이름을 불러서 담당자 앞으로 나가니 책정된 배당금을 주었다. 나는 그 금액을 떠나서 궁금한 것이 있어서 그냥 일어나지 않고 질문을 했다.

"저기요, (우편물로 받았던 자료집을 내밀며) 여기 나와 있는 이 금액은 어떻게 계산이 된 건가요? 그리고 제가 지금 받는 이 금액은 어떻게 산정이 된 건가요?"

그랬더니 신기한 일이 벌어졌다. "잠깐만요." 하더니만 다시 계산기를 두드리고 나에게 돈을 더 주셨다. 몇 십만 원 정도 더 늘어났다. 나는 늘어난 돈이 중요한 게 아니라 산정되는 과정이 궁금했기 때문에 다시 물어봤다. 그랬더니 이번에는 '너무 많이 알면 복잡하니 몰라도 된다.'라는 내용의 대답을 들었다. 지금 같으면 계속 물어봐서 궁금한 것을 해결했겠지만 그때는 나도 햇병아리였거니와 더 이상 질문할 분위기가 아니어서 그냥 나왔다.

나와서 긴장이 풀린 후에야 봉투에 든 배당금이 보였다. 내가 질문

# 작품 2 (27,000,000)	광주광역시 북구	m² (15평)

| 매입 | [2004년] 전세금 2,700만 원에 7월 12일 입주(확정일자, 전입신고).

[2005년] 2월 3일 계약회사변경(중도건설 → 유정하우징).
2005년 11월 경매로 넘어감.

[2006년] 2월 배당요구 신청함. 5월부터 경매시작 3회 유찰됨.
9월 21일 4회 경매에 입찰하기로 함 → 9월 21일(이색경험).
보증금 1,881,600(수표) 보증금과 입찰표 작성해서 봉투에
담아 제출. 오후에 가서 기다리니 해당물건번호 때 부름.
떨어진 이들은 보증금 돌려받고 낙찰 받은 이들은 기다려서
영수증 받음. 1,900만 원에 낙찰받고 상계신청서 제출.
11월 10일 법원 우편물 받음(배당결정기일 알려줌).
12월 19일 배당기일. 110만 원 정도 돌려 받음. 법무사 통해
등기 이전 절차(비용: 1,129,360).

[2007년] 1월 소유자.

*세무서 문의 : 암튼 매도시 주의할 것!!! (양도소득세) |

부동산 물건들이 추가로 늘어나면서 관련 내용들을 파일로 정리해 보았다. 처음 그렇게 부동산 일지를 시작하고, 나중에는 주식일지, 그 다음에는 금융일지 등등 걸어가는 재테크 길들을 기록하며 다양한 재테크의 체계를 잡아가기 시작했다.

하니 돈이 달라지는 상황이 웃겼다. 물론 질문을 추가로 해서 돈을 더 받았다는 것은 돈을 다시 토해낼 수도 있다는 것을 의미한다. 설사 그렇다 하더라도 나는 질문한 것을 후회하지 않았을 것이다. 내가 모르는 것을 정확히 알고 싶었고, 그게 더 중요하다고 생각했기 때문이다.

그래야 다음에 또 써먹을 수 있는 나의 지식이 되는 것이다. 입찰 시 들었던 비용과 배당받은 금액을 정산하니 몇 십만 원 정도 차이가 있었다. 그리고 소유권 이전하면서 드는 부대비용까지 하니 전세금 말고 추가로 총 180만 원 정도가 더 소요됐다.

투자의 꽃은 매도? 매도자가 위치에 서다

소유권 이전을 마무리하고 난 후 이때부터 매도 걱정을 하게 되었다. 전세 계약을 할 때만 해도 이런 일이 일어날 것이라고는 상상도 못했기 때문에 물건의 위치, 미래 가치를 고려하지 않았다. 그냥 전세로 있는 2년 동안 아무 일 없으면 된다고 생각해 계약한 곳이었다. 그러니 매도를 걱정하는 것은 당연했다.

'이게 팔리기나 할까? 매수자가 있긴 할까?'

원치 않았던 부동산이라 하루빨리 팔고 나오고 싶은 마음뿐이었다. 부동산 여러 곳에 물건을 내놓고 나서 나는 양도세를 공부하기 시작했다. 내가 최저가로 낙찰 받은 물건이었기에 나의 전세금과 800만 원 가량 차이가 있었다. 매수금액을 전세가로 인정받으면 양도소득세를 안 내도 되는데, 만약 경매 낙찰가로 인정을 받으면 벌지도 않는 숫자상의 차액만큼에 대한 양도세를 내야 한다. 벌었으면 양도세를 내는 것이 당연하다. 돈 벌었으니 기분 좋게 낼 것이다. 하지만 이것은 경매로 인하여 이만저만 손실이 아닌데 가짜 양도소득세를 낸다고 생각하니 억울했다. 전세가로 매수가격을 인정받을 수 있는지 세무사한테 물어봤지만 정확한 답을 듣지는 못했다. 인터넷에 문의를 해도 해결

책이 없었다. 결국 세금을 관할하는 세무서로 직접 찾아가서 물어보
기로 했다.

　상담해 주시는 분에게 자초지정을 말하며 자문을 구했다. 상담 끝
에는 "우리가 말하는 것은 법적 효력은 없어요."라고 단서를 붙였다.
그래도 해결해 보려고 여러 번 찾아갔더니 나의 경우와 유사한 사례
에 관한 대법원 판례까지 복사해 주시면서 전세금이 매수가로 인정
받을 수 있도록 도와주셨다. 그래도 안심이 안 되어 세무사 두 분에게
더 물어보고, 공공으로 세무 상담해 주는 곳에 전화해서 또 상담을 받
았다. 긍정의 답을 더 많이 들은 후에 준비한 자료들을 첨부해서 양도
세 서류를 냈다. 지금이야 이때 한 수고를 생각하면 '그냥 내고 말자'
라고 생각할 여유가 있지만, 처음 경험하는 그때는 그럴 수가 없었다.
고생은 많이 했지만 그래도 많이 배운 경험이었다.

　경매 입찰, 낙찰, 부동산 매도, 양도소득세 신고!! 세 가지 모두 셀
프로 처음해 보는 일이다 보니 강도가 결코 약하지 않았다. 더군다나
내가 원해서 입찰한 것이 아니라 내 물건이 경매로 넘어가서 발을 담
그게 된 경우가 아니던가. 누가 시켜서가 아니라 전세금 지키려고 공
부했던 것인데, 그 덕분에 경매 기초 공부를 엄청 많이 했다. 경매라는
단어조차 낯설어하던 나였는데, 그 과정들을 겪고 나니 오히려 경매
를 제대로 공부해 보고 싶어졌다.
경매가 진행되는 기간에는 서점에 있는 시간 대부분을 경매 관련 도
서를 읽는 데 사용했다. 개념 위주로 되어 있는 책들은 워드로 요약

정리하면서 경매 지식들을 내 것으로 만들려고 노력했다. 경매 고수들이 자부심을 갖고 경매를 미화시켜 표현해 놓은 책들을 보면서 재미를 느꼈다. 나 역시 경매 공부를 해서 경매 저자들이 느낀 희열과 보람을 느껴보고 싶다는 생각이 들기도 했다. 경매에 대한 인식들이 바뀐 것만으로도 첫 번째 경매 경험은 의미가 있다고 생각한다.

경매 물건에 대한 관심을 항상 켜놓자

그 당시의 나는 전업투자자와 거리가 멀었기 때문에 경매에 집중하기는 쉽지 않았다. 우선 내가 사는 지역만을 무대로 하면 선택 폭이 좁다. 제대로 해보려면 전국을 무대로 삼아야 하는데, 그 당시 공부와 일에 심취해 있던 나로서는 쉽지 않는 길이었다. 일에 바쁘다 보니 자연스레 경매에 대한 공부 열정이 미지근해졌다. 그래도 끈을 놓지 않기 위해 가끔 경매 사이트에 들어가 검색하는 것을 쉬지는 않았다.

경매 물건은 여러 종류가 있지만, 전문가가 아닌 초보들이 제일 편하게 접근할 수 있는 것은 아파트나 주택이다. 그것도 복잡한 문제가 없는 평범한 물건들만 주 대상이 된다. 문제는 그런 물건들은 누구나 탐내기 때문에 경쟁률도 세고 낙찰가도 높은 편이다. 높게 낙찰 받다 보면 먹을 게 없는 법이다. 어떤 때는 낙찰가가 감정가를 훌쩍 넘는 경우도 보게 된다. 그럴 바에야 그런 수고 안 하고 그냥 매매를 하는 것이 더 나을 수도 있다는 생각이 들었다. 때론 급매물이 경매보다 쌀 때도 있다. 경매는 어려운 물건일수록 먹을 것이 많은 법이다. 고수들이 즐겨 찾는 어려운 물건을 어설픈 초보들이 뭣 모르고 들어갔다가는 괜히 아까운 입찰금만 날리고 나오기 쉽다. 어려운 물건에 손을 대려면 제대로 공부를 하고 접근해야 한다. 초보자가 뭣 모르고 하기에는 큰 무리수가 있으니 조심하자.

결혼 후 육아에 집중하다 그 생활이 익숙해질 즈음 다시 경매에 대한 관심 버튼을 켰다. 아이가 돌 무렵이 되었을 때 부동산 공부한다 생각하고 경매스터디에 들어가 공부를 했다. 경매스터디로 모이기는 했지만 각자의 다양한 투자 의견들을 나누다 보니 거기서도 새로 배우는 것이 많았다. 경매스터디를 하면서 배운 내용들은 꼭 경매가 아니더라도 다른 부동산 투자에 써먹을 수 있는 이점이 있기도 했다. 결국에는 경매도 부동산 투자의 한 부분이기 때문이다.

제일 만만한 것이 아파트이다 보니 몇 번 아파트를 공략했으나 낙찰 받는 게 쉽지는 않았다. 위장 임차인이 있는 것 같은 물건을 하나 찾은 후 은행 대부계를 찾아갔다. 사실 확인을 하려고 여러 번 시도하였으나 절대 가르쳐주지 않았다. 하도 많은 사람들이 다녀가다 보니 경매에 ㄱ자만 꺼내도 경계를 했다. 결국 이것도 알아보다 끝났는데, 나중에 보니 감정가 100%에 근접해서 누군가 낙찰을 받아갔다. 어짜피 내가 들어가도 떨어질 금액이었다.

이처럼 직접적으로 입찰은 못하더라도 내가 관심 가졌던 물건들은 관심 물건 등록을 해놓고 결과까지 지켜보는 게 공부가 된다. 이 또한 흐름을 파악하는 데 도움이 되니 여러분들도 관심 가졌던 물건은 결과까지 체크하도록 하자.

나는 재테크를 한 분야만 하는 사람이 아니다. 호기심이 많은 나에게는 다양한 투자가 더 맞다. 여러 종류의 재테크 로봇들을 배우고 알아가는 과정이 재미있다. 경매는 그런 여러 재테크 종목 중 하나로 활용하고 있다. 지금도 경매 사이트를 종종 보기는 하는데, 꼭 경매 물건을 입찰하기 위해 보기보다는 부동산신문 보는 것의 연장선으로 본다. 요즘은 경매 사이트에서 아이디어를 얻고 매수하고픈 물건은 결국 그 지역 부동산신문에서 찾는 경우가 더 많은 것 같다.

여러분도 본인의 투자 성향을 잘 파악하여 본인에게 더 잘 맞거나, 본인이 더 좋아하는 분야에 투자를 하면 더 재미있게 재테크를 할 수 있을 것이다. 명심하자!! 세상은 넓고 재테크 할 곳은 많다.

경매로 작지만 똘똘한 수익 로봇 하나를 만들다

작년에 경매 물건 하나를 낙찰 받았다. 정말 오랜만에 낙찰 받는 것이었다. 경매스터디를 하면서 몇 번 더 경매 법정에 가보기도 했었지만, 낙찰을 받지는 못했었다. 그후에도 입찰은 안 하더라도 경매 물건은 수시로 검색해 경매시장의 분위기를 살펴보았다. 그러다 보면 일반 부동산에 나온 관련된 매물들까지 찾아보게 된다. 이런 작업을 종종 하던 어느 날 눈에 들어오는 물건이 하나 있었다.

부동산 유형	근린상가	진행법원	광주지방법원
감정가	2억 5,000만 원	입찰방법	기일입찰
경매대상	토지 및 건물 일괄매각	유찰횟수	3회
건물면적	76.50m² (23.14평)	4회 최저입찰가	1억 1,200만 원
토지면적	30.33m² (9.17평)	입찰보증금	1,120만 원

등기부등본을 떼어보니 매매가가 3억 8천 정도 되는 금액이었다. 아울렛 용도의 집합건물로 처음 분양할 당시 분양가가 상당히 높았다. 여러 사연들을 거쳐 몇 년 전까지 거의 죽은 건물이 되어 있었다. 이 물건에 관심을 갖고 임장 갔을 당시는 건물 분위기가 방향을 턴해서 서서히 살아나지 않을까 하는 기대감을 살짝 갖게 했었다. 동시에 얼핏 보기엔 집합건물이 완전히 살아나려면 아직 멀었다는 느낌을 가질 수도 있는 애매한 상황이었다. 아마도 그래서 계속 유찰되었던 모양이다.

하지만 내가 볼 때는 이미 4층에 대형 영화관이 상당히 잘 운영되고 있었고, 텅 비었던 1층에도 상점들이 하나둘 서서히 들어오고 있어서 살아날 조짐이 보이기에 투자하기에 괜찮은 물건이라는 판단이 섰다. 건물 관리실에 전화를 걸어 밀린 관리비가 얼마 정도 되는지 물어봤다. 800만 원 정도 된다고 해서 그것까지 감안해도 괜찮겠다는 생각이 들어 기대하는 금액까지 내려오면 입찰하기로 결정했다.

정말 오랜만에 지인과 함께 경매 법정에 갔다. 명절을 앞두고 있어서인지 평소보다 많이 한가한 분위기였다. 진행하시는 분도 덕담을 인사로 건내고 시작할 정도로 분위기가 예전보다 많이 부드러워져 있다. 최저 입찰 금액이 7,168만 원일 때 입찰을 했다. 우리는 계산하기 편하게 7,200만 원을 써서 낙찰을 받았다.

경매의 장점, 경락 대출

낙찰 받은 날 바로 집 앞 농협을 찾아갔다. 경매의 장점 중 하나인 경락대출을 활용하여 잔금을 치루기 위해서였다. 자금이 없어서가 아니라 경락대출을 한 번 이용해 보고 싶었다. 경락대출이 낙찰가의 80%까지 되다 보니 큰돈 안 들이고 득템할 수 있는 수익로봇이었다.

법원에서 받은 서류들을 은행 대부계에 가져다줌으로써 은행에서 마무리까지 해주니 완전 편했다. 경락대출 실행과 소유권 이전이 동시에 진행되었다. 밀린 관리비를 정산할 때도 흥정을 잘 하여 많이 깍은 금액으로 정산했다. 대신 오랜 시간 비어 있던 상가라서 손볼 곳이 많았다. 세를 내놓을 계획이었기에 불편한 점들을 해결해서 새 단장 시켜놓았다. 그래서인지 많이 살아난 집합건물의 상가가 아님에도 생각보다 빨리 세입자를 구할 수 있었다.

세입자를 구하고 세를 받다 보니 수익률이 15% 정도 되었다. 나중에 시세차익까지 보고 매도하게 되면 수익률은 더 올라갈 것이다. 그 상가의 매매가가 올라갈 거라고 확신하는 호재들이 주변에서 잘 진행

지방	낙찰가	대출금	이자	보증금	취·등록세 및 기타 비용
상가	2,700만 원	5,700만 원	183,477원	300만 원	1,200만 원
선투자금	실투자금	월세	순이익금	수익률	—
2,700만 원	2,400만 원	50만 원	316,523원	15.8%	—

1년 월세수익이 316,523 x 12 = 3,798,276원인데 여기서 798,276원을 세금으로 낸다고 가정해도 300만 원 정도 남게 된다.
이것을 표로 작성해서 분석해 보자.

수익금	투자금	수익률(%)
300만 원	2,400만 원	12.5
300만 원	2,200만 원	13.6 (보증금 인상됨)

2,200만 원 은행 예금 → 연 이율 1.5 적용 시 세후 이자 = 279,180원
3,000,000원 VS 279,180원

이것은 소소한 재미를 맛보는 것에 불과하다. 나중에 매도를 하게 되면 몇 년치 월세 이익과 맞먹는 시세차익이라는 통 큰 보너스를 받을 수 있다. 3,000만 원 차익을 남기고 매도한다고 가정하면 10년치 월세 이익과 맞먹는 금액이다. 2,200만 원 투자해서 이 정도의 수익을 남길 수 있다면 괜찮지 않은가? 이처럼 경매는 작은 돈의 투자로도 재미를 볼 수 있는 재테크 수단 중 하나이다.

되고 있어서 기대가 큰 수익로봇이다. 상가여서 세금이 높다는 단점만 빼고는 마음에 드는 녀석이다.

자본주의 사회에서 재테크는 선택이 아닌 필수임을 명심하자.

경매 사이드 친구 NPL (부실채권)

경매를 공부하던 중에 NPL이라는 것을 알게 되었는데, 이것은 호기심으로 두 번 정도 참여해 보았다. 내가 개인적으로 직접 한 것은 아니고 유동화 회사를 통해서 해보았다. 즉 간접투자였던 셈이다. 경기도 쪽에 있는 물건에 투자하는 프로젝트이었다. 1,000만 원이라는 적은 돈을 투자하기는 했지만 그래도 수익률로는 12% 정도 남기고 마무리했다.

이때 접해본 NPL을 나중에 적용해 보려고 했는데 잘 안 되었다. 경매를 통해 전라남도 여수의 큰 물건을 낙찰 받으려고 할 때 다른 분들의 도움을 받아 NPL로 접근해 보려고 했었다. 비록 기회가 오지 않아서 결실로 맺지는 못했지만, NPL이라는 새로운 시장이 어떠한 것인지를 직접 체험해 보는 시간이었다.

예전에 경매스터디를 하던 시기에 광주에서 경매 강의가 열린다는 소식을 듣고 같이 공부하던 사람들과 함께 들으러 간 적이 있었다. 유명한 경매 강사가 이제 경매로 재미를 보는 시대는 끝났다며 NPL에 대해 열강을 하며 NPL 투자를 부추겼던 기억이 난다.

"경매가 대중화되면서 경매 인구가 상당히 많아졌다. 그러다 보니 예전만큼 재미 보기는 힘들다. 그만큼 경매가 어려운 시장이 되었다. 새로운 시장인 NPL 투자를 해야 한다. 서울은 3년 전부터 NPL 투자 붐이 일어났다. 이제 지방에서도 하루라도 빨리 시작해야 한다."

그래도 나에게는 NPL이 어렵게 느껴졌고, 개인이 하기에는 쉽지 않는 투자라고 생각했다. 무엇보다 나는 경매 초보가 아니던가. 그날 강사가 성공 사례로 워낙 큰 물건들만 이야기하다 보니, 그 당시에는 내가 하기에는 어림도 없는 규모라고만 생각되었다. 그래도 뭐, 세상에는 투자할 곳이 많으니 실망하지는 않았다. 그냥 새로운 용어를 접해 본 것에 만족했다.

NPL 투자는 경매를 몇 번 경험해 본 나도 어렵게 느껴진다. 재테크 초보들에게는 생소하고 더욱 어렵게 느낄 것 같다. 경매 경험이 있으면 참고하되 없으면 그냥 패스해도 된다.

- NPL 이란 : 은행에서 가지고 있는 부실 채권.
- NPL 투자 : 1순위 혹은 2순위 근저당 채권자가 된다는 의미.
- 장　　점 : 부동산 보유에 따른 양도세 절세 효과. 근저당 설정 배당 시 투자 이익금 세금 없음. 레버리지 효과 극대화.
- 유의사항 : 담보된 부동산의 가치 평가와 낙찰가를 예측할 수 있는 실력이 필요함. 그래야만 경매 진행 시 배당받을 예상 채권액을 알 수 있고, 매입하려는 부실 채권의 가치를 판단할 수 있음.

내 자산을 지키기 위한 열정은 본인이 최고다

내가 처음 경매에 입문하면서 깨달은 것은 '나만큼 내 돈을 지키기 위해 뛰는 사람은 없다'는 것이다. 나는 내 전세금을 지키기 위해 경매에 대한 공부를 했었다. 서류 상의 차익일 뿐 실제로는 벌지도 않은 돈을 차익으로 계산된 양도세를 물고 싶지 않아서 세금 공부를 하고,

자문을 구하고, 방법을 알아보기 위해 열심히 뛰어다녔다. 그러면서 깨달았다. 나의 것을 지키기 위한 최고의 노력은 나 자신만이 할 수 있다는 사실을 말이다.

그래서인지 나는 경매 투자할 때 컨설팅회사에 한 번도 의뢰한 적이 없다. 모두 그런 것은 아니지만, 경매 컨설팅 회사 대부분은 낙찰을 받는 것이 우선이기 때문에 낙찰가를 높여 쓰도록 권하는 경향이 있다고 들었다. 경매는 가능한 싸게 받아서 수익률을 높이려고 하는 투자인데, 높은 입찰가를 쓰게 되면 수익률이 무의미해질 수도 있다.

어떤 재테크를 하든지 초창기에는 전문가에게 일임하지 말고 본인이 직접해 보길 권한다. 주변에 알아보면 경매를 배울 곳이 많다. 배울 마음만 먹으면 돈 없이도 배울 방법들이 널려 있는 세상이다. 기초부터 직접 배워서 도전해 보길 바란다. 무언가를 하나씩 깨우쳐 가는 과정 속에서 정말 많은 것을 배울 수가 있다. 그렇게 공부하고 노력한 만큼 피가 되고 살이 되어 나의 무형의 자산으로 쌓이게 되는 것이다. 이 또한 투자의 씨를 뿌리는 일임을 명심하자.

'묻지마' 투자는 삶을 뿌리까지 뒤흔들 수 있다

종자돈만 모으면 재테크는 절로 되는 줄 알았다

20대 중후반부터는 일과 대학원 공부를 병행하기 시작했다. 대학원 과정에 있는 동안은 쓰리 잡을 하며 정신없이 바쁜 일과를 소화하고 있었다. 근무를 하고 대학원 공부를 하고 저녁에 아르바이트까지 하고 나면 자정이 넘는 일이 허다했다. 그것이 당시의 일상이었다.

이 시기 나의 초점은 재테크가 아니라 일에서의 성장과 성공이었다. 그러다 보니 재테크보다는 자기 경영과 자기 개발에 매진했었다. 먼 훗날 이때를 돌아봤을 때 전혀 아쉬움이 들지 않도록, '이보다 더 열심히 할 수는 없다'라는 생각이 들도록 최선을 다해 살고 싶었던 시기였다.

쓰리 잡을 하는 동안 나의 종자돈 또한 무럭무럭 자라나고 있었다. 은행과 증권사의 상품들을 최대한 활용해서 적금과 펀드를 통해 개미처럼 모았다. 그렇게 모인 총알들로 작은 눈덩이를 데굴데굴 굴리고 있던 중이었다.

준비 없이 나간 전쟁터에서 잘못된 투자의 서막이 열리다

아빠가 부동산 쪽 일하는 분을 소개시켜 주셨다. 알고 보니 우리 뒷집에 사시는 어르신의 아들이었다. 그 이후로 그분은 한두 번 우리 집으로 큰 지도를 가지고 오셔서 다양한 물건들에 대한 브리핑을 하셨다. 대부분 미래 개발 호재를 보고 투자해야 하는 땅들이었다. 개발되기 전의 땅이기는 하나 도심에 있다 보니 결코 작은 금액대의 물건들은 아니었다.

지금에서야 드는 생각이지만, 내가 그때 소개받은 물건들을 샀으면 그 결과가 어떻게 되었을까 가끔은 궁금해지기도 한다. 추천 목록 중에 그 당시 광주 중심지이었던 상무지구 바깥쪽 물건도 있었는데, 그때 매수했더라면 상무지구 명성 덕을 나도 볼 수 있었을까? 그분의 브리핑대로 꽤 많은 수익을 남겨서 나의 재테크 과정이 탄탄대로이었을까? 그랬다면 내가 무모한 투자들을 하고 그로 인해 고통의 나날을 보내는 시간들은 안 오지 않았을까? 안타까운 마음에 부질없는 질문들이 꼬리를 물며 그때를 회상해 볼 때가 종종 있었다.

잘못된 만남이란 이런 것이었을까 ?

어느 날 부동산 사장님한테 연락이 왔다. 투자 물건에 대해서 대략 브리핑을 해주고 그 투자와 관계된 다른 사람과의 만남을 주선해 줬다. 소개받은 실장이라는 분은 여자분이었다. 말씀을 워낙 잘하셔서 부동산 일을 하기에 제격이라는 인상을 받았다. 부동산 사장님한테 전해들은 것보다 훨씬 더 설명을 잘해주고 믿음을 팍팍 심어주니 내

마음이 많이 움직였다.

어차피 다들 자산을 늘리려고 투자하는 것이고, '돈은 돈이 벌어다 주겠지', '내가 재운이 있으면 잘 되겠지' 하고 좋게 생각했다. 일이 바쁘다는 핑계로 재테크는 재운에 맡기고 편하게 가려는 게으른 마음이 있었던 것 같다. 그 당시 나에게 일어나는 상황들도 내가 재운에 의지하려는 마음을 갖도록 협조하는 분위기이었다.

공모주 한답시고 혼자 해보다가 잘못 사서 사고 친 줄 알았는데, 그조차도 나에게 큰 수익을 가져다주니 나는 '내 손이 마이더스 손인가' 하는 한심한 착각을 했던 시기였다. 처음으로 하는 주식으로 손해보다는 재미를 보게 된 것도 문제였다. '정말 내가 재운이 많은가 보다' 싶은 마음에 나의 운을 믿으며 거침없이 일을 저질렀다. 20대에는 내 일에서 인정을 받고 성공을 이루고 싶었던지라 온통 그 생각뿐이었고, 재테크에 대해서는 안일하게 공부하고 대처했었다.

묻지마 투자 1 – 사인할 때 딱 5분 좋았다

그때 그들이 나를 끼워준 프로젝트는 이런 거였다.

내가 살고 있는 동네에서 가까운, 그래서 익숙한 현대 아이파크 이름이 프로젝트 설명할 때 등장했다. 그 아파트가 지어지기 전에 땅 작업을 해서 상당한 재미를 본 사람들이었다. 이번에도 다른 곳의 아파트 부지 작업을 해서 건설사에 넘기는 프로젝트였고, 그것에 나를 끼워준 것이었다. 프로젝트 거의 마무리 단계에 내가 들어갔으니 분위기도 정말 되는 분위기였다. 마무리되는 시점이었으니 분위기가 얼마나 좋았겠는가? 가끔 시사 프로그램에서 봤던, 기획부동산에 사기당하는 재연 장면을 생각하면 더 와 닿을 것이다. 이미 내 앞에 계약한 사람들의 서류들이 증빙 서류처럼 펼쳐져 있었고, 내가 지불하는 비싼 땅값도 이제 막판이라 그렇다고 합리화를 시켜주기에 충분했다.

계약하는 사무실에는 여자 실장과 나 그리고 함께 간 부동산 사장님이 있었다.

"오늘이 며칠이지? 12일이지. 다 되었으니 여기에 사인하면 되겠네."

"네. 그런데 이거 진짜 되겠지요? 약속한 대로 올해 연말 안에 자금 회수 되지요? 약속 꼭 지키셔야 해요."

"오매~ 속고만 살았나. 믿어~!! 나도 투자한 거 알잖아. 여기에 합류하고 싶은 사람들 많아. 그래도 자기는 동영 씨(소개해 준 부동산 사장님)가 부탁해서 넣어주는 거야."

"꼭 잘되면 좋겠어요. 그동안 개미처럼 돈을 모으기만 했으니 저도 투자로 재미를 좀 보고 싶네요."

"그래~ 걱정마. 그래도 자기는 완전 운 좋은 거야. 작년부터 들어와서 지금까지 기다리는 사람들도 있는데 자기는 몇 달만 기다리면 되잖아. 그때 가서 나한테 고맙다고 인사하게 될 거야."

"그건 걱정 마세요. 제가 잘되면 감사 인사는 톡톡히 하겠습니다. 아무쪼록 잘되게 해주세요."

그 당시 나는 평당 50만 원씩을 더 받기로 하고 계약을 했다. 지금 계산기를 두드려보니 만약 차질 없이 그대로 이행이 되었다면 수익률이 자그마치 92%나 되는 투자였다. 그것도 몇 년을 기다려서가 아니라 내가 끝부분에 합류함으로써 단 몇 달 만에 얻을 수 있는 예상 수익이었다. 될 것이라고 믿었기에 '이렇게 돈을 불려가는구나. 천만 원으로 1억 만들기가 어렵지 1억으로 5억 만드는 건 더 쉽다는 말이 이런 거였구나.' 라고 생각하며 사인을 했었다. 김칫국을 제대로 마시고, 그렇게 난 뜬구름 위에 앉아 있었다. 그때는 **고위험 고수익**(high risk & high return)을 왜 몰랐을까. **수익이 큰 만큼 위험이 크다는 것을 명심하자**.

계약서 쓰면서 세금 문제를 어떻게 해결해 줄 것인가에 대해서도 이야기를 나누었기 때문에 진짜로 된다고 믿었다. 많이 하지는 않았지만 그때까지 재테크를 해오면서 실패한 적이 없었고, 조금씩 조금씩 성장해 왔기 때문에 이번이 폭풍 성장할 기회라고 생각했다. 그렇게 확신했기 때문에 묶여 있는 것들을 제외하고, 내가 할 수 있는 모든 자금을 이곳에 다 넣었다. 심지어 매입하는 땅을 담보로 더 추가 대출을 받아서 역량이 되는 최대한의 금액을 투자했다.

투자할 때는 아무것도 몰랐었다.
그냥 남들이 해놓은 프로젝트에 수저를 올려놓는 투자였다.
믿고 투자하면 자동으로 돈을 벌게 되는 상황에
아는 사람이 소개했다는 이유로 투자했다.

프로젝트가 계속 딜레이되는 변명을,
그 사람들이 말하는 이유를 알아듣기 위해 공부를 시작했다.

도대체 내가 투자한 게 정확히 뭐야?
이 사람들이 하려는 게 어떤 거야? 그때 처음 알았다.
시행사가 뭔지, 시공사가 뭔지, 아파트가 어떻게 지어지는지….

이때 알아놓은 사실들을 꽤 오랜 시간이 흐른 후에 써먹게 되었다.
시간이 흘러 같은 부류의 사람들이 아파트 짓게 땅을 팔라고
나를 찾아와서 열심히 브리핑을 하는데
이제는 무슨 말을 하는지 이해가 되었다.

그리고 아니까 마음껏 질문을 할 수 있었다.
오피스텔 경매가 그랬듯이 묻지마 땅 투자도 나를 공부시키고
자산이 성장하는 데 큰 도움을 주었다.
그래도 두 번 다시는 잃고 공부하는 어리석음을 반복하고 싶지 않다.

말로 오가는 약속은 힘이 없다

지금 생각해 보면, 이때 내가 제일 잘한 건 나의 이름으로 등기를 하는 거였다. 몇 번을 생각해도 정말 잘한 일이다.

"그런데, 그냥 등기 하지 말고 기다리면 안 될까?"

"왜요?"

"아니, 몇 달 후면 투자한 금액 돌려받을 건데, 뭐하러 비싼 돈 들어서 등기를 쳐. 매매 금액도 커서 취·등록세도 많이 나오겠는데."

"그래도 해야 하지 않아요? 돈만 투자하고 있기는 좀 그런데요."

"여기 사람들 봐봐, 이 사람들도 그냥 등기 안 했잖아. 몇 달 후면 돈 돌려받을 텐데 불필요한 돈 낭비하기 싫다고."

"그래도 전 할래요. 몇 백이 나오더라도 그냥 세금 내고 등기 하고 싶어요."

"등기를 하면 나중에 세금도 문제가 되는데."

"그건 왜요 ?"

"불과 몇 달 만에 큰 차익을 남기는 거니깐 양도 소득세가 만만치 않겠지. 그런데 등기 안 하고 그냥 투자한 것으로 하면 우리가 작업하면서 처리가 가능할 수도 있고."

"네? 제가 등기를 하면 세금이 문제가 되고 안 하면 세금 문제를 해결할 수 있다고요?"

세금 문제가 해결된다는 말에 순간 혹하기는 했다. 그렇지만 세금을 내더라도 그냥 마음 편하게 하고 싶었다. 만약 그때 그 사람들 말대로 등기를 안 했으면 내 돈은 공중 분해되었을 것이다. 설사 공중 분해되지 않았더라도 그 사업이 완료되어서 내 투자금이 회수될 때까지 마음고생하느라 제명에 못 살았을 것이다.

이 수렁에서 빠져나올 기회였을까? 강하게 잡았어야 했지만 그때 나는 그러지 못했다.

계약서 써놓고 이 프로젝트를 소개시켜준 부동산 사장님한테 할 말이 있다며 점심 먹자고 연락이 왔다. 이미 계약서를 썼는데 무슨 일인가 싶었다. 느낌이 좋지는 않았다.

"지금 계약한 땅 말고 그 옆 땅을 매수하면 안 될까?"

"네? 왜요?"

"저쪽에서 그렇게 연락이 왔네. 어차피 아파트 부지로 사용되는 것이고 어떤 땅을 받던 큰 문제가 되지 않을 것 같아. 그렇게 해주면 그 옆에 땅은 20평을 더 준다고 하더라고."

"전 이런 거 싫어해요. 말이 바뀌는 거, 약속을 안 지키는 거 안 좋아해요. 더군다나 투자를 했는데, 중간에 이렇게 말이 바뀌면 믿음이 생기겠어요? 찝찝해요."

"찝찝할 것 없어. 프로젝트 진행이 잘 되고 있는 것 같더라고. 20평 더 받으면 매수 단가도 더 낮아지니 괜찮을 것 같아."

"아, 그래도… 이런 거 찝찝해서 싫은데… 내가 싫다고 하면 이것은 그쪽에서 계약 위반한 거잖아요. 그러면 저한테 천만 원 배상해야 하는 것 맞죠?"

"그렇긴 한데, 일은 그렇게 마무리하면 안 되는 거야. 앞으로도 부동산 투자하면서 계속 볼 수도 있는데, 그렇게 일처리 하면 안 되지."

왜 이 말에 소심해져서 꼬리를 내렸을까? 이때 강하게 주장하고 멈췄으면 얼마나 좋았을까? 그후에 힘든 시간을 보낼 때마다 이날의 일이 계속 생각났다. '2천만 원 받고 발을 뺐어야 했어. 아니지, 그 사람들이 2천만 원을 순순히 줬겠어? 내 원금 돌려받는데도 얼마가 걸릴지 몰랐을 상황이니 내가 바라던 대로 되지 않을 수도 있었을 거야. 맘 편하게 그렇게 생각하자.'

고수익 보려다 고위험에 제대로 빠지다

이 거액의 투자에 대한 기대가 사라지는 데는 그리 오랜 시간이 걸리지 않았다. 약속은 지켜지지 않았고, 며칠만 기다려봐라, 몇 주만 기다려봐라, 다음달이면 된다… 이런 말들이 수없이 반복되었다. 처음 미팅을 했던 사장님은 아예 전화도 안 받았다. 그나마 계약서를 진행한 여자 실장님은 연락이 되어서 내 질문들을 받아주었다. 하지만 상황을 물으면 정권이 바뀌는 시기를 들먹이며 기다려보라고 했다. 정권 말이니 분위기가 좋아져서 다시 될 수 있다고 했다가 어려운 상황일 때는 이번 정권이 부동산 규제가 심해서 지금은 여의치 않다는 등 별의별 핑계를 대며 시간을 계속 끌었다. 이때 한 마음고생은 이루 표현할 수가 없다.

'얼마나 고생해서 모은 종자돈인데? 어떻게 투자한 물건인데? 내가

사기를 당한 건가? 내가 말로만 듣던 기획부동산에 속은 건가? 이건
아는 사람이 소개한 건데.'

부정 가득한 생각과 상황 속에서 나는 점점 더 피폐해져 갔다.

묻지마 투자 2 - 힘든 상황에 신에게 객기를 부렸다

잘못된 투자에 따른 고통과 충격 속에 재테크에 힘을 잃고 지내고
있었다. 수시로 전화해서 독촉을 해보고 기다려보라는 말만 듣고 끊
기를 반복하며 지내던 일상이었다. 나에게 2006년은 마음고생이 최고
인 한 해였다.

어느 날 경제 뉴스를 보고 있는데 서울 수도권 아파트들이 붐이다
못해 활활 타오르고 있었다. 지금 돌이켜보면 그때가 정상을 향해 달
려가는 마지막 단계였지만, 그때는 그걸 전혀 인식하지 못했다. 원망
과 좌절로 피폐해진 내가 제대로 보고 올바른 판단을 할 상황이 아니
었다. 내가 선택했음에도 이 일이 발생하도록 원인 제공한 사람들만
원망하고 있었다.

자고 일어나면 오르는 분위기가 몇 날 며칠 계속되다 보니 안 사면
안 될 분위기였다. 심지어 매수자가 매도자의 양도세를 내신 내주는
경우도 보게 되었다. 지방에서는 보지 못했던 신기한 광경들이 서울
과 수도권 아파트 시장에서는 벌어지고 있었다.

그러던 어느 날 경기도 부동산 사장님과 통화를 하게 되었다. 나는
수도권 아파트에 관심을 가지고 전화를 했는데, 그분은 아파트보다도
땅 투자를 권했다. 젊을수록 아파트보다는 땅 투자가 맞다는 것이었

다. 잘못된 투자에 제대로 데이고 있었던 나에게 땅은 무조건 투자하기 싫은 대상이 되어버렸다. 더 이상 여자 부동산 사장들의 언변에 속지 않겠다고 경계를 했지만, 이분은 좀 다르다는 느낌을 받았다.

이런저런 물건 좀 둘러볼 겸 올라가 보기로 했다. 사고를 치기 위한 실행력은 왜 이리 빠른지 모르겠다. 타임머신을 타고 그때로 돌아갈 수 있다면 수정하고 싶은 부분이 한두 군데가 아니다. 열정과 성실만 있었을 뿐 참 많이 어리석은 젊은 날이었다.

수도권 부동산 사장님을 통해 땅도 몇 건 브리핑 받고 아파트도 소개를 받았다. 그중에 마음에 드는 땅이 하나 있었지만 이번에는 아파트를 사고 싶은 마음이 더 강했다. 그 당시 미혼이기는 했지만, 만약 아파트를 사게 된다면 나는 지방에 살지라도 수도권에 내 이름으로 된 아파트를 사고 싶었다. 그런 마음이 강했던 내가 정신없이 오르는 수도권 아파트 현장에 있었던 것이다. 이번에 그 대열에 합류하지 않으면 안 될 것 같은 분위기이었다. 더 오를 것 같아 매도자가 마음을 바꾸고 물건을 거둬들여 계약이 불발되는 상황도 속출했다. 그래도 난 하지 말았어야 했다. 나는 마음에 들었던 땅을 포기하고 아파트를 선택했다.

그때의 상황을 객관적으로 보면 땅이든 아파트든 정확히 아무것도 하지 않았어야 했다. 일확천금을 벌어준다 해도 하지 말았어야 했다. 그후 펼쳐지는 내 고통과 불행들은 내가 자초한 것이다. 나의 어리석음이 나를 고통의 수렁으로 넣은 것임을 고백하지 않을 수 없다.

솔직히 신한테 객기 부리는 마음이 컸다. 그렇게 내 애를 태우던 아파트 부지 땅값이 다음달에 들어오기로 되어 있었다. '이런 약속이 벌써 몇 번 째인가? 그래 진짜 들어오는지 보자! 신이 나를 살리려면 약속대로 들어와서 아무 탈 없이 착착 진행될 것이고, 만약 들어오지 않는다면… 생각하기도 싫다. 설마 그런 일이 일어나겠어? 신에게 나의 운명을 맡겨보자.' 창피하게도 이런 말도 안 되는 어리석은 생각을 하며 아파트 계약서에 사인을 했다.

나는 20대인데 내 집에 세를 살게 된 사람 40대 후반의 가장이었다. 공손하게 인사하시면서 정중하게 대접해 주시는 모습에 마치 내가 무슨 큰일이라도 하는 사람인 것 같은 착각에 빠지게 했다. 집을 갖는다면 수도권 아파트의 집주인이 되는 것이 더 폼난다고 생각했던 어린 20대이었다. 지금 그런 상황이 재연된다면 내가 더 공손하게 인사할 것 같다. "제 집에 세입자로 살아주셔서 감사합니다." 하고 말이다.

여하튼 매수 계약을 하고 광주에 내려와서는 아파트 부지 사람에게 제일 먼저 전화를 했다. 다른 물건 잔금을 치러야 하니 약속한 날짜에 꼭 자금이 들어와야 한다고 신신당부를 해뒀다. 그렇게라도 돈 돌려달라고 압박을 하고 싶었다. 약속한 돈이 들어올 것이라고 믿고 아파트를 계약했던 터라 난 아파트를 담보로 최대 금액의 대출을 받아 매수했기 때문에 이번에는 정말로 꼭 들어와야만 했다. 그래야 내가 살수 있었다. 그렇지 않으면 대출이 턱밑까지 풀로 차서 내가 숨 쉴 수없게 될 수도 있는 상황이었다.

신은 내 편이었을까? 아니었을까?

약속한 날짜가 되었다. 늘 그랬던 것처럼 어김없이 돈은 들어오지 않았다. '아, 신은 내 편이 아니었구나.'라며 크게 좌절했다. 수도권 아파트 매수는 나를 한 번 더 깊은 수렁으로 빠뜨렸다. 도대체 내가 저지른 일들의 빚이 얼마란 말인가? 내가 이 많은 빚을 지고 있다는 게 실감이 나지 않았고, 대출 금액을 적어보면 너무나도 숨이 막혔다.

대출금이야 설정 기간 동안은 기다려주니까 그렇다고 쳐도, 그 금액에 내가 감당해야 할 이자를 보니 눈앞이 깜깜했다. 설상가상으로 아파트 대출을 받을 때 이율이 엄청 센 곳을 선택했었다. 잔금을 치루기 위해선 최대 금액이 필요했기 때문에 대출 이율을 따질 입장이 아니었다.

계약금을 날리는 것도 생각해 보았다. 몇 번 망설였지만 3,400만 원 포기가 쉽지 않았다. 간신히 잔금 치르고 난 후 내게 주어진 것은 앞으로 내가 감당해 나갈 엄청난 이자들이었다. 준비되지 않은 상태에서 저지른 거액의 투자와 20대의 객기까지 더해져 내가 사고 쳐놓은 일들에 눈앞이 깜깜했다.

죽으란 법은 없다, 무너지지만 말자, 끝까지 버티자

그런데 진짜로 사람이 죽으란 법은 없나 보다. 엄청난 짐을 짊어지고 나니, 버티고 서 있을 수 있는 지팡이가 손에 주어졌다. 사고를 친 후 몇 달 후부터 다시 직장에 출근을 하게 되었다. 예상에도 없던 일이어서 이것이 나에게 주어지는 구원의 손길인가 싶었다. 출근해서 받는 월급이 그대로 내가 감당해 내야 할 이자로 들어갔다.

대출에 문제가 생기면 아파트를 매수해 주신 사장님께서 전국 은행을 수소문해서 그나마 좋은 조건의 은행을 찾아보고 통화까지 다 해서 대출 문제를 해결해 주셨다. 그렇게 금융기관을 몇 번이나 옮겨 다니며 이자를 감당하며 버텼다. 이 기간은 참으로 오래갔다. 그나마 내 숨통을 트이게 해준 건 전세금 인상이었다. 2년마다 2천은 기본으로 올랐고, 막판에는 2년 동안 8천이나 올라 있었다. 어느 날 네이버 시세를 보고 오타 난 줄 알고 전화해서 확인해 보니 맞다 하셨다. 매입 당시 전세금이 워낙 싸기는 했지만 200%가 오른 것이었다.

내가 뿌린 씨앗, 누구를 원망하겠는가?

이 시기에 나는 제일 가난하게 살았던 것 같다. 종자돈 모을 때보다 더 아꼈다. 아니 아꼈다기보다는 쓸 돈이 없었다. 급여에서 공제되는 돈을 최소화하기 위해서 점심에는 급식도 안 먹고 미숫가루 한 잔으로 대신했다. 소비 자체를 거의 안 하고 살았던 시기이다. 신발도 문제가 생기면 수선집에 맡겨서 수리해서 신었다. 남의 이목을 신경 쓰는 것 자체가 사치였던 시기였다. 힘든 시기일지라도 버텨내야만 그 다음이 있다는 것을 잘 알기에 그때는 그것에만 집중했다.

이렇게 노력해도 꼭 나의 인내심을 실험하는 사람들이 생긴다. 하지만 그때는 내가 힘이 없으니 억울해도 참을 수밖에 없었다. 하루 울고, 힘 빠져 지내다가 그냥 치사하다고 여기고 털어냈다. 그리고 꼭 이 시간에서 벗어나자고 다짐했다. 긴장해서 근무하다 퇴근하면 피곤이

몰려왔다. 몸은 집으로 가라고 신호를 보내지만, 마음은 그렇지 말고 서점으로 가라고 신호를 보냈다. 늘 후자의 마음이 이긴 덕에 매일 내가 퇴근하는 곳은 대형 서점이었다. 너무 피곤해서 꾸벅꾸벅 졸더라도 서점으로 갔다. 저녁식사를 포기하고 가는 것이었다. 배고픔을 참는 것보다 피곤함을 이겨내는 것이 더 큰 어려움이었다.

너무 힘들 때는 주차장에 주차를 하고 차에서 30분 정도 눈을 붙였다. 어떤 날은 1시간 넘도록 못 일어날 때도 있었다. 간신히 눈을 뜨고 물에 젖은 솜마냥 무거운 몸을 이끌고 대형 서점에 가서 자리를 잡고 앉았다. 만약 자리를 못 잡으면 서서 책을 읽으면서 자리가 생기기를 기다렸다. 그곳에서 나는 내 전공 공부를 하고 재테크 관련 책들을 읽고 자기계발서를 읽었다. 내가 어두운 터널 속에 있다 보니 이런 시기를 겪고 이겨낸 사람들의 이야기가 그 당시 나에게는 비타민 같은 존재였다. 그 사람들의 이야기를 등불 삼아 버텨냈다.

10시 10분 전에 서점에서 폐점을 알리는 음악이 나오면 주섬주섬 공부하던 책을 챙겨 차가 있는 주차장으로 갔다. 그리고 10시 반에 있는 아르바이트 하나를 더 하고 자정이 넘어 집에 들어갔다. 녹초가 되어 들어가지만, 힘들다고 느끼는 것조차도 과분하다고 생각했다. 그냥 현실을 받아들이고 묵묵히 하루, 하루를 살아냈다.

주택 투자로 내 집 마련하고 성과급도 벌어보자

집 가진 사람의 횡포를 경험한 신혼집 구하기

결혼할 집을 알아보는데 집을 구할 수 있는 금액이 5천만 원 정도였다. 그 금액에 맞춰 알아보니 당연히 전세를 찾게 되었다. 주어진 금액도 금액이지만 따로 생각하는 것이 있었다. 전세로 작게 시작해서 알뜰하게 모아 내 집 마련하는 과정을 신랑과 함께하고 싶었다. 그렇게 22평 빌라에서 신혼생활을 시작했지만, 처음부터 원했던 곳은 아니었다.

결혼 날짜를 잡고 신혼집을 알아보기 위해 열심히 발품을 팔았다. 최소한의 비용으로 알아보고 다니다 보니, 아무리 눈높이를 낮추어도 마음에 드는 곳을 찾기가 쉽지 않았다. 그러다 결혼식이 한 달도 채 남지 않은 시점에 깨끗하게 잘 꾸며진 32평 아파트를 우연히 찾게 되었고, 전세 계약하기로 했다. 그런데 결혼식이 얼마 안 남았는데 집 주인이 마음을 바꿔버리는 것이었다. 집안 상태를 잘 모르고 있던 주인이 집 내부를 보고 나더니 이렇게 잘 꾸며졌을 때 매도하는 것이 낫겠다며 전세 계약을 안 하겠다고 연락이 왔다.

집이 해결되어 안심하고 다른 준비를 하고 있었는데 날벼락 같은 소식이었다. 부동산 사장님이 사정을 말하며 여러 번 설득을 하셨는데 결국 안 되었다. 우리 부부는 속상했지만 단념하고 다른 집을 알아봐야 했다. 우리에게 미안했던 사장님은 사장님대로 집을 계속 알아봐주고, 우린 우리대로 뛰어다녀 봤지만 마땅한 집을 찾지 못해 애가 탔었다.

그러던 어느 날 살던 동네의 빌라에 붙어 있던 임대 문구가 눈에 들어왔다. 찬밥 더운 밥 가릴 때가 아녀서 우선 보기나 하자고 들어갔는데, 깨끗하고 괜찮았다. 조금만 더 컸으면 하는 아쉬움은 있었지만, 그나마 이거라도 구할 수 있어 다행이라 생각했다. 집주인은 월세를 너무 원하셨지만 설득하여 우리가 원한 대로 전세 계약을 했다. 그렇게 우리는 방 2개짜리 빌라에서 신혼살림을 시작하게 되었다.

만약 신혼집을 매수할 수 있는 상황이라면, 그 집은 전세를 주고 빌라에 살면서 관리비를 아끼는 것도 하나의 방법이다. 매달 10만원 넘게 나가는 관리비를 아끼는 것도 생활비 절약 노하우 중 하나다. 그리고 가급적 매수하기를 권하는 이유가 있다. 물가만 오르는 게 아니라 집값도 오른다. 예상하는 것보다 크게 오르니까 시기를 봐서 내 집 마련은 꼭 하자.

이제 슬슬 내 집을 마련해 보자

내 집이 아닌 전세나 월세를 살게 되면 언젠가 이사를 가야 한다는 심리적인 부담감을 안고 살아야 한다. 우리도 아이가 커가면서 슬슬 이사를 생각하게 되었는데, 어디로 가야 할지가 늘 고민이었다. 이사 생각날 때마다 알아보고는 다니지만, 전세로만 알아보니 마땅한 물건을 못 찾게 되고, 그러다 잊어버리고 다시 일상을 살아갔다. 그러다 다시 내 마음속에 이사 바람이 불면 또 알아보고, 마땅한 것이 없으면 또 멈추고를 반복했다. 이 또한 은근 스트레스 받는 일이었다. 매물은 엄청 많은 데 비해 전세가 거의 없다 보니 선택의 폭 또한 매우 적다는 것이 문제였다.

더 이상 방황하지 않기로 결정하고 집을 매수하는 쪽으로 마음을 바꾸었다. 이사 가고 안 가고는 나중에 선택하더라도 우선 24평 아파트를 매수하는 것이 마음 편할 것이라고 생각했다. 그래서 대출을 무서워하는 신랑님을 설득했다.

"여보, 우리 전셋집 그만 알아보고 대출받아서 매수하자."

"그럼 대출을 많이 받아야 하잖아."

"봉선동 친구도 내 말 듣고 매수해서 이사했잖아."

"왜 또 전세 가려고? 그냥 이번 기회에 매수하는 게 어때?"

"돈 없어. 저축하고는 있으니, 좀 더 모아서 사려고."

"음, 그건 아닌 것 같아. 네가 집 마련하려고 매달 100만 원씩 모으고 있다고 가정해 보자. 목표한 금액을 다 모아서 집을 사려고 하잖아? 그럼 그때는 집값이 훨씬 더 올라서 또 못 사게 돼. 내 생각에는 네가 원하는 집을 대출 받아서 지금 사. 그리고 지금 모으고 있는 금액으로 대출금 원금과 이자를 갚아 나가면 되잖아. 아마도 그게 더 자산 성장에도, 집 마련에도 도움이 될 거야."

"듣고 보니 그러네."

"그럼~! 적금 넣어서 목돈 만드는 노력보다 집값 상승률이 훨씬 더 크거든."

친구는 다음 집으로 이사할 때 큰 평수를 매수해서 이사했다.

사는 집이 아닌 수익로봇으로 역할 변경

결국 신랑도 매수에 동의를 하고, 우리는 매수할 집을 알아보기 위해 시간이 날 때마다 부지런히 발품을 팔았다. 어차피 아이가 초등학교 입학하기 전에 한 번은 이동할 생각이었으므로 그 상황에 맞춰서 집을 알아보았다. 그래서 찾은 곳이 그 동안의 생활터전에서 벗어나지 않는 곳에 위치한 24평 아파트였다. 연차가 오래되기는 했으나 교통도 상당히 좋은 곳이었고, 초등학교도 바로 옆에 있어서 우리에게는 괜찮겠다 싶었다. 그리고 소형 아파트이다 보니 나중에 세가 잘 나갈 것이라는 생각도 염두에 두었다.

무엇보다 착한 가격도 한몫을 했다. 매도인이 이사 갈 집이 계약된 상태여서 살던 집을 빨리 매도해야 했다. 빌라에 전세 살면서 아끼고 모아서 어렵게 내 집 마련하는 것처럼 행동한 덕분에 저렴한 가격으로 또 하나의 수익 로봇을 마련할 수 있었다. 훗날 24평 소형 아파트는 수익 로봇으로 임무를 다해줬다. 1,500만 원 투자해서 1,700만 원 남겼으니 100% 넘는 수익률에 만족하고 매도를 했다. 그리고 그 수익금으로 우리 가족의 차를 바꿔주었다. 재테크에는 큰 자본금보다 관심, 공부, 실행력이 더 중요함을 강조하고 싶다.

전체 수리를 해서 들어가는 경우를 생각해 봤는데, 아이가 아직은 어리다 보니 여러 상황을 고려했을 때 좀 더 살다가 이동하는 게 낫겠다는 생각이 들었다. 더군다나 아래층에 사시는 분이 예민한 분이라고 하니 층간 소음도 걱정이 되어 매입한 집을 바로 세를 내주고 우리는 그대로 22평 빌라에서 생활을 이어갔다. 이것을 결정할 때 문제해결 노트를 꺼내놓고 다양한 경우의 수에 대해서 열심히 생각했다. 경우의 수를 생각해 보는 과정이 재미있었다.

성장노트 흔적 — 카르페디엠의 문제 해결 노트

가족이 들어가 살 경우	전세를 줄 경우	월세를 줄 경우
장점 :	장점 :	장점 :
단점 :	단점 :	단점 :
소요비용 :	소요비용 :	소요비용 :

2년이 흘러 다시 보금자리를 바꾸려고 했다. 이번에는 진짜로 이동할 마음이었다. 미리 마련한 24평 아파트가 아닌 새로운 1층을 알아보고 다녔다. 1층 없는 2층에서 살아서 아이 키우면서도 층간 소음 문제는 걱정 없이 살았다. 그런데 주변 사람들이 겪는 고충들을 간접적으로 경험하다 보니 도저히 층간 소음이 감당 안 될 것 같았다.

위층이 우리에게 피해를 주는 것은 참을 수도 있는 문제지만, 혹시나 아랫집에서 민원이 들어오면 우리가 불편해서 못살 것 같았다. 그래서 아이를 위해서나 우리 부부를 위해서 1층에 집을 마련해서 정착하게 되었다. 전세금에 문제 생길까 봐 걱정하지 않아도 되는 자가 주택이 생긴 것이다. 내 집으로 이사를 하고 제일 좋았던 것은 아이가 너무 좋아했다는 것이다. 전에 집에 살 때는 몰랐는데, 집이 확 넓어지고 본인 방이 생기니 몇 날 며칠을 좋아서 어쩔 줄 몰라 했다. 내 집이 주는 평안함과 행복감은 참 크다.

재개발 투자 경험하고, 공동투자도 경험하다

2015년 전후로 광주에 재개발 바람이 불기 시작했다. 진행되다 주춤했던 사업들이 다시 시동 걸려고 하는 상황이었다. 부동산 스터디하는 사람들과 신가동을 돌아다니면서 마땅한 매물을 찾아보았다. 정말 재개발이 진행되려는지 자잘한 소규모가 아닌 큰 신규 부동산이 많이 늘어나 있었다. 몇 곳에 들어가서 물건들 설명도 들어보고 궁금한 것들을 물어보면서 재개발 물건에 발을 담가보려고 했다. 그러다 신가동에 비어 있는 주택 하나를 저렴한 가격에 매수하게 되었다.

이것에 만족하지 않고 우리는 광천동까지 발을 담가보기로 했다. 광천동 재개발도 함께 꿈틀거렸기 때문이다. 광천동 재개발은 너무 큰 규모이다 보니 신가동보다는 진행이 좀 더딜 것 같았지만, 지역의 메리트는 광천동이 훨씬 컸다. 결국 우리는 속도 메리트가 있는 신가동 물건 하나와 위치적 메리트가 있는 광천동 물건 하나를 스터디 공·투(공동투자) 물건으로 매수하였다. 이 투자를 통해 엄청난 이익을 보거나 재개발이 추진되어서 입주권까지 받는 기대는 전혀 고려하지 않았다.

재개발은 진행 타이밍마다 바람을 타주는 순간이 있다. 그 타이밍을 봐서 수익을 보고 나오는 것이 목적이었다. 공·투라는 특성상 오래 갈 수 없기도 하다. 공부할 용도로 투자한 것이었기에 수익은 덤으로 생각했다. 신가동 주택은 3개월 만에 2천만 원 정도 올라서 매도하고 나왔다. 예상대로 광천동보다 추진 속도가 빨랐다. 광천동은 임차인을 구해서 세를 주고 잊어버리고 있다가 2년 후에 소소한 이익을 보고 매도했다.

깊이 들어가면 머리 아플 수 있으니,
가볍게 재개발과 재건축이 뭔지만 살펴보자.

▶ 재개발(정비사업) : 주거 환경이 낙후된 지역에 도로, 상하수도 등의
　　　　　　　　　　기반 시설을 새로 정비하고 주택을 신축하는 것.
　　　　　　　　　　공공사업의 성격을 띤다고 볼 수 있다.

▶ 재건축 : 건물 소유주들이 조합을 구성하여 노후 주택을
　　　　　헐고 새로 짓는 것. 민간주택사업의 성격이 짙다.

──▶ 재건축과 재개발의 대상 지역은 다르지만 추진 절차는 비슷하다.
　　　정비구역으로 지정된 곳에 거주하는 땅주인, 집주인 등의 동의를
　　　얻어 조합을 만든다.
　　　사업을 주체적으로 이끌고 가는 그 조합이 시행사가 된다.
　　　조합은 정비사업 전문업체를 파트너로 선정해 사업 계획, 건축
　　　계획을 마련한다.

※ 심화 공부는 본격적인 투자할 때, 복잡한 물건 공부할 때 하는 걸로~!
　　이 분야도 적성에 안 맞으면 투자를 안 해도 된다.
　　다시 한 번 말하지만, 세상은 넓고 투자할 곳은 많다.

다양한 부동산으로 수익 로봇을 고용하자

(1) 농지 투자

전라북도 농지에 깃발을 꽂다

김제 산업단지에 투자하신 분을 통해 산업 용지 분양 소식을 듣게 되었다. 물건 설명이나 들어볼까 싶어 그곳으로 임장을 가보았다. 화려한 설명에도 불구하고 개발되려면 생각보다 시간이 꽤 오래 걸리겠다는 인상을 받았다. 프리미엄을 주고 살 만큼 끌리지 않았다. 마음이 동하는 물건이 없어 그냥 돌아오기는 했으나, 그래도 김제시의 발전 방향에 대한 브리핑을 들을 수 있어서 그 시간은 유익했다.

그후에도 김제를 몇 번 더 갈 일들이 생겼다. 하루는 김제에 투자하신 사장님께서 오후 늦게 연락을 주셨다. 프리미엄 안 주고 살 수 있는 괜찮은 물건이 나왔다고 전해주셨다. 고민하다가 다음날 오전에 가서 자세히 보기로 했다. 조건이 마음에 들었기 때문에 매수를 긍정적으로 검토하면서 김제로 이동하였다. 도착해서 잔뜩 기대하며 부동산 사장님을 기다리는데, 사무실에 들어서서 하는 한마디에 힘이 쭉 빠졌다.

"어찌까요? 그 물건 나갔다고 합니다."

가는 동안 많은 이야기를 나누면서 계약하는 방향으로 마음을 굳히고 갔던 터라 얼마나 허탈했는지 모른다. 헛걸음한 것 같아 아쉬운 마음 가득 안고 돌아왔다. 돌아오는 내내 아까운 물건을 놓친 것 같아 속상했다. '어제 저녁에 계약금이라도 넣어서 잡아둘걸.' 투자를 함에 있어서는 순간 판단력도 있어야 하지만, 때로는 빠른 실행력도 필요하다는 것을 느꼈다.

김제 산업단지 조성을 홍보하는 정책사업의 신문광고

그후로도 이런 일 저런 일로 김제를 들락날락하다 보니 결국 김제에도 깃발을 꽂을 수 있게 되었다. 이번에는 여러 부동산 중 농지에 깃발을 꽂았다. 전라남도 농지를 하나 취득하면서 농지에 관한 내용들을 좀 알아봤었기 때문에 농지 매매가 낯설지는 않았다. 농지은행도 활용해 본 덕분에 농지 투자를 긍정적으로 생각하는 편이다.

김제 농지는 나중에 매도 후 차익으로 발생할 소득을 기대하고 매수한 로봇이다. 그런데 감사하게도 연말이 되면 농지은행을 통해 연말 보너스를 제공해 주고 있다. 전라남도, 전라북도 두 곳의 농지에서 보내주는 보너스가 여행 통장에 입금되면서 여행 통장 잔액은 더욱 두둑해졌다. 그 덕분에 매년 새해의 시작을 가족 해외여행으로 열고 있다.

(2) 상가주택 투자

경제적 자유인의 삶을 앞당겨줄 튼튼한 수익 로봇 탐색

2012년에 아파테이아님의 『마흔 살 행복한 부자아빠』라는 책이 처음 나왔을 때 꽤 신선했었다. 그 당시는 총알이 많이 부족해서 바로 실행하지는 못했지만, 묻어두는 투자에서 수익형 부동산 투자로 의식 전환을 할 수 있는 시발점이 되었다. 본문 중에 "건축을 아는 사람이 수익의 최강자"라는 말이 나온다. 읽을 당시는 '그런가' 했는데, 나중에 투자 무대가 넓어지면서 수익형 건물을 지으려고 땅을 알아보러 여러 지역을 돌아다니다 보니 이 말의 의미가 크게 다가왔다.

건물을 매입하려고 알아볼 때 같이 스터디하시는 분의 조언도 같은 내용이었다. 본인 경험에 따르면 일반 건물을 사는 것보다 땅을 사서 그 위에 건물을 신축하는 것이 수익 면에서 훨씬 더 낫다고 하셨다. 비록 토지를 매입하여 건물을 신축하는 것까지 해보지는 못했지만, 땅을 알아보러 다니고 건축 문의를 해보는 것만으로도 또 하나의 공부가 되었다.

토지를 매입할 때부터 세금 계산을 해보고 들어가야 한다는 말이 있다.
그만큼 양도세를 많이 내는 부동산 중 하나이기 때문이다.
나 역시 땅을 보유하고 있다 보니 전문가들에게 자문을 구하면서
토지 양도세에 대해서 공부하게 되었다. 깊이 들어가면 복잡해지니
여기서는 간단한 용어 몇 개만 알아보자.

사업용 토지 vs 비사업용 토지

- ### 사업용 토지

  농지를 예로 들면 기본적으로 재촌, 자경하고 기간 기준을 충족하여야
  사업용 토지로 인정을 받음.
  (3년 중 2년 이상, 5년 중 3년 이상, 보유기간 중 60% 이상)

- ### 비사업용 토지

  본연의 목적대로 사용하지 않는 나대지, 농지, 임야 등을 의미.

재촌 vs 자경 vs 농지은행

- ### 재촌

  농지 소재지와 같은 시/군/구에 실제 거주하거나 농지 소재지로부터
  직선거리로 30Km 이내에 있는 시/군/구에 거주하는 경우를 말함.

- ### 자경

  농지에서 농작업의 1/2 이상을 본인이 직접 농사지어야 함.

- ### 농지은행

  한국농어촌공사가 운영하는 농지관리사업.
  임대가 가능한 농지와 노동력이 부족하여 자경이 어려운 자의 농지를
  수탁받아 임대함.

그 책에 나온 내용 중에 나의 것으로 만든 것이 두 가지가 있다. 첫 번째는 〈돈과의 약속 선언서〉이고 두 번째는 〈수익 로봇〉이었다. 책 전반에 걸쳐 소개된 내용들이 유익하고 좋았는데, 맨 처음에 나온 "돈의 노예가 되기 싫다면 돈과 약속부터 하라."라는 메시지가 크게 와닿았다. 그 방법의 한 예로 "수익 로봇의 월수입을 목표로 정하라"라고 해서 나도 진지하게 검토해서 다이어리에 적어보았다. 재테크가 한참 안정궤도에 들어가던 시기에 이것을 써봄으로써 스스로 도달 목표를 명확하게 설정해 놓을 수가 있었다. 나도 경험해 봤지만, 이건 정말 중요한 작업인 것 같다. 대부분의 인간은 돈에 대한, 물질에 대한 욕망이 끝이 없기 때문이다. 돈의 노예로 살지 않기 위해 꼭 필요한 재테크의 첫 작업이라고 할 수 있다.

수익형 부동산으로 어떤 물건이 좋을까?

오피스텔과 상가 낙찰을 통해 경매도 경험해 봤고, 소형 아파트 매매를 통해 수익을 남겨서 가족의 차를 바꾸기도 했고, 수도권 아파트의 전세금이 야금야금 오르더니 160%까지 오르는 상황도 경험해 보았다. 그 외에도 땅 투자, 농지 투자, 주식 투자, 공모주 투자, 재개발 주택 투자 등등 다양한 투자를 경험하고 나니, 이제는 수익형 부동산 투자를 해보고 싶었다.

이 생각이 들면서 『마흔 살 행복한 부자아빠』라는 책을 다시 꺼내 들었다. 그리고 옆에 놔두고 생활했다. 제목만 읽어도 내용이 생각나니 내 머릿속에서 '수익형 부동산'이라는 단어가 떠나지 않게 하려는 의도였다. 일상생활 속에서 계속 생각하며 지내고 싶었다. 현실에선 상가 물건들도 보고 흐름도 알아보고자 부동산 탐방을 여러 번 해보았지만 허탈감만 쌓여갔다.

10억 아래 물건을 찾는다고 하면 "매물은 없는데 매수 대기자는 엄청 많다"는 말을 제일 많이 듣는다. 그만큼 10억 이하 물건은 귀하신 몸이라는 의미이고, 그 금액을 가진 사람들이 많다는 것이다. 예전에는 10억이 진짜 큰돈이었는데, 지금은 그렇게 큰 금액이 아니라는 것을 부동산을 '아이쇼핑'하면서 실감했다.

범위를 넓혀서 상가뿐만 아니라 상가 주택까지 알아보기 시작했다. 신랑이 일찍 끝나는 날이나 토요일에 날을 잡아서 물건을 보러 다녔다. 발품을 열심히 팔아보지만 눈에 들어오는 물건이 딱히 없었다. 가격이 저렴한 물건은 건물 자체가 심난했고, 살짝 괜찮다 싶은 금액의 물건들은 수익률이 완전 '꽝'이었다. 보통 상가 주택은 주인 세대가 있는 경우가 많았기 때문에 우리가 들어갈 생각까지 하고 물건을 둘러봤지만, 마음에 드는 물건이 쉽게 나타나지 않았다.

나와 인연이 되는 부동산은 따로 있다

물건다운 물건을 찾지 못해 수익형 부동산 물건에 대한 기대감이 시들해지고 있을 때쯤 관심 가는 물건 하나가 눈에 들어왔다. 매매가가 높아서 매수하지 못할 가능성이 컸지만 공부한다 생각하고 브리핑을 받아보기로 했다. 우리가 먼저 도착해서 살펴보는데, 지금까지 보던 물건과는 달리 우리의 마음에 확 들어왔다. 위치도 괜찮고, 1층 상가도 마음에 들었다. 잠시 후 부동산 사장님이 와서 물건에 대해서 브리핑을 해주는데 수익률이 좋았다. 새 건물이라 매매가가 좀 높았지만, 대출이 괜찮게 나와 주니 매수를 고려하는 게 불가능한 것만은 아니었다.

본격적으로 이 물건에 대한 분석과 탐색에 들어갔다. 며칠 동안 시간대를 바꿔가며 여러 번 가서 보고 또 보았다. 궁금증이 생길 때마다 부동산에 물어보면서 하나씩 체크해 갔다. 그리고 마음이 어느 정도 매수 쪽으로 기울자 가격 절충에 들어갔다. 매도하시는 분은 최종 원했던 가격보다 1천만 원 양보하시고 나는 매수 가이드라인으로 잡아 놓은 금액에서 1천만 원 양보해서 우리의 거래가 성립되었다.

중간에 대출 담당 직원이 바뀌면서 대출 과정에 문제가 생겨서 마음고생을 좀 하기는 했지만 그래도 무사히 이전을 잘 마무리했다. 이렇게 매매가가 큰 물건의 경우에는 계약하고 중도금 치르고 잔금 치르는 기간을 좀 여유 있게 잡는 경우가 대부분이다. 하지만 인수하기로 마음먹은 이상 수익형 부동산 소유권 이전에는 시간을 끌 필요가 없다는 생각에 속전속결로 진행하였다.

이 물건의 경우, 매매가가 큰 만큼 부동산 복비도 만만치 않았다.

취·등록세는 천 단위가 된다. 그나마 주택 부분이 더 커서 전체가 상가 건물일 때보다는 저렴했다. 이 금액 또한 미리 알아보고 준비해 둬야 한다. 잔금 당일 취·등록세 비용을 바로 보내지 않으면 법무사가 일을 진행하지 않는다. 간혹 잘 아는 법무사라면 하루 정도 편의를 봐주기도 하지만, 대출을 받는 경우에는 당연히 은행 법무사가 오기 때문에 원칙대로 이행해 줘야 한다. 매도자에게 잔금을 주고 법무사 사무실로 세금과 비용을 보내야 이전 처리가 완료된다.

수익형 부동산이다 보니 매달 들어오는 월세들이 각기 다르다. 잔금을 치를 때 이전 날짜를 기준으로 월세를 일별로 계산해서 정산이 된다. 물론 부동산에서 매도자에게 자료를 받아 계산해 놓고 잔금 정산할 때 함께 진행되게끔 한다. 그런 서비스를 받으려고 복비를 지불하는 것이다.

이전 절차를 다 끝내고 서류들을 다시 검토하면서 정리하던 중 이전 날짜 기준으로 월세를 계산해 준 내역에서 두 군데 오류를 발견했다. 눈으로만 보지 않고 내가 직접 계산기 두드리며 꼼꼼히 계산해 봤기 때문에 발견할 수 있었다. 다시 부동산에 연락했고 부동산이 매도자에게 다시 연락해서 정정해 주었다. 비록 다시 받기는 했지만 내가 세밀하게 검토를 안 했으면 월세 2개월분 정도를 날리는 거였다.

이번에도 다시 한 번 되새겨본다. 나만큼 내 것에 대해 꼼꼼히 파악할 사람은 없다는 것이다. 즉 내가 알고 있어야 하고 내가 직접 파악하고 공부해야, 자산을 지킬 수도 있고 늘릴 수도 있는 것을 명심하자. 이 건물을 처음 브리핑 받을 때는 11%의 수익률로 설명을 들었다. 처음 매수할 당시는 마이너스 통장을 풀 가동시켜서 은행의 돈을 최대한 활용했다. 그랬더니 매수하는 데 실제 투입된 현금은 1억 정도였다. 수익률로 계산하니 33%였다.

수익률로만 보면 환상적으로 보이나 이것은 너무 불안정한 투자이다. 내가 선호하는 스타일의 투자는 아니기에 은행돈 비중을 줄였다. 그 와중에 기업 장기주택마련 저축이 본의 아니게 해지가 되면서 마이너스 통장이 자동으로 정리되었다. 그랬더니 12% 전후의 수익률을 나왔다. 나중에 얻게 될 매매 차익은 덤으로 생각하고 있다. **수익형 부동산은 수익률이 생명이다.**

성장노트 흔적

● **복비 : 매매가가 크면 복비 부담도 크다.**

매매가가 9억 이상은 매매가 x 0.9%, 9억 이내이면 매매가 x 0.5% 이다.
만약 9억에 매매하기로 한 물건을 좀 더 깎아서 8억 9천 9백에 쓰면 어떨까?
1백만 원 차이지만 복비는 810만원 VS 450만원.
매수자나 매도자나 경비를 아낄 수 있다.

● **취 · 등록세 + 법무사 비용 :**

구청에 전화해서 건물의 취 · 등록세를 미리 알아볼 수 있다.
상가주택의 경우, 상가 부분이 전체 건물의 몇%인지, 주택 부분이 몇%인지 알려준다. 그럼 그 비율에 따라 매매가를 분리하면 된다. 그리고 분리된 각각 금액 요건에 맞는 취 · 등록세율을 곱하여 산정해 보면 된다.

만약 주택이 70%, 상가가 30%로 구성된 상가주택을 10억에 매수한 경우
=> 주택 매수 금액은 : 7억, 상가 매수 금액은 3억인 셈이다.
=> 주택 = 7억 x 주택 취 · 등록세율, 상가 = 3억 x 상가 취 · 등록 세율

※ 위택스(www.wetax.go.kr)의 지방세 미리 계산해 보기를 활용하면 된다.

이 물건이 매매가가 비싼 이유는 괜찮은 위치에 따른 땅의 가치와 신축 건물이라는 특징 때문이었다. 처음으로 수익형 부동산에 도전하는 나에게는 신축 건물이라는 장점이 제일 크게 다가왔다. 아무래도 신축 건물이니까 2~3년간은 관리하는 데 어려움이 없을 것이라고 믿었다. 하지만 이 예상은 보기 좋게 빗나갔다.

오랫동안 부동산 투자를 다양하게 하다 보니 내가 뭘 하든 나에게는 항상 배움의 장이 무한대로 펼쳐지는 것이 느껴진다. 매번 나를 훈련시키기 위해 기다리고 있는 게 아닌가 싶을 정도다.

수익형 부동산을 관리하는 처음 1년간은 그동안 경험해 보지 못한 일들이 환상적으로 일어났다. 그중 두세 달 동안은 많은 일들이 집중적으로 일어나다 보니 적응이 되지 않았다. 새 건물인데 하루가 멀다 하고 시간대에 상관없이 수시로 세입자들한테 연락이 왔다. 전 주인은 남자 사장님이다 보니 세입자들이 연락을 잘 안 하다가 여자로 바뀌니까 밀렸던 민원을 한꺼번에 전하는 느낌이었다.

한 번은 제주도 임장 가서 브리핑을 듣고 있는데 보일러가 고장 났다는 연락을 받았다. 새 건물에 새 제품들인데 어찌 이런 일이! 혹시나 세입자가 저녁에 불편할까 봐 빨리 해결해 주려고 신랑한테 연락을 했다. 신랑이 퇴근하자마자 바로 가보기로 했다. 2시간쯤 지났을 때 문자가 왔다. 버튼을 잘못 눌렀다며 잘 돌아간단다. 얼른 문제를 해결해 주어야 한다는 불안한 마음이 안도의 마음으로 바뀐 건 다행이었지만, 괜히 신랑 퇴근만 서두르게 해서 미안했다.

경험할 수 있는 민원의 끝은 어디일까?

▶ 시끄럽다. 옆집에서 고양이 키우는 것 같다.

⇨ 고양이를 안 키워봐서 몰랐다. 고양이는 뛰어내려도 소리가 나지 않는다는 것을 부동산 사장님과 이야기하다 알았다. 결국 추측성 민원이었다. 스쳐 보내는 대처도 필요하다.

▶ 윗집이 너무 시끄러워 잠을 못 자겠다. 10시인데 옆집에서 못을 박는다.

⇨ 처음에는 죄송하다 하고 다음날 윗집에 말을 꺼냈다. 자기가 아니라고 발뺌을 한다. 발뺌을 몇 번 경험한 후에는 이런 문자나 전화가 오면 늦은 밤에 지나친 소음이 났을 때 바로 말을 하는 것이 어떠냐고 권했다. 그런데 이런 경우에도 혹시 둘이 싸우게 되면 둘 다 나갈 수 있으니 조심해야 한다. 따라서 이런 경우에는 민원이 들어오면 정확히 어디인지 알아보고 연락 주라고 해서 주인이 직접 전화나 문자로 주의를 주는 게 낫다.

▶ 새벽 1시 반쯤 문자가 와서 그 문자에 잠이 깼다. 나는 다시 잠들기 위해 새벽 늦게까지 뒤척일 수밖에 없었다.

⇨ 상황을 이야기하고 부탁했다. 너무 늦은 시간이나 새벽에 문자하는 일은 자제해 달라고 했다. 다행히도 미안해 하는 착한 세입자여서 말이 통했다.

▶ 본인 머리카락 때문에 세면대가 막혔는데, 해결해 달라고 연락이 왔다. 내가 일이 있어 신랑을 보내려고 했더니 내가 왔으면 한다 해서 다음날 같이 가서 해결해 주고 왔다.
⇨ 매번 시간 맞추기 어려우니 하수구 뚫는 업체 연락처를 보내줬다.

▶ 세입자가 주차를 잘못해서 영업에 어려움을 겪으신 이웃 사장님도 세입자가 전화를 안 받으니 여행 중인 나에게 전화를 주셨다. 내가 잘못 주차한 것은 아니지만 죄송하다고 여러 번 말씀드렸다.
⇨ 나중에 세입자들을 통해 이웃 사장님 영업장 차들 때문에 세입자들도 많은 불편을 겪는다는 사실을 알았다. 어디나 주차 문제는 있다. 서로 좀 더 이해하는 수밖에 없다.

보일러 작동을 잘못해 놓고
고장 났다는 세입자의 전화를 받았었다.
제주도에 있으면서 가보지 못해 마음 졸였던,
그래서 내 일에 지장 받을 만큼 마음 불편해 했던 내가
시간이 지나니 효율적인 방법을 제시하게 되었다.

임차인 : "냉장고가 이상한데요. 작동이 안 돼요."

임대인 : 1단계 -> 2단계 -> 3단계

- **1단계** : 상황부터 들어주고, 상황 이해해 주기
  ⇒ 어떻게 안 돼요? 언제부터 그랬어요? 많이 불편하셨겠네요.

- **2단계** : 해결 방법 제시해 주기
  ⇒ 냉장고에 보면 A/S센터 번호가 있어요.
    전화하셔서 서비스 신청 접수하시고
    방문 기사님과 시간 맞추셔서 서비스 받으시면 됩니다.

- **3단계** : 결과 확인하기
  ⇒ 다음날 서비스 잘 받았는지, 지금은 사용하는 데
    어려움은 없는지 물어봄으로써 끝까지 신경써준다.

초반에는 나 역시 초짜였기 때문에 세입자들에게 끌려 다니기 바빴고, 연락 온 전화와 문자에 일일이 응대해 주고 해결해 주느라 고생 꽤나 했다. 하루는 CCTV를 돌려봐 달라는 요청에 부응하기 위해 하루 종일 꽤 많은 양의 화면을 보느라 신랑이 된통 고생을 한 적도 있다. 지금 생각해 보면 돌려볼 필요도 없는 일이었는데, 경험이 없다 보니 큰일난 줄 알고 모든 일에 노심초사하며 전전긍긍했었다. 돈 주고 살 수 없는 경험의 필요성을 절실히 깨닫는 시간들이었다. 요청 사항들을 해결하다 보면 지치고 응원이 필요할 때가 있다. 그러면 위로받고자 나에게 수익형 부동산에 대한 긍정에너지를 주었던 책을 펴서 다시 읽었다. 읽으면서 스스로를 다독였다.

현재 수십 가구를 관리하고 있는 선(先) 경험자로서 한 가지만 추가하여 말씀드리자면, 버는 돈 대비 투자 시간과 난이도는 엄청나게 낮다. 이 정도를 귀찮아 하고 못한다면 이 세상에서 할 수 있는 일은 아무것도 없을 것이다. 여행을 다니며 보름씩 비우고, 교양강좌를 듣고, 취미활동을 마음껏 하면서, 실컷 자거나 신체리듬에 맞추어 수면시간을 조절하면서 월 수백만 원에서 수천만 원을 벌 수 있는 일이 이 세상에 얼마나 있는가?

처음 몇 달간 머리가 아플 때는 진짜 이게 내 적성에 안 맞나 생각을 했다. 지금까지 무수히 많은 새로운 사람을 만나고 상대하면서 살았건만 이건 또 달랐다. 그러면서 '이 길은 내 길이 아닌가' 하는 생각도 들었다. 비용을 지불하더라도 관리업체에 일임할까도 생각했었다. 이건 내가 할 일이 아닌 것 같고 '전문업체 사람들이 하는 게 낫지 않을까?'라는 도피적인 생각도 했다.

하지만 이게 내 길이 아니어서 정리하더라도 내가 잘 만들어놓고 정리하고 싶었다. 건물 감각 상각이라는 게 있는데 전문업체에 맡기면 내 건물처럼 소중하게 관리해 줄 거 같지 않았다. '우선은 내가 해보자. 그래야 배우지!' 마음을 다스리며 다시 힘을 내보았다. 스스로 주문을 걸었다.

'아무것도 하지 않으면 아무 일도 일어나지 않는다. 심신은 편하겠지만 아무것도 배울 수가 없다. 고로 성장도 없다. 고생하고 있지만 나는 지금 공부중이다. 이 경험들이 쌓여서 나를 성장시킬 것이다.'

세입자 관리가 해결되니 이번엔 건물 관리가 문제

언제부터인가 상가주택 주차장이 심각한 쓰레기장으로 변하고 있었다. 처음에는 무슨 일인지도 모르고 일단 깨끗이 치웠다. 지나가는 사람들이 옆 기둥에 쓰레기봉투들이 세워져 있으니 지나가면서 버리나 싶었다. 그래서 CCTV 팻말도 붙이고 더 깨끗하게 관리를 한다고 했는데, 며칠 지나서 가보면 또 쓰레기장으로 바뀌어 있었다. 시간이 지날수록 더러운 정도는 더 심해졌다. 누가 이렇게 버리지? 이제 확실히 해결해야겠다 싶어 매일 일정한 시간에 그곳으로 출근을 했다. 이웃집의 청소 담당 이모님들에게도 상황 설명을 하고 협조를 부탁드렸다.

매일 출근 도장을 찍으면서 깨끗하게 유지하고 있던 어느 날, 원인을 알 수 있는 상황이 포착되었다. 리어카에 폐지를 줍고 다니는 어르신들이 한방병원에서 나온 재활용품들을 담으면서 리어카에 담긴 돈 안 되는 쓰레기들을 우리 주차장에 그대로 버리고 가시는 거였다. 그 위에 지나가던 사람들이 다양한 쓰레기들을 버려주니 그런 일이 생겼던 것이다. 원인을 알고 해결을 하니 그 이후로는 그런 일이 일어나지 않았다.

부동산 사장님도 두세 달가량 일어난 일들을 보시면서 안타까워했다. 원래 새 건물은 성가실 일이 거의 없고 편해서 제값 주고 매입하는 건데, 어찌 그리 많은 일들이 한꺼번에 생기는지 의아해 했다. 그러면서 세입자가 한 번 다 바뀌고 나면 훨씬 수월해질 것이라며 위로해 주셨다. 시간이 지나서 보니 진짜 그랬다. 처음 8개월 정도는 마음고생이 심했는데, 그 이후로 틀이 잡히니 무난하게 굴러갔다. 1년이 넘어가면서는 계약서도 다시 쓰고, 새로운 세입자들을 들이고 하면서 진짜 나의 건물로 제대로 세팅된 것 같았다.

그 사이 나도 조금은 내공이 쌓였는지 처음처럼 힘들지 않다. 이렇게 능력을 향상시키게 해주려고 많은 일들이 일어났던 것인가 보다. 배움에 있어 공짜가 어디 있겠는가! 이렇게 노력을 하고 시간을 투자하고 정성을 더하면서 배우게 되고 성장하는 것 같다.

(3) 강원도 투자

친동생 : 언니~! 어디야~?

나 : 응. 제주도.

친동생 : 엥? 여행 간 거야? 제주도 여행 간다는 말 없었잖아.

나 : 임장 왔어.

친동생 : 뭐 하러 갔다고?

나 : 땅 보러 왔다고.

친동생 : 투자하러 제주도 갔다고? 역시 노는 무대가 다르군.

작년에 제주도를 여행이 아닌 임장의 목적으로 다녀왔다. 경매 물건을 찾다가 낙찰률이 꽤 높길래 그냥 제주 부동산에서 물건을 찾아서 스터디 팀들과 다녀왔다. 우리가 찾아간 물건들은 대부분 농가주택이었는데, 막상 가보니 마음에 드는 물건이 없었다.

시장 조사 좀 해보려고 들어갔던 부동산에서 브리핑 해줬던 땅들이 몇 개 있었는데, 그중 두 군데 정도가 마음에 들었다. 투자금도 제주도 이슈에 비해 생각처럼 많이 세지는 않았다. 다만 외지인들이다 보니 여러 가지 제약 상황들이 있긴 했다. 그런 상황들을 고려하며 고민만 하다 흐지부지 되어 버렸다.

같은 육지이기만 해도 몇 번 더 가봐서 결정하겠는데, 제주도이다 보니 걸림돌이 많았다. 그러던 차에 사드 문제로 제주도에 중국인의 흔적이 많이 사라지게 되면서 방방 떴던 제주도의 인기 열기가 잠시 차분해지는 분위기였다.

제주도를 관망하면서 그 애정이 예전부터 깃발을 꽂고 싶었던 강원 도로 넘어갔다. 강원도에 대한 관심도를 더 키우게 되었다. 서울~양 양 고속도로 개통 예정, 평창 올림픽, 서핑인구 증가 등등 강원도의 투 자 매력은 상당히 높았다. 그래서 당일치기 강원도 임장을 추진했다. 새벽에 출발해서 임장하고 광주 도착하니 자정이 넘어가고 있었다. 가는 데만 7시간이 걸렸다. 그래도 우리가 마음에 드는 물건을 찾아서 다녀온 보람이 있었다. 내가 좋아하는 강원도에 깃발을 꽂을 수 있음 이 뿌듯하다.

6월 30일에 고속도로가 완전 개통이 되었고, 2018년 2월, 평창동계 올림픽이 열린 후, 매년 여름 강원도를 찾고 있는 인구는 증가하고 있 다. 몇 년 후에 이 수익 로봇이 얼마나 성장해서 우리에게 어떤 크기 의 보너스를 안겨줄지 기대가 크다.

임장 사진 – 보기만 해도 저절로 힐링되는 청정 지역 강원도.

부동산 재테크 시작을 위한 6가지 Tip

1. 경제 기사 읽기

네이버 혹은 다음 같은 포털 사이트에서 제공하는 경제 혹은 부동산 관련 기사를 매일 꾸준히 읽는 습관이 중요하다. 기사 읽다가 다른 곳으로 빠질 염려가 있는 사람은 매경이나 한경 같은 경제신문을 읽는 게 더 낫다. 쉬운 것부터 읽기 시작하고 꾸준히 읽다 보면 내공이 쌓이게 된다. 어느 정도 재미가 붙으면 주택산업연구원(www.khi.re.kr)의 주택 관련 뉴스로 들어가면 모아놓은 기사들을 읽을 수 있으니 편하게 부동산 소식을 접할 수 있다.

2. 블로그 / 카페

최근 3~4년간 부동산시장이 정말 '핫' 했었다. 그 덕분에 고수들도 많이 나오고, 그들이 제공하는 배움터도 정말 많아졌다. 그분들의 블로그, 카페에 올라온 경제 관련 글들을 읽고 또 읽어라. 좋은 자료들을 읽다 보면 서서히 눈을 뜰 수 있다. 다만 홍수처럼 쏟아져 나오는 글들 중에 정말 도움되는 글들만 읽었으면 좋겠다. 불필요한 것까지 읽다가는 시간도 낭비되지만 정보의 홍수 속에 빠져 허우적대다 끝날 수 있다.

3. 부동산 책 읽기

제일 가성비 좋은 투자이다. 2만 원도 안 되는 돈으로 부동산 관련된 이야기를 간접적으로 경험하고 배울 수 있으니 얼마나 좋은 기회인가. 책을 읽고 그 기회를 내 것으로 만드는 것은 독자의 몫인 셈이다. 2만 원 투자해서 얻은 아이디어로 200만 원만 수익 내도 100배 수익률이다. 이렇게 좋은 투자가 어디 있는가. 책을 안 읽을 이유가 없다. 다만 투자로 50억 벌었네, 100억 벌었네, 하는 결과에 현혹되지 않았으면 한다. 책 하나로 결과를 이야기하고 있지만, 그 저자의 투자 내면에

숨어 있는 인 사이트와 내공들까지 그 책 하나에 담겨 있는 것은 아니기 때문이다. 입문서로, 교양서의 의미로 읽었으면 좋겠다. 출발은 그렇게 하고 공부는 내가 하는 것이다. 내 손으로 공부하고 내 발로 뛰는 것이다.

4. 기본 개념 공부

무엇을 하든 그 게임의 룰은 알아야 하지 않겠는가. 기본 용어는 입문서를 사서 공부해라. 개념 노트를 만들고, 쓰고 익혀서 실전에서 사용까지 해보면서 완전히 내 것으로 만들자. 재테크를 떠나서 최소한의 부동산 관련 용어들과 세금 관련 내용들은 알고 있어야 한다. 왜냐하면 그것은 일상생활에서도 유용하게 쓰이기 때문이다. 모르면 자산을 불릴 수도 지킬 수도 없다.

5. 스터디 가입

혼자 공부하는 게 힘들면 부동산 스터디에 들어가서 함께 공부하는 것도 좋은 방법이다. 초보에게는 많이 배울 수 있으니 좋고, 중간 단계 사람에게도 서로의 의견을 주고받을 수 있으니 함께 성장할 수 있어서 좋다. 그리고 투자라는 게 한편으로는 외로운 길일 수 있는데, 함께하는 사람들이 있다는 것만으로도 많은 용기를 얻게 된다. 게다가 같은 관심사를 가진 사람들의 모임이기 때문에 긍정의 에너지는 덤으로 얻어갈 수 있다.

6. 강의 듣기

위의 다섯 가지로도 충분히 재테크를 해나갈 수 있다. 여기서 양념을 곁들여 재미나게 하고 싶다면, 정적인 것 위에 동적인 에너지를 받고 싶다면 강의 듣기를 추천한다. 홍수처럼 넘쳐나는 강의에 과소비할 필요가 없다. 가격은 착하지만 배울 점 많은 강의들이 많이 있다. 정보망만 잘 열어두면 무료 강의도 활용할 수 있으니 재테크에서는 적극적인 관심도 중요하다. 누구 강의를 들었나보다 거기서 내가 무엇을 얻고 실천에 옮겼냐가 몇 배는 중요하다.

증권사편

클릭 몇 번만 하면 되는 공모주로 용돈 벌어보자

게임에 돈 써본 적은 없어도 엔씨소프트로 돈 벌어본 적은 있다

올해 3월부터 매일 아침 아이랑 마주 보기 대화를 하며 드라이브를 하고 있다. 시골길을 달리다 보니 매달 계절의 변화에 맞춰 변하는 풍경들을 눈에 담게 된다. 그러면서 자연이 주는 선물에 다시 한 번 감사함을 느끼며 기분 좋은 하루를 시작하게 된다.

사랑 가득한 5월의 어느 날. 평소처럼 라디오에 나오는 DJ의 목소리와 음악을 배경 삼아 여유로운 마음으로 학교로 향하고 있었다. 30분이 되니 아이가 습관처럼 〈이진우의 손에 잡힌 경제〉로 채널을 돌렸다. 그런데 이날 내용이 완전 나의 심장을 쿵쾅거리게 했다.

경쾌한 음악과 함께 이진우 기자의 멘트가 시작되었다.

"안녕하세요. 이진우입니다. 손에 잡힌 경제가 뽑은 오늘의 숫자는 17년입니다."

17년? 이 숫자의 의미는 뭘까? 그 다음 멘트는 그 다음 내용을 더 궁금하게 했다.

"국내 게임업계 중에 기업 가치가 제일 높은 기업은 엔씨소프트라는 회사입니다. 어제 기준으로 시가 총액이 8조 원을 넘어섰습니다…"

오~ 나에게 재미를 안겨주었던 엔씨소프트 회사네. 8조 원. 많이 성장했구나. 그런데 오늘 엔씨소프트에 무슨 빅뉴스가 있나? 호기심 레이더 안테나가 빵빵하게 켜졌다.

"그런데 오늘~! 이 게임업체의 가치를 가볍게 제치는 새 게임업체가 증시에 올라옵니다. 공모가 기준으로 시가 총액이 13조3천억에 이르는 업체인데요. 지난 2000년에 창업한 국내 최대 모바일 게임업체 **넷마을 게임즈**입니다. 엘지전자 시가 총액이 어제 13조를 약간 넘었으니까 창업한 지 **17년** 만에 엘지전자를 뛰어넘는 회사로 성장한 겁니다."

그래서 오늘은 숫자가 17년이었구나. 뒤에 이어지는 흙수저의 성공 신화 이야기까지 더해지니 뭔가 모를 에너지가 가파르게 상승되었다. 그러면서 모든 신경이 일어서는 느낌이었다. 전날 김승호 회장의 경제 강의를 들었던 터라, 성장 에너지가 충만해 있던 나에게 또 한 번 불씨가 지펴지는 순간이었다. 이 전율을 함께 느끼고자 꿈 친구들이 있는 단체 톡방에 흙수저의 성공 신화 이야기를 전해주었다.

'공모주 안 한다고 관심을 껐었는데, 이런 빅뉴스를 몰랐다는 것이 신기하기도 하고 진짜 공모주에서 손을 떼긴 했구나.'싶은 현실 상황이 인식되었다. 그리고 만약 공모주 청약 기간 전에 알았다면 이 종목은 청약했을 것이라는 생각에 살짝 아쉬운 마음도 들었다. (나중에 알아보니 생각보다는 수익 결과가 기대에 못 미쳤다고 한다.)

공모주 투자에 관심을 갖게 되고 첫발을 내딛다

재테크 초보 시절 경제 기사에서 많이 보았던 단어 중 하나가 '공모주'이었다. 공모주를 소개하는 기사 중에 주부들이 많이 한다는 내용이 눈에 띄었다. 공모주 투자가 크게 복잡하지는 않나 보다 싶은 느낌을 받았다. 그러면서 나도 언젠가는 한 번쯤 경험할 기회가 있을 거라는 생각을 갖게 되었다.

하루는 요즘 이슈인 상품들 소개도 받고 재테크에 대해 의논을 하려고 증권사 직원을 방문하게 되었다. 상담이 거의 끝나갈 즈음 신문에서 봤던 '공모주' 단어가 생각이 났다.

카르페 : 아~ 맞다! 미래 씨, 공모주 어려운 거예요?

미래씨 : 아니요. 왜요?

카르페 : 어제 신문기사에서 공모주 관련 내용을 읽게 되었는데, 주부들이 많이 한다고 해서요.

미래씨 : 완전 쉬워요. 한두 번 해보면 익숙해질 거예요. 경쟁이 치열해서 그렇지 어렵지는 않아요.

카르페 : 아, 그런데 공모주가 정확히 뭐예요?

미래씨 : 기업이 공개를 통해 증권시장에 상장되는 경우 일반인으로부터 청약을 받아 주식을 배정하는 것을 말해요. 아마 한 번 해보면 감이 올 겁니다. 할 때 제가 방법 알려드릴게요.

카르페 : 아, 그래요? 그럼 괜찮은 공모주 뜨면 연락 주세요.

'공모주 청약'이란 말을 찾아보면, '기업이 주식을 증권시장에 상장할 때 투자할 사람을 구해 주식을 발행하는 것을 의미한다.' 라고 되어 있다.

이해하기 쉽게 설명해 보면, 〈꿈 성장 학교〉라는 기업이 주식시장에 합류하고자 한다. 그러면서 공개적으로 말한다.

"우리 기업이 주식시장에 합류할 예정인데, 최초 주식 가격이 5만 원으로 결정되었습니다. 우리 기업에 투자하실 분 모이시오."

〈꿈 성장 학교〉에 대해 알아보니 튼실한 기업이고 성장 가치가 있어서 시장에서 인기가 좋으면 응모해 볼만하다. 투자 요건에 맞게 응모하는 것을 '공모주 청약한다'고 말한다.

=〉 공모주 청약으로 받은 주식은 주식시장에 상장되면 대개 가격이 발행가를 웃돈다. 그래서 재미를 볼 수가 있다. 하지만 모든 종목이 다 그런 것은 아니기에 모든 공모주를 청약하면 안 된다.

▶ 장점 : 투자 위험이 크지 않으면서 괜찮은 수익을 올리는 방법으로 인기가 있다.

▶ 단점 : 경쟁률이 높을수록 배정 주식수가 적다 보니 많이 받지 못한다.

백번의 간접 경험보다 한 번의 실전 경험이 낫다

그후에 미래씨한테 공모주에 관련해서 연락이 왔다. 난생처음 해보는 일이어서 그냥 미래씨가 말하는 대로 하기로 했다.

미래씨 : 카르페님, A라는 공모주가 떴는데, 해보실래요?

카르페 : 떴어요? 그 회사 괜찮아요?

미래씨 : 무슨 부품 만드는 회사인데, 회사도 튼튼하고 실적도 괜찮아
　　　　서 아마 상장하게 되면 공모가 위로 많이 올라갈 거예요.

카르페 : 아 그래요? 그럼 청약해 보려면 어떻게 하면 돼요?

미래씨 : 우선 투자금을 카르페님 CMA 계좌에 넣어놓고 전화 주세요.

카르페 : 네~!

미래씨 : 최대한 자금을 많이 넣어놓으세요. 경쟁률이 세면 배정을 많
　　　　이 못 받아서 몇 주 안 됩니다. 배정받은 주식 가격만 공제하
　　　　고 바로 환금해 줍니다.

카르페 : 그렇군요. 암튼 CMA 계좌에 총알 넣어놓고 연락드릴게요.

그후 전화해서 직원이 말해주는 창을 띄우고 클릭하라는 곳을 열심히 클릭하면서 따라갔다. 클릭 몇 번 함으로써 공모주 청약 접수가 완료되었다. 그리고 배정 날짜까지 기다리면 되는 것이었다. 그전에 궁금해서 문자로 경쟁률을 물어봤더니 대충 몇 주를 받겠다고 예상 주수를 알려주었다. 며칠 후 공모주를 배정받은 날. 배정받은 주식 금액만큼 제외하고 바로 CMA 계좌로 남은 금액을 환불해 주었다. 나는 되

돌아온 자금을 인터넷뱅킹을 이용하여 다시 제자리로 원위치시켰다. 그리고 상장 일을 달력에 표시해 놓았다. 그날 수익이 나서 매도하고 나오면 공모주 상황 종료다.

한 번 해봤다고 공모주에 대한 관심이 더 커지게 되었다. 막상 해보니 정말로 어렵지 않았다. 다만 경쟁률이 세다 보니 배정을 몇 주 못 받아 용돈벌이 정도밖에 되지 않는다. 그래도 인터넷뱅킹 몇 번 하고 클릭 몇 번 하면서 며칠 만에 몇 십만 원 번다면 해볼 만한 가벼운 투자라고 생각한다. 물론 모든 공모주가 좋은 것은 아니기에 종목 선정에는 신중을 기해야 한다. 좋은 공모주 선정이 어렵다면 동양뱅크 플러스 공모주 10(채권혼합)C와 같은 공모주 펀드에 간접 투자하는 것도 한 방법이 될 수 있다.

한참 공모주에 재미를 붙였을 때 주변에 이 주제로 이야기를 꺼내 보았다. 내 주변의 여성들은 공모주라는 단어 자체를 몰랐다. 관심도 없었다. 주식하는 사람도 없었을 뿐만 아니라 경제에 그다지 관심들도 없었다. 그런데 확실히 남자들은 달랐다. 해본 사람도 있었고, 해보지 않아도 최소한 그것이 무엇인지는 알고 있었다.

전반적인 의견이 공모주는 비교적 안정적 투자이긴 한데, 문제는 경쟁이 심해서 몇 주 못 받는 점이라고 했다. 배정받는 수가 딱 용돈 버는 수준밖에 안 된다는 게 아쉽기는 해도 그게 어디인가? 그때는 한 달 아르바이트 해서 20~30만 원 벌던 시절이었는데, 클릭 몇 번 해서 그거라도 버는 것이 안 하는 것보다 낫다고 생각했다. 한 달 아르바이트 금액을 생각해 보면 이는 절대 가벼운 돈이 아니다.

넷마블 게임즈의 공모주 청약의 경우

공모가액	157,000 원
청약증거금	50 %
청약기간	4월 25일 ~ 4월 26일 오전 8시 ~ 오후 4시
환불일/ 상장일	4월 28일/ 5월 12일
상장결과	29:1 시초가 165,000 상장일 최고 171,500원 마감 162,000

경쟁률이 생각보다 많이 약했다는 느낌이 들었다. 그래서인지 상장한 5월 12일 주가도 기대했던 것보다 높지 않았던 것 같다. 주가 결과만 놓고 봤을 때는 재미가 좀 있었을까 하는 궁금증이 생겼다. 그래서 내가 만약 청약을 했다고 가정을 하고 수익성을 따져보았다.

가령 넷마블 공모주 청약을 해서 100주를 배정받았다고 가정해 보자. 그리고 상장하던 날 최고가가 아닌 그냥 시초가에 바로 매도했다고 설정해 보면,

165,000(매도가) – 157,000(공모가) = 8,000원

매도 수익은 8,000원 × 100주 = 800,000원

그럼 내가 100주를 배정받았다는 것은 경쟁률이 29 : 1 이라고 했으니 2,900 주를 청약해야 한다.

필요한 자금은 157,000(공모가)×2,900주= 455,300,000원.

그런데 증거금이 50%이니 227,650,000원이 필요한 셈.

계산상 편의를 위해 2억만 빌리고 나머지 금액은 가지고 있던 투자 총알이라고 생각하자. 4일 동안 빌려 쓴 2억에 대한 이자를 이율 4%로 계산하면 약 9만 원 정도가 된다. 매도 수익 80만 원에서 이자 9만 원과 기타비용 1만 원을 제한다 생각하면 대략 70만 원 정도 수익을 본 것 같다. 즉 15,700,000원에 매수한 수익 로봇이 17일 동안 일해서 70만 원을 벌어온 것이다.

수익금이 많다 적다는 상대적이기 때문에 사람마다 느낌이 다를 것이다. 수익률로만 놓고 보면 그렇게 큰 이익은 아닐 수 있다. 하지만 1,570만 원을 은행에 한 달간 넣어두었을 때 손에 주어지는 돈은 고작 2~3만 원일 것이다. 그것보다는 몇 배는 낫지 않은가?

공모주를 해야 할까 말아야 할까를 말하려고 가상으로 설정하고 위의 계산들을 해본 것이 아니다. 재테크를 처음 시작하는 분들이 부동산뿐만 아니라 다양한 경제 공부를 하길 바라는 마음이 크고, 다양한 투자의 한 예로 내가 예전에 종종 해봤던 공모주에 대해 소개하고 있는 것이다.

나도 지금은 다른 투자들로 바빠서 공모주를 안 하고 있고, 이제는 다른 투자들에서 수익률이 공모주보다 괜찮게 나와주니 자연스럽게 공모주에 대한 메리트가 약해졌을 수도 있다. 하지만 지금도 공모주의 특성을 잘 알기에 좋은 종목이 상장한다고 하면 단기적으로 대기하고 있는 자금을 가지고 다시 해보고 싶다. 분명 클릭 몇 번으로 며칠 만에 용돈벌이 할 수 있는 메리트 있는 투자처이다.

독립하려다 사고를 제대로 쳤다

다시 공모주 하던 초창기 시절로 돌아가 보자. 어느 날 우연히 공모주가 뜬 것을 보게 되었다. 직원과 함께 실전 경험을 여러 번 체험하고 나니 이제는 나 혼자서도 할 수 있을 것 같았다. 몇 번이나 가르쳐 줬는데 공모주 뜰 때마다 부탁하는 것은 미래 씨를 너무 귀찮게 하는 것 같았다. 그래서 이번에는 스스로 혼자 해보기로 했다. 다하고 나서 의기양양하게 전화해서 자랑하려고 했었다. 만약 청약하기 전에 전화해서 그 종목에 대해 한 번만 물어봤더라면 그후에 일어났던 해프닝들은 존재하지 않았을 것이다. 그 이후의 일들을 경험하게 하려고 누가 판을 짜놓은 느낌이다. 그렇지 않고서야 매번 물어봤는데, 왜 그때만 전혀 안 물어봤는지….

기존에 해왔던 방식으로 도처에 흩어져 있는 자금들을 끌어와 총알을 세팅하고 청약기간에 맞춰 공모주 청약 신청을 스스로 했다. 며칠 후 배정되는 주식을 받기 전까지 직원과 한 번도 통화를 하지 않았다. 아무 문제가 없어서 궁금증이 없었기 때문이다. 종목이나 투입 금액에 따라 다르기는 했지만, 그 당시는 보통 20~30주 정도 배정을 받았었다. '이번에는 몇 주나 받았을까?' 혼자 한 것이라 결과가 더 궁금했다.

출근하자마자 컴퓨터를 켰다. 소소한 주식수를 기대하면서 HTS(증권사 홈트레이드 시스템)를 열었다. 배정받은 주식수를 확인하는 곳을 클릭하자 화면창이 열렸다. 그리고 내 눈에 네 자리 숫자가 들어왔다. 놀래서 눈의 동공이 커지고 있었다. 처음에는 내가 창을 잘못 열었나 싶어 다시 확인을 했다. 2천 주 가까이 들어와 있는 화면을 보면서 많이 배정받아서 반가운 것이 아니라 뭔가 크게 잘못된 것 같은 느낌이 들었다. 그리고 내가 큰 사고를 친 것 같다는 느낌이 들면서 바로 전화를 걸었다.

카르페 : 미래 씨 어떻게 해요? 저 사고 친 것 같아요.

미래씨 : 왜요? 무슨 일 있어요?

카르페 : 그 ## 종목이 공모주로 떠서 그거 청약했거든요. 이번에는 미래 씨 도움 안 받고 혼자 할 수 있어서 해봤는데, 뭔가 이상해요. 배정수가 너무 많이 들어왔어요.

미래씨 : 그거 기존에 했던 공모주 아닙니다.

카르페 : 네? 오 마이 갓! 말도 안 돼!!

그 당시 미래에셋증권 주가가 20만 원에 육박할 정도로 엄청 잘 나갈 때였다. 미래에셋 회장인 박현주 회장의 성공 신화 스토리 또한 그분의 출신 지역인 광주에서는 더 핫한 시기였다. 미래에셋 브랜드 파워만 믿고, 공모주에 대한 신뢰와 경험만 믿고, 꼼꼼히 읽지 않고 나 혼자 일을 저질렀던 것이 화근이었다. 지금 생각해 봐도 어떻게 몇 단어만 보고 당연히 공모주라고 착각할 수가 있는지… 지금 생각해 봐도 참으로 한심한 행동이었다.

카르페 : 어떡하죠? 큰일이네요. 지금 원위치시켜야 하는데…

미래씨 : 지금 바로 장외시장 검색해 보니깐 다행히도 몇 백 원 오른

　　　　가격으로 거래되고 있네요. 거기에다 팔아서 자금 회수하면

　　　　될 것 같아요.

카르페 : 진짜요? 정말 다행이네요. 그런데 무슨 시장요? 장외시장이

　　　　요 ? 그건 또 뭐예요? 제가 모르는 세상이 정말 많군요.

무슨 시장이 이렇게 많은가 싶지만 하나씩 가볍게 살펴보자.

- <u>코스피</u>(Korea Composite Stock Price Index)
  : 한국종합주가지수를 말한다. 

- 코스닥 시장
  : 코스닥위원회가 운영하는 시장으로 중소기업, 벤처기업을 위한 시장이다.

- 장외시장
  : 코스피시장과 코스닥시장 밖에서 유가증권을 거래하는 시장이다.

이 사고를 통해 '장외시장'이라는 새로운 시장을 알게 되었다. 손해 보지 않고 원위치할 수 있는 방법을 듣고 얼마다 다행이라고 생각했는지 모른다. 배정 주식을 확인하는 순간과 직원한테 해결책을 듣는 순간까지 5분도 채 안 되는 시간이었지만 극과 극을 달린 셈이다. 정말 십년감수한 날이었다. 상장되는 않는 종목을 원치도 않았는데 2천

주 가까이 매수했다는 것은 지금 생각해 봐도 다시는 겪고 싶지 않는 사건이었다.

어떡하니? 나 마이더스 손을 가졌나 봐!

그 다음부터 더 재미있는 일이 벌어진다. 이 주식을 손해 보지 않고 팔 수 있다고 해서 알게 된 장외시장(www.38.co.kr)으로 들어가 보았다. 진짜로 내가 배정받았던 금액보다 300원 정도 더 높게 거래가 되고 있었다. 배정받은 주수를 계산해 보자, 차액은 50만 원 정도 발생했다. 불과 한 시간 전에 사고 쳐서 큰일났다고 했었는데, 반전의 상황을 보니 마음이 바뀌었다. 결정타로 거래 분위기가 매수 쪽이 우세였다. 그래서 은행이자를 좀 더 물더라도 오늘이 금요일이니까 다음 주 월요일에 매도를 고민해 보기로 하고 퇴근을 했다.

월요일 출근하자마자 장외시장 사이트로 들어갔다. 창을 열 때는 매도하려는 마음이 더 컸었는데, 여전히 빨간불 상태인 종목을 보니 다시 고민이 되었다. 좀 더 지켜보는데 야금야금 계속 올랐다. 분위기라는 것이 있는데 그때는 상승세가 강하게 보였다. 6천 원대에 배정받았던 주식이 7천 원을 넘어가고 8천원도 넘어갔다. 7천 원대에서는 팔까 말까를 살짝 고민했다면 8천 원대에서는 은행이자를 물더라도 좀 더 가지고 가기로 결정했다. 그후로 며칠 잠시 잊어버리고 지내고 있었다.

어느 날 점심을 먹고 여유롭게 사무실로 들어가고 있는데 미래 씨에게 전화가 왔다. 1만5천 원을 찍었다는 말을 듣고 너무 놀라서 통화

도중에 소리를 지를 뻔했다. 처음 경험하는지라 차액이 엄청 크게 느껴졌다. 직원도 그 주식을 갖고 있었는데, 나보다는 몇 배 많은 주수를 가지고 있어서 연봉 이상의 차익을 남기게 되는 것이 머릿속으로 계산이 되었다. 주식의 위력을 실감하는 순간이었다. 나 역시도 이 주식으로 생각보다 많은 차익을 남겼지만 직원에 비하면 세발의 피였다. 많이 투자한 만큼 많이 벌어가는구나 싶었다. 그래도 나는 사고 쳐서 손해 보면 어떡하나 싶었던 주식이 오히려 돈을 벌게 해줬으니 스스로의 재운에 감탄하고 있었다.

'이야, 어떻게 잘못 사도 되냐. 내가 손대면 무조건 돈 되는 거 아냐! 혹시 내 손이 마이다스 손은 아닐까?'라고 생각하며 그 당시 상황을 신기하게만 받아들였다.

처음에 가졌던 주식시장에 대한 조심성은 온데간데없이 사라졌다. 8개월분의 월급에 해당하는 금액을 짧은 시간에 벌다 보니 나의 재운에 감탄하지 않을 수 없었다. 그러면서 거침없는 투자를 하게 되고 무모함까지 겸비하게 되었다. 안타깝게도 이 해프닝이 내가 잘못된 투자를 하게 하는 시발점이 되었다. '마이다스 손인가' 하며 자만했던 그 순간은 훗날 내 손이 '마이너스 손인가' 하고 자책하는 순간으로 바뀌게 되었다.

투자에 있어 많은 풍파를 거치고 나중에 어느 정도 안정을 찾은 후에도 공모주는 여러 번 더 하고 졸업했다. 이제는 그런 실수를 하지도 않는다. 오히려 정보들이 넘쳐나는 요즘은 그런 실수를 하는 것도 쉽지 않을 것이다. 공모주시장에서 대어가 상장을 기다리게 되면 그전부터 각종 경제 기사의 대문을 장식하게 된다. 그러면 나름 전문가라고 하시는 분들이 감사하게도 다양한 분석 자료를 올려준다. 날이 갈수록 그런 자료들이 홍수처럼 쏟아지는 것이 장점인 동시에 단점이 될 정도다. 그 속에서 올바른 선택을 할 수 있는 나의 통찰력과 실력을 키우는 것이 우리가 스스로가 해야 할 일이다.

이틀 동안 내가 동원할 수 있는 현금은?

2015년에 토니모리 공모주도 청약 기사가 떴는데, 이슈가 되는 것 같아 청약해 보기로 했다. 토니모리가 뭐하는 회사인지 공모주 기사가 뜨기 전에는 몰랐다. 아니, 회사 존재 자체를 몰랐다.

카르페 : 나 이번에 공모주 하나 해보려고.

지인 : 그래? 어떤 건데?

카르페 : 토니모리인데 화장품 회사인가 보더라고. 몰랐지?

지인 : 야, 뭘 몰라? 너 진짜 화장품 브랜드 토니모리 몰랐어?

카르페 : 엉. 이번에 공모주 하려고 하면서 알았는데. 하하.

지인 : 야, 난 공모주가 뭔지 몰라도 토니모리는 안다.

진짜로 나는 '토니모리'라는 회사를 공모주 하면서 알게 되었다. 그때의 대화 상황이 너무 웃겨서 공모주 이후에 주변 사람에게 토니모리 이야기를 꺼내보았다. 역시나 결과는 위 상황과 다르지 않았다. 상대방들은 내가 '토니모리'라는 회사가 화장품 회사라는 것을 몰랐다는 데 놀랐고, 나는 주변 사람들이 토니모리가 주식시장에 공모주 발행하고 상장되었다는 경제 뉴스를 모른다는 것에 놀랐다. 재미있는 현실이다.

공모주 이후 길거리를 다니면서 토니모리 화장품 매장이 눈에 들어왔다. 경제 기사를 통해 이 회사를 몰랐다면, 거리에 많이 있는 토니모리 간판이 전혀 눈에 들어오지 않았을 것이다. 혹시나 누가 나에게 토니모리 화장품을 선물해 줘서 그 이름을 듣게 되었다 할지라고 시간이 지나면 무수한 화장품 상호 중 하나로 여기며 잊혀졌을 것이다.

경제적 자유인으로 많이 성장한 만큼 투자금도 커졌다. 2년 전에 공모주 투자할 때가 제일 피크였던 것 같다. 매력 있는 공모주는 더 많이 받기 위해 기존 증권사뿐만 아니라 그 종목을 주관하는 증권사 계좌를 새로 개설했다. 그래서 1인이 청약할 수 있는 양을 풀로 신청했다.

흩어져 있는 총알들을 토니모리 주관 증권사 계좌로 보내면서 사이즈가 많이 커진 자금이 눈에 들어왔다. 처음 공모주를 접하고 실전 경험할 때에 비하면 자금이 열 배 이상 성장했다. '이렇게 사이즈를 키우고 성장했구나' 감회가 새로웠다.

그러면서 나에게 묻게 되었다. 나의 현금 동원 능력은 얼마인가? 5천? 1억? 5억? 나날이 성장해서 사이즈를 키워 나가는 것을 상상해 보았다. 그러기 위해서는 지금 부지런히 공부하고 재테크에 대한 관심을 항상 켜놔야 한다.

공모주를 안 해 보신 분의 이해를 돕기 위한 부연 설명

개인이 청약할 수 있는 금액이 최대 2억 5천만 원인 공모주가 있다고 하자.
그런데 나는 최대한 끌어 모아 5억의 자금을 활용할 수 있는 상황이다.
더군다나 이 공모주가 미래에셋대우증권과 삼성증권에서 청약을 진행한다고
하자. 나는 미래에셋대우증권 계좌만 있었으므로 2억5천만 원어치 청약하고
2억5천이 남을 것이다. 그러니까 삼성증권 계좌를 미리 개설해 놔서
거기를 통해서도 2억5천어치 청약을 넣는 것이다. 이로써 두 증권사를
통해 개인이 청약할 수 있는 최대치를 청약하게 되는 것이다.
부동산 청약하고 개념은 비슷하다. 청약 당첨 높이려고 가족 청약통장 모두
동원되는 것을 생각하면 이해하기 쉽다.

성장노트 흔적

토니모리의 경우 경쟁률이 771 : 1 나왔다(이는 내가 771를 신청하면
1주를 배정받는다는 의미이다).
엄청난 경쟁률을 보고 두 증권사 모두를 활용하기 잘했다는
생각이 들었다. 5억이라는 자금들은 대부분 금융 파트너들을 통해
마련하고, 6일 동안 빌려 쓴 비용만 지불하면 된다(30일 총알 마련,
7월 1~2일 청약, 7월 6일 환불, 자금들 제자리로 원위치).

공모가 32,000원   => 상장가 64,000원 형성.
평소처럼 나는 상장하는 당일 시초가에 매도하고 나왔다.
대략 계산해 보니 아이 세 달치 총교육비가 나온다.
인터넷뱅킹과 클릭 몇 번만으로 얻는 수익으로 괜찮았던 작업이다.

펀드로 목돈 모으고 ELS로 사이즈 키우자

은행 Good bye 증권사 Hello !

나는 금융기관으로 1금융권 은행밖에 몰랐고, 모든 금융 활동도 은행하고만 했었다. 얼마나 힘들게 모은 돈인데 '원금 손실' 같은 것은 상상하기 싫었다. 보수적인 투자만 선호하다 보니 증권시장을 완전 위험한 투자처로만 여기며 경계했었다. 그러다 보니 내가 증권사의 문을 두드리고 발을 들여놓는 데까지는 상당한 시간이 걸릴 수밖에 없었다.

2003년 11월쯤 증권사에서 처음 상담을 받게 되었다. 혹시나 하는 불안감에 안심이 안 되었는지, 첫 상담을 잘 받고 나서도 마지막에 진지하게 물어봤다.

"그런데 이 증권사가 망하면 어떡하죠? 은행은 예금자 보호법에 따라 이자 포함해서 5천만 원까지 보호되는데, 여기는 보호 안 되죠? 그럼 여기는 내 돈 원금을 다 잃을 수도 있나요?"

입사한 지 얼마 안 돼서 한참 애사심을 가지고 일했던 직원한테는 나의 질문이 얼마나 황당했을까? 그때 생각을 하면 웃음이 나온다. 하지만 그때는 진짜 진지하고, 심각하게 물어봤다.

은행권 재테크 (은행을 통해 종자돈을 모으던 시기)

- 정기적금 (2000. 12 ~ 2001. 12) 월 80씩 불입 8.1%
- 정기적금 (2002. 5 ~ 2004. 5) 5.7% 원금 39,000,000원 ---> 이건 예금
  (재테크를 모르고 저축만 하던 때는 적금과 예금도 구분 안 하고 사용
  했다. 차이를 정확히 몰랐으니까).

- 근로자우대저축 (2001. 3 ~ 2004. 6)
  월 50씩 불입 처음 3년간 8.5% (원금 19,500,000원)
  => 이자 2,657,608원 (소득세 · 주민세 · 농특세 0)
  => 수익 13.6 % (이렇게만 나와도 재테크 살살할 텐데…)

- 장기주택마련저축 (마지막 비과세 상품이므로 가입)
  => 농협 (2003년 9월 ~)
     월 50씩 불입, 처음 3년간 5.4% (2006년 9월 4.5%로 변동)
  => 기업 (2003년 10월 ~)
     월 50씩 불입, 처음 3년간 5.5%
  => 소득공제 받지 않으면 별 메리트가 없어 불입 대신 삼성펀드로
     갈아탔다.

- 2010.10.7 장기주택마련 농협 상품 계약만기로 해지.
   결과 => 이자 5,300,421원 포함해서 총 29,337,695원.
   액션 => 마이너스 상환하고 남은 금액으로 다시 비과세 예금(3.8%)
           만들어 마이너스 통장 개설(2000).

걱정 많은 나를 은행에서 증권사로 가게 하는 것은 한없이 낮아지는 은행 이율이었다. 금리가 계속 내려가니 이제는 은행만 거래해서 재테크하기는 힘들겠다 싶었다. 높은 금리를 보다가 1/3 토막 난 금리를 보니 답답해 보였다. 2부 이자를 경험하면서 재테크가 인생이 들어온 터라 재미없는 은행 이율은 보수적인 투자의식을 가진 나조차 떠나게 만들었다.

경험 삼아 한 번 해보자며 펀드에 가입은 했지만, '증권사 망해서 내 원금 날리면 어떡하지'라는 걱정은 여전히 있어나 보다. 고작 300만 원 가입한 걸 보면 말이다. 과거 자료를 보니 그 당시 나의 소심함이 느껴져 웃음이 나온다. 그래도 〈미래에셋 인디펜던스 한아름 혼합형〉 상품에 300만 원 넣어놓고 393만 원에 환매했으니 처음 해보는 증권사 상품치고는 선방했다. 최종 31% 수익률로 마무리했으니 매년 10% 이상의 수익을 낸 셈이다. 첫 시험치고 괜찮은 성적이었다.

처음 넣은 펀드가 잘 크는 걸 1년쯤 지켜보고 이번에는 적립식 펀드로 가입을 해보기로 했다. 그래서 2004년 10월 〈3억 만들기 배당주 1호〉와 〈인디펜던스 주식형 펀드〉에 3년을 적립하기 시작하였다. 원래 나는 적금을 넣어도 중도해지라는 것을 해본 적이 없다. 무조건 만기까지 가는 것을 원칙으로 하고 지켰는데, 수도권 아파트 매수라는 무모한 도전을 감당해 내느라 만기 전에 환매한 첫 상품들이기도 하다.

첫 번째 펀드는 30% 이상 수익이 난 상태여서 환매하여 아파트 잔금을 치르는 데 사용했다. 두 번째 펀드는 2달 후에 환매를 하였는데,

이것도 수익은 37% 정도 나와줘서 취·등록세 내는 데 사용하였다. 중간 환매이기는 하지만 수익이라도 난 상태라 그나마 다행이라고 위안을 삼았다. 내가 환매할 당시 전국적으로 펀드 열풍이 엄청났다. '부자되기' 열풍과 함께 '10억 만들기'가 유행하기도 했다. 너도 나도 펀드에 가입하던 시절, 나는 갖고 있던 펀드들을 하나씩 환매했다. 환매하지 않고 유지했다면 더 올랐을 수도 있지만, 우선 급한 불을 꺼야 했고 환매할 당시 수익에 만족했기 때문에 아쉬움은 없었다.

- 펀드 유형 :
  펀드 내 주식 비중에 따라 일반적으로 다음과 같이 구분할 수 있다.

주식 비중	펀드 유형
60% 이상	주식형
20%~60% 미만	주식 혼합형
30% 미만	채권 혼합형
0%	채권형

- 수수료 체계에 따라 다음과 같이 구분할 수 있다.

펀드 유형	수수료 특징
*****A	선취형 : 수수료를 가져간다.
*****C	후취형 : 수수료를 나중에 지급하는데, C1, C2… C5 따라 시간이 지날수록 수수료가 낮아진다.
*****C_e	수수료가 저렴한 대신 지점에서 가입 안 되고 인터넷으로 가입해야 한다.

증권

	실천	결과
1	2003년 11월 미래에셋 인디펜던스 한아름 혼합형 300만원 가입	2006년 9월 환매 : 3,931,089 원 (31%)
2	2004년 10월 국내 적립식 펀드 가입 (3년) 1. 3억만들기 배당주1호 월 60씩 적립 2. 인디펜던스주식형펀드 월 40씩 적립	1. 2006년 12월 환매 21,070,000 (원금:16,200,000, 6억:4,870,000) => 아파트 잔금 2. 2007년 2월 환매 15,348,816 (원금:11,200,000, 6억:4,148,816) => 취·등록세
3	2004년 12월 공모주 처음 해봄 2005년 9월 나의 어이없는 실수가 하하하^^!	

재테크 초보시절 썼던 금융일지.

은행과 작별하고 증권사로 들어오기 정말 잘했다.
은행에서는 적금이나 예금을 중도에 해지하게 되면 약속한 이율을
못 받기 때문에 만기를 다 채우는 것보다 엄청 손해였을 것이다.
하지만 증권사에 가입한 펀드는 언제든 수익 상태를 확인할 수 있으며,
중간에 환매해도 그때까지 붙은 수익금을 함께 주기 때문에 감사하다.

은행에 적금을 넣어서 종자돈을 만들던 패턴을 증권사 펀드 상품으로 완전히 바꿨다. 금리 좋고 비과세이고 특별한 상품들이 나왔을 때만 은행 상품에 관심을 갖고 나머지 모든 레이더는 증권사로 향해 있었다. 덕분에 증권사 펀드 상품을 통해 튼튼한 총알들을 만들 수 있었다. 60만 원, 40만 원 펀드에 가입해서 열심히 불입하다 나중에 환매하니 수익금으로 900만 원 정도 주어졌다. 그 경험을 하고 나니 더 이상 증권사를 위험한 투자처로 여길 이유가 없었다.

오히려 은행만 거래해서는 더 이상 답이 안 나오겠다는 생각이 강하게 들었다. 증권사 상품과 주식은 위험하다고 치부하고 알려고도 하지 않는 마인드가 더 위험하다. 본인이 모르는 분야에 공부 없이 묻지마 투자를 하면 그 투자 대상이 무엇이든 위험하다. **어디에 투자하든 그에 따른 위험성을 줄이고자 한다면 공부하면 된다. 직접 공부해서 기본적인 실력을 갖춘 후에 투자하면 어느 투자든 위험성은 크게 줄어든다.**

증권사는 재테크의 유능한 파트너

나는 2004년 12월에 처음 공모주를 해봤다. 그 다음해 9월 공모주를 통해 어이없는 실수를 하고, 또 그 실수가 천 단위의 수익을 내면서 더 깊이 발을 담그게 되었다. 코스피도, 코스닥도 몰랐던 내가 장외 시장도 알게 되었다. 새로운 것들을 알아가는 재미에 푹 빠졌던 시절이었다. 내가 몰랐던 세계를 보게 되면서 이것도 재테크 파트너로 꼭 필요하다는 걸 느꼈다.

더 발전하여 이제는 국내 펀드뿐 아니라 해외 펀드에도 눈을 돌리게 되었다. 해외 펀드에 대해 알아보다가 〈차이나 솔로몬 주식〉과 〈인디아디스커버리 주식〉펀드에 2년 만기 적립을 시작했다. 적립식 펀드는 은행에 넣는 적금과 같은 맥락이라고 이해하면 낯설지 않을 것이다.

그해 가을에는 소득공제를 받지 않는 한 장기주택마련저축이 메리트가 크지 않겠다는 판단이 섰다. 그래서 장기주택마련에 매달 50

만 원씩 불입하던 것을 멈추었다. 물론 그 상품이 마지막 비과세 상품이다 보니 해지는 하지 않고 불입하던 금액을 〈삼성 우량주장기주식 Class-A〉와 〈한국 삼성그룹주식형투자신탁〉에 30만 원, 20만 원씩 나눠서 적립하였다. 이처럼 각 상품들의 장단점들을 평소에 잘 파악하고 있다가 상황이 바뀔 때마다 포트폴리오 구성을 변경해 가면서 적절하게 포지션 변경을 하는 노력도 필요하다.

ELS야 놀자~너도 내 자산을 쑥쑥 키워줄 거지?

은행만 이용할 때는 매달 불입하는 적금을 넣고 만기가 되면 그것을 다시 예금으로 묶어두는 작업을 몇 년 동안 했었다. 이제는 이 모든 과정을 증권사에서 하게 되었다. 국내 펀드든 해외 펀드든, 적립식 펀드로 돈을 모았다. 펀드가 만기되어 해지할 때가 다가오면, 그것을 어디에 묶어서 투자할까 미리 알아보았다. 그래서 찾은 대안이 증권사 ELS이었다.

카르페 : 미래 씨 지금 적립식 펀드들 만기되면 목돈이 되는데 그것은
　　　　 어디에 투자하면 좋을까요? 아니면 이번에도 펀드로 묶어놓을
　　　　 까요?
미래씨 : 이번에는 ELS(Equity Linked Securities)에 투자해 보실래요?
카르페 : 네? ELS요? 그건 뭐예요?
미래씨 : 목돈을 묶어놓는 은행의 예금과 비슷하다고 생각하면 돼요.
　　　　 다만, ELS 조건과 기간을 정해놓고 만기까지 일정 조건을 충

족하면 정해진 수익률을 제공하는 상품이에요. 상품에 따라 반기 혹은 분기 단위로 조기 상환이 가능한 상품이에요.

카르페 : 뭐든 처음은 어렵군요. 자세히 좀 설명해 주세요

미래씨 : 여기 상품 설명서를 보면서 자세히 설명해 드릴게요.

설명을 듣고 질문하고 또 설명 듣는 과정을 반복하며 상품 원리가 습득된 후 가입하기로 결정했다. 미래 씨가 추천해 준 〈삼성 ELS 2677〉상품에 가입해 봄으로써 ELS를 처음으로 경험했다. 자금이 있었음에도 처음 하는 투자 종목이다 보니 소심하게 1천만 원으로 접근했는데, 만기까지 가지도 않고 3개월 만에 조건을 충족해서 조기 상환됨으로써 나에게 수익을 안겨줬다.

2년 후에는 금액을 키워서 〈삼성 ELS (KOSPI1200 지수, HSCEI 지수)〉에 도전해 봤다. 지수가 들어간 ELS는 종목 ELS보다 수익률은 낮지만 좀 더 안정적이다. 이 상품은 중간 중간 조건 충족이 안 돼서 만기까지 갔다. 다행히도 만기 때 조건이 충족되어 큰 수익을 안겨주었다. 다른 증권사 ELS 상품도 동시에 가입했었는데, 그것은 종목과 연계된 것으로 좀 더 공격적인 상품이었다. 내가 좀 더 알아보지 않고 추천받아 바로 가입했다가 손실을 크게 보았던 상품이기도 했다. **전문가가 추천하더라도 반드시 스스로 검증 작업을 꼭 거쳐야 함을 깨닫게 해준 경험이었다.**

▶ 펀드 혹은 ELS와 같은 금융 상품이 처음인 분들은 은행보다는 증권사에 방문해서 설명 듣고 가입하길 권한다. 한 상품을 가입하면 PB들에게 다양한 금융 상담을 받을 수 있다. 증권사에서 판매하는 상품뿐만 아니라 주식에 관한 의견들도 나눠볼 수 있으니 본인이 자주 갈 수 있는 지점에 증권 파트너를 한 명쯤은 만들어놓으면 좋다.

▶ 증권사 가기 전에 인터넷 펀드 닥터(www.funddoctor.co.kr)에서 몇 가지 상품들을 알아보고 가면 더 많이 배울 수 있다. 펀드 닥터에 들어가면 수익률 상위 펀드 TOP 5, 인기 클릭 펀드 TOP 5, 판매 최다 펀드 TOP 5를 조회해 볼 수 있다.

▶ 최근에 판매되고 있는 ELS의 예

미래에셋대우 9월 3차 공모 ELS

MIRAE ASSET 미래에셋대우

청약 기간 : 2017.9.8(금)~2017.9.12(화) 오후 1시 30분까지 / 발행일 : 2017.9.12(화)
숙려제도 대상 청약기간: 2017.9.8(금) / 숙려기간 : 2017.9.11(월)~2017.9.12(화) ※숙려제도 대상 : 일반 개인투자자 중 만70세 이상 고령자, 투자성향 부적합투자자

미래에셋대우	제21554회	제21555회	제21556회	제21557회
기초자산 및 유형	Nikkei225 HSCEI Eurostoxx50 리자드(2배) 노낙인 조기상환형	KOSPI200 조기상환형	KOSPI200 HSI Eurostoxx50 조기상환형	삼성전자 HSI Eurostoxx50 노낙인 조기상환형
상환조건	(90-90- 85- 80- 75-65) 리자드배리어:75	(95-95-95- 90-90-90)- 65	(95-95- 90-90- 85-85)- 50	(95-95- 90-90- 85- 60)
세전 수익률	연 4.00% (리자드쿠폰 연 6.00%)	연 5.00%	연 5.40%	연 6.50%
조건미달성시 손실률	-100%≤손실률<-35%	-100%≤손실률<-10%	-100%≤손실률<-15%	-100%≤손실률<-40%
자동조기상환 평가주기	6개월	6개월	6개월	6개월
원금보장 여부	원금비보장	원금비보장	원금비보장	원금비보장
위험도	고위험	고위험	고위험	고위험
최장 만기	3년	3년	3년	3년
모집예정금액	70억원	100억원	100억원	100억원
발행취소 가능금액	5억원 미만	3억원 미만	5억원 미만	5억원 미만

❖ 상환조건

	상환조건	세전 수익률
★ 자동조기상환	① 모든 기초자산의 6개월 후, 12개월 후 자동조기상환평가가격이 각 최초기준가격의 95% 이상일 경우	연 5.40%
	② 모든 기초자산의 18개월 후, 24개월 후 자동조기상환평가가격이 각 최초기준가격의 90% 이상일 경우	연 5.40%
	③ 모든 기초자산의 30개월 후 자동조기상환평가가격이 각 최초기준가격의 85% 이상일 경우	연 5.40%
★ 만기상환	④ 만기평가일에 모든 기초자산의 만기평가가격이 각 최초기준가격의 85% 이상일 경우	연 5.40% (3년 만기시 16.20%)
	⑤ 위 ④의 요건을 충족하지 못하였고, 최종관찰일까지 모든 기초자산 중 어느 하나도 각 최초기준가격의 50% 미만(종가기준)으로 하락한 적이 없는 경우	연 5.40% (3년 만기시 16.20%)
	⑥ 위 ④의 요건을 충족하지 못하였고, 최종관찰일까지 모든 기초자산 중 어느 하나라도 각 최초기준가격의 50% 미만(종가기준)으로 하락한 적이 있는 경우	원금손실 발생 (-100% ≤ 손실률 < -15%) 기준종목* 기준으로 {(만기평가가격 / 최초기준가격)-1} × 100%

* 기준종목 : 모든 기초자산 중 [만기평가가격/최초기준가격]의 비율이 가장 낮은 기초자산

일반적인 ELS의 수익 구조의 한 예.

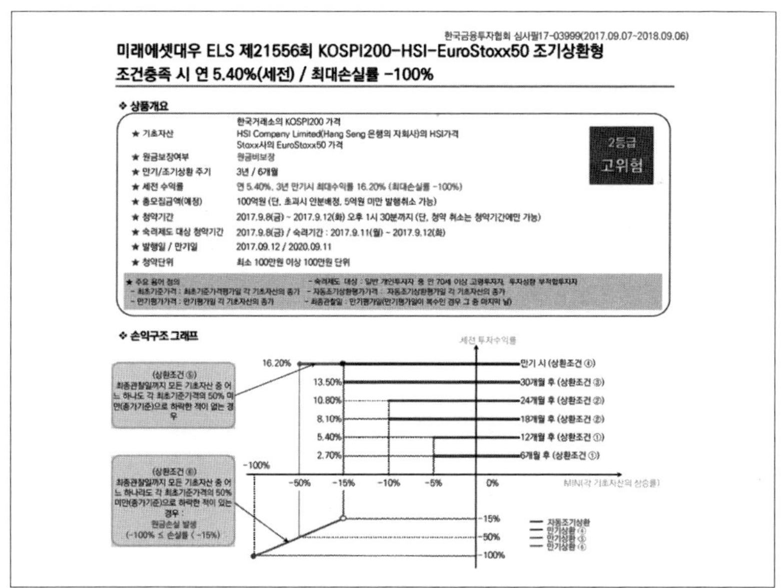

상환조건이 이해하기 쉽게 설명된 수익구조 그래프.

▶ 요즘은 ELS도 다양한 옵션이 붙어 있다. 조기 상환이 되면 수익을 더 주는 보너스 ELS, 특정 조건이 되면 금리를 2배 주는 리자드 ELS들도 있다.

이론으로 배운 전환사채 내 것으로 만들어보자

예전에 '경제야 놀자'라는 TV 프로그램이 있었다. 그 당시 국민들의 휴일 저녁 즐거움을 책임지던 프로그램 〈일요일 일요일 밤에〉의 한 코너였다. 어려운 경제 용어를 재미있게 풀어주고 실생활에 필요한 경제 정보와 투자 정보를 전문가들이 콕콕 짚어주는 게 특색이었다. 추가적으로 실천 가능한 금융 상품들까지 알려줌으로써 실속 있는 경제 프로그램으로 인정받았다. 그 덕에 많은 인기를 누렸고, 그 인기는 CMA 통장, 펀드 투자 열풍을 일으키는 데 기여를 했다.

나 역시도 이 코너를 보기 위해 〈일요일 일요일 밤에〉라는 프로그램을 항상 기다렸었다. TV를 시청한 후에는 즐겁게 본 것으로 멈추지 않고, 프로그램에 나온 용어를 실생활에 적용해 보려고 했다. 방송을 보고 난 후 월요일 아침 출근하자마자 미래 씨에서 전화를 걸었다. 어제 나온 경제 용어 혹은 금융 상품에 대해서 추가적인 질문을 하기 위해서였다.

방송은 준비한 내용들만 알려주다 보니 새로운 경제 용어나 금융 상품을 소개해 줬을 때 궁금증이 생기기 마련이다. 미래 씨에게 질문을 하다 보면 새로운 사실들도 더 많이 알게 되고, 내가 할 만한 상품이면 직접 체험해 보는 기회도 주어졌다.

그 한 예가 〈주식변태채권〉이었다. 방송에서 이 용어가 나왔는데, 너무 생소하기도 하고 잘 이해가 가지 않았다. 그런데 수익이 좋은 것처럼 홍보를 해서 어떤 것인지 자세히 알고 싶어졌다.

카르페 : 미래 씨, 어제 '경제야 놀자'에서 주식변태채권이 나왔는데,
　　　　 그게 뭐예요?

미래씨 : 어제도 '경제야 놀자' 보셨군요. 그런데 주식변태채권이라는
　　　　 용어는 없어요.

카르페 : 네? 어제 방송에서 그러던데요. 주식변태채권이 주식도 되면
　　　　 서 채권도 되고 이자도 받을 수 있다고 하던데요.

미래씨 : 주식으로 변환되는 채권을 말하는 것 같아요. 진짜 용어로는
　　　　 전환사채(CB) 혹은 신주인수권부사채(BW)예요.

카르페 : 아, 또 새로운 용어네요. 진짜 공부에는 끝이 없는 것 같아요.
　　　　 그럼 일반인들이 하기에는 어렵나요?

미래씨 : 아니오, 괜찮은 거 뜨면 연락줄 테니 한번 해보세요.

'주식 변태채권'이 궁금해서 전화했는데, '전환사채, 신주인수권부사채' 등 더 확장된 용어들을 듣게 되었다. 메모를 하면서 설명을 들어보지만 어렵다. 결론은 직접 해보아야겠다는 것이었다. 어려운 용어들은 말로만 들으면 뜬구름 잡는 것 같은데, 직접 해보면 '아~하!' 하고

바로 깨우치는 경우가 많다. 그후 직원에서 연락이 와서 '전환사채'라는 용어를 직접 체험해 볼 기회가 생겼다.

여기저기서 끌어 모아 몇 천 정도의 자본금을 만들어 증권사 창구로 갔다. 그때 옆자리에 앉아 있던 어떤 여성분도 나랑 같은 채권을 사는 것 같았다. 그런데 자금이 자그마치 7억대이었다. 귀로 그 금액을 듣는 순간 자연스럽게 계산기에 손이 갔다. 열심히 두드려 봤다. 그분은 나의 20배 가까운 돈을 넣었으니 수익 또한 나의 20배가 되겠구나. 계산이 나오는 순간 또 한 번 '돈이 돈을 버는구나'라는 진리를 다시 한 번 확인하게 되었다. 그 잠깐의 시간을 통해 재테크를 더 열심히 해야겠다는 동기부여를 저절로 받은 셈이었다.

▶ 전환사채(CB - Convertible Bond)

CB = 채권 + 옵션 (채권으로 보유 또는 주식으로 보유)

일정한 조건에 따라 채권을 발행한 회사의 주식으로, 전환할 수 있는 권리가 부여된 채권을 말한다. 전환 전에는 사채로서의 확정이자를 받을 수 있고, 전환 후에는 주식으로서의 이익을 얻을 수 있는, 사채와 주식의 중간 형태를 취한 채권인 셈이다.

예를 들어 M사가 1년 만기 전환사채를 발행하면서 전환사채 만기보장 수익률이 5%, 전환가격이 1만 원이라고 가정해 보자. 향후 1년 동안 M사 주가가 1만 원에 못 미칠 경우에는 만기까지 보유했다가 5% 이자를 받으면 된다. 그러나 M사 주가가 급등해 2만 원이 됐다면 당연히 전환해 주당 1만 원에 이르는 시세차익을 누리면 된다.

따라서 전환사채 보유자는 주가가 전환가격을 웃돌게 되면 주식으로 전환해 시세차익을 누리면 되고, 주가보다 낮게 되면 만기까지 보유해 발행회사가 발행 당시 확정된 만기보장수익률만큼의 이자를 지급받으면 된다. 이때 이 자율은 일반적으로 보통 회사채에 비해 낮은 편이다. 그리고 전환사채는 일 반적으로 주가가 하락하게 되면 전환 가격을 최대 30%까지 낮출 수 있는 옵 션이 있다.

▶ 신주인수권부사채(BW - Bond with warrant)

BW = 채권 + 주식을 추가로 인수할 수 있는 권리

주식, 채권 등의 상품을 약속된 수량과 값으로 매매할 수 있는 권리가 붙은 사채를 의미한다. 인수권 행사에 의해 인수할 수 있는 권리만 소멸되고 채권 의 효력은 지속돼서 채권이자 수령이 가능하다. 발행 기업의 주가가 약정된 매입가보다 높아지면 신주를 인수하여 차익을 얻을 수 있고, 반대로 주가가 약정된 매입가보다 낮아지면, 인수권을 포기하면 된다.

▶ 전환사채(CB)와 신주인수권부사채(BW)의 차이점

	전환사채(CB)	신주인수권부사채(BW)
회사 입장	부채 감소, 자본 증가로 해석된다.	부채는 줄고 자본금은 늘어났다.
투자자 입장	채권 자체가 주식으로 전화되어 별도의 주식대금을 지불할 필요가 없다.	인수할 수 있는 권리만 보유하고 있기 때문에 주식을 받기 위해서는 자금을 추가로 투입해야만 한다.

주주로서 기업의 성장과 함께하자

SM 엔터테인먼트로 주식 입문 신고식

2005년 7월 SM 주식을 매입함으로써 주식을 처음 시작했다. 32,500원에 샀는데 불과 3일 만에 37,500원이 되었다. 내가 10주를 샀다면 5만 원 수익이 나는 거고, 100주를 샀다면 50만 원의 수익이 나는 셈이다. 올랐으니 빨간색으로 금액이 나타나 있지만, 반대로 내렸다면 파란색 숫자로 마이너스를 나타내고 있었을 것이다.

3일 동안 수익이 난 만큼 몇 십만 원이 훅 날아갈 수 있다는 사실에 겁이 나기도 했다. 그래서 자료를 찾아보고 주식노트를 만들어 기록하기 시작했다. 항상 그랬던 것처럼 내가 어떤 시작을 하든지 부드러운 것은 없었다. 처음으로 산 주식도 그랬다. 권리락, 무상증자, 한 주당 1.2주 배당 등등 새로운 개념들을 배우게 된 걸 보면, 어떤 투자든 나에게 쉬운 시작은 없는 것 같다.

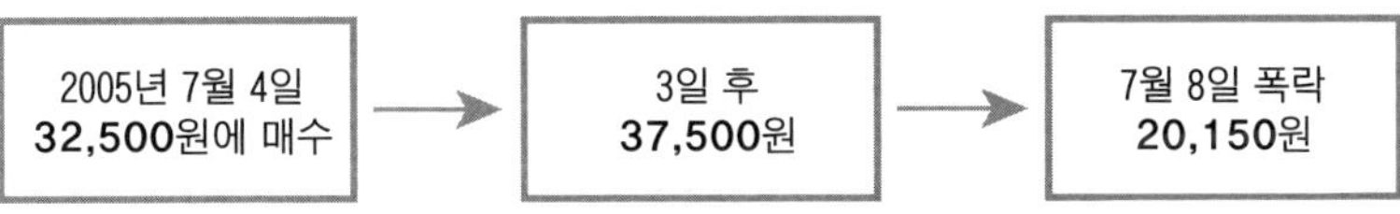

2005. 7월 SM
그 당시 처음 주식을 시작한 내가 뭐라고 질문한지는 기억이 안 난다.
다만 나의 질문에 댓글을 달아주면 출력해서 주식노트에 붙여 공부했다.

답변) 112% 무상증자 기준일이 7월 11일입니다. 2주 정도 남았으니,
　　　기준일이 다가올수록 점진적인 상승이 예상됩니다. 20일선이
　　　만나는 시점에 한 차례 등락이 예상되지만, 현재가 34,650원부터
　　　분할매수한다면 무상증자 전까지 10~20% 정도의 수익이 예상
　　　됩니다. 매도 시점 무상증자 기준일(무상증자 이후에도 추가적인
　　　상승이 가능하지만, 이후에는 변수가 많음)

〈공시〉 SM 상승세 출발 + 12.54% 권리락 효과
　　　　한 주당 1.2주 (8월 2일 새로운 주 받음)

7월 4일 32,500원에 매수하고, 7월 8일 갑자기 20,150원으로 폭락했다.

　　바로 미래 씨한테 전화를 걸었다.

카르페 : 미래 씨, 큰일났어요. 실은 주식을 하나 샀는데요.

미래씨 : 그래요? 무슨 주식 샀어요?

카르페 : SM 요. 근데 이게 뭐하는 회사예요?

미래씨 : 에스엠 몰라요? 이수만 회사요.

카르페 : 아, 이 SM이 그 에스엠이에요?

미래씨 : 암튼 혼자서 사고 잘 치십니다. 하하. 한번 볼게요. 회사에 문

　　　　제가 있는 것은 아니고 권리락 때문에 그런 것 같아요.

카르페 : 권리락이요? 그게 뭐예요?

내가 이 종목에 대해 공부하면서 알게 된 곳에 질문을 남겼다. 그렇게 질문을 주고받는 자체도 공부가 많이 되었다. 새로운 내용이 있으면 주식노트에 메모해 두었다. 답변 글을 읽다가 이해가 안 가거나 모르는 내용이 있으며 미래 씨한테 물어봤다. 정말 상세하게 가르쳐줬었다. 대답을 듣는 과정에서 다시 궁금증이 생기면 또 질문을 했다.

이런 과정들을 통해 하나씩 하나씩 배워갔다. 주식을 시작하고 나서 주변에 주식하는 사람들이 많다는 것을 알게 되었다. 주식 관련 이야기들이 더 이상 다른 나라 이야기로 들리지 않았다.

<인터넷 댓글>
SM 7월 8일자로 무상증자 권리락이 있었습니다.
32,600원에 매수하셨으면, 지금의 주가를 권리락 전 가치로 환원했을 때,
42,000원 정도됩니다. 수익률로 보면 30% 정도입니다. 이번 주 15일은
저작권법이 발효되는 시점입니다. 예담을 필두로 한차례 상승 가능성이
높지만, 재료 소멸 후 방향성을 알 수 없기에 현재 보유하고 계신 주식은
우선 매도를 하시기 바랍니다. 그리고 8월 2일 현재 보유하고 계신 주식
수만큼 계좌로 자동입고 될 것입니다. 무상증자로 받은 물량의 처분 여부는
7월말쯤 음반주의 흐름을 보고 결정하는 게 좋겠습니다.

<미래 씨의 조언>
무상증자를 감안하면 평균 매수단가 16,000원. 지금은 마이너스 났어도
무상증자 물량 등록시 주가가 13,000원 이하가 아니면 손해는 발생하지
않을 겁니다. 불확실성을 제거하기 위해 우선 매도하세요.

처음 시작한 그 달에는 주식 2종목과 공모주 1종목을 합해서 감사하게도 65만 원 정도의 수익을 냈다. 이렇게 첫발을 담근 것을 시작으로 나는 소액 투자를 계속 이어갔다. 하면 할수록 왜 이렇게 새로운 내용들이 많은지 공부를 안 할 수가 없었다. 어려운 내용에는 머리에서 김이 모락모락 나기도 했지만, 몰랐던 것을 알아가는 재미 또한 쏠쏠했다. 그리고 내 자산이 걸린 문제이니 당연히 공부하고 또 공부해야 한다고 생각했다.

항상 수익만 나는 것은 아니다. 마이너스가 될 때도 있다. 주식이라는 것이 절대 단순하지가 않다. 고려할 것이 많기 때문에 결과를 절대 장담할 수 없다는 것을 느꼈다. 무엇보다 투자자에게 어려운 것은 예측할 수 없는 변수들이었다. 호재가 떴는데도 주가가 오르지 않고, 악재가 떴어도 주가가 오르기도 한다. 가끔은 주식이 아리송하게 느껴질 때도 있다.

우량주와 시간이 만나면 큰돈이 된다

얼마 전에 현대차 주식을 매도했다. 배당금 받으며 한 3년 가지고 있었는데, 일정 금액에 올라오니 매도를 결정한 것이다. 이 책을 쓰면서 과거 주식노트를 펼쳐보게 되었는데, 친숙한 현대차가 눈에 들어왔다. 2006년 8월에도 현대차 주식을 매수했던 기록이 있는 것이다. 너무 오래돼서 잊고 있었는데, 과거에 현대차 주식을 매수했던 적이 있었다는 사실이 조금 놀라웠다.

그 당시 현대차 주식을 79,300원에 매수했다고 기록되어 있었는데, 만약 내가 그때 매도하지 않고 더 많이 사서 지금까지 가지고 있었더라면 수익금이 컸을 것 같다. 보유하는 동안 배당금 꼬박꼬박 받으면서 기다리면 되는 것이었다. 하지만 주식이 무슨 부동산도 아니고 한 주식을 10년씩 갖고 있는다는 건 어려운 일이다. 부동산도 10년을 보유한다는 게 쉽지 않은데 말이다. 그리고 지금이니까 그런 생각을 해보는 것이지, 그 당시 주식 초보가 그런 생각까지 하기에는 무리였을 것이다.

현대차를 보면서 10년 묻어두는 생각을 하다 보니 시가총액 1위인 삼성전자 주식이 떠올랐다. 2007년에 삼성전자 주식이 60만 원대였

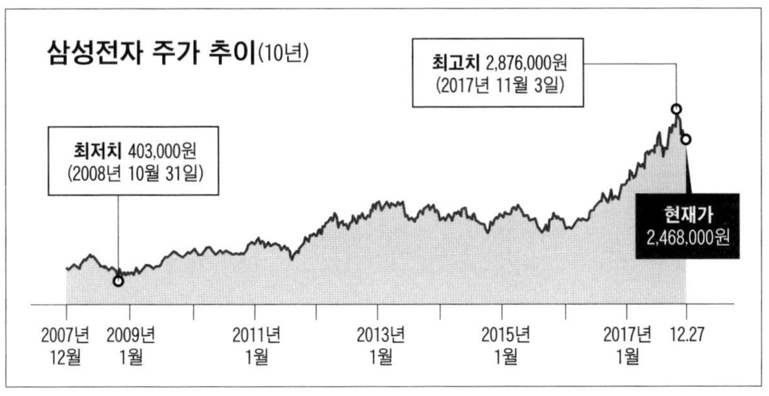

다. 심지어 금융위기였던 2008년 10월 31일에는 403,000원으로 그 당시 최저가로 기록되어 있다. 그런데 10년이 지난 지금 삼성전자 주가는 250만 원을 넘어서고 있다. 엄청난 차액이다. 내가 10년 전에 삼성전자 주식을 샀다고 가정하고 계산해 보고 싶어졌다.

< 우량주 10년 보유 가상 시뮬레이션 >

2007년 종자돈 6천만 원으로 삼성전자 주식 100주 매수
2017년 250만 원에 매도한다고 가정하면
        (250만원 - 60만원) × 100 = 1억9천만 원
        (양도세는 비과세, 배당금은 보너스)
▶ 연이율 5%로 은행에 예금해 놓은 경우 (후한 금리 가정)
    - 일반과세 => 25,380,000원
    - 비과세 => 30,000,000원
▶ 부동산에 투자했다면, 종류도 다양하고 경우의 수도 너무 많아서
다른 물건들은 넘어가고자 한다. 지금 사는 곳의 소형 아파트를 매수했다고
가정해 보면 대략 7천 정도의 차익이 예상된다(양도세도 여러 경우로
나눠지니 단순히 차익만 비교해보자).
물론 부동산을 혹은 주식을 사고팔면서 재테크를 잘해서 종자돈의
10배인 6억으로 만들 수도 있다.
여기서는 그냥 묻어두는 경우를 가정해서 상상해 본 것이다.

삼성전자보다 더 대박인 주식이 있다. 황제주로 유명한 아모레퍼시픽이다. 아모레퍼시픽은 더 화려한 발자취를 가지고 있다. 2006년 초 10만 원도 안 되는 금액이었던 주가가 10년도 안 되었는데 한 주당

400만 원을 찍었다. 정말로 초고가 주식이었다.

내가 이 주식을 제대로 인식했을 때는 내가 진입하기에는 높은 금액이었다. 지인 중 한 분은 200만 원 후반대에 들어가서 한 주당 100만 원 정도 차익을 보고 나왔다고 하시는데, 무슨 딴 세상 이야기 같았다. 그런데 나도 이 주식을 가져볼 수 있는 기회가 있었다.

어느 날 보니 아모레퍼시픽이 거래정지 되어 있는 거였다. 깜짝 놀라서 알아보니 2015년 5월 액면분할해서 재상장한다는 것이었다. 재상장하는 날 나는 아모레퍼시픽 주식을 손에 넣었다. 그리고 짧은 기간에 차익 실현하고 나왔다. 계속 들고 있었다면 사드 때문에 나도 손실을 많이 봤을 것이다.

중국 관련주들이 심한 타격을 입었다. 지금도 많이 내려간 아모레퍼시픽 주가를 보면 나오기 정말 잘했다는 생각이 든다. 다행히도 예상보다 정해놓은 수익에 빨리 도달했기 때문에 조기에 매도하고 나올 수 있었다.

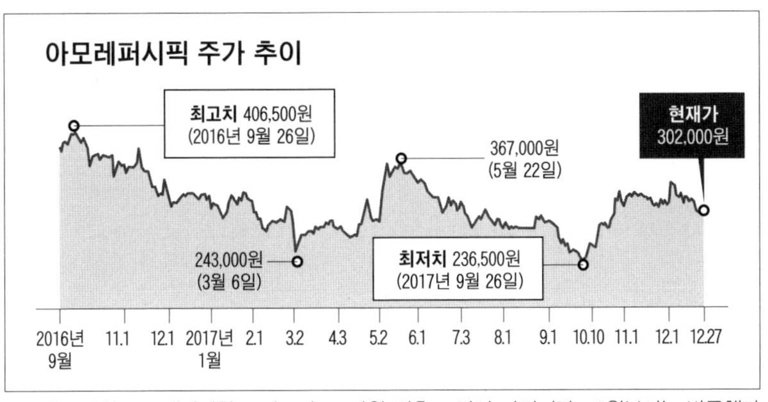

사드 영향으로 재상장한 주가보다 15만원 전후로 많이 빠졌지만 10월부터는 반등했다.

아모레퍼시픽을 예로 액면분할에 대해 알아보자.
400만 원 하는 아모레퍼시픽 1주를 40만 원짜리 10주로 쪼개는 것이다.
만약 아모레퍼시픽이 400만 원일 때 10주를 가지고 있었다면,
액면분할되면 주가는 40만 원이 되고 대신 내가 가진 주식은
100주가 되는 셈이다.

10년을 보유하지 못할 주식이라면 10초도 보유하지 말라(워런 버핏)

아이 앞으로 돈이 쌓이다 보니 그것을 은행에 넣어두는 것보다 아이와 함께 성장할 주식을 사주는 것이 훨씬 낫겠다 싶었다. 우리 아이가 무럭무럭 자라는 동안 아이의 계좌에 있는 회사도 쑥쑥 성장해서 나중에 아이가 대학 갈 때 혹은 유학 갈 때 든든한 뒷받침이 되어주는 상상을 하면서 튼튼한 주식을 찾아보았다. '이 회사가 망하면 대한민국이 흔들릴 만한 주식이 뭐가 있을까'라는 생각으로 알아보았다.

마음 같아서는 시가총액 1위인 삼성전자 주식을 사주고 싶었지만, 그 당시 삼성전자 주가는 130만 원대였다. 지금에서야 삼성전자 주식을 사는 게 더 나은 선택이었겠다 생각되지만, 그 당시는 몇 주 못 산다는 사실에 의미가 없어 보였다. 그래서 이 모든 것을 고려해서 차선으로 선택한 것이 포스코였다. 그 당시 포스코는 시가 총액 2위로 삼성 다음으로 튼튼한 기업이었는데, 주가는 고작 30만 원대이었다. 무엇보다 이 주식이 70만 원까지 갔다가 많이 빠진 상태라는 것도 메리

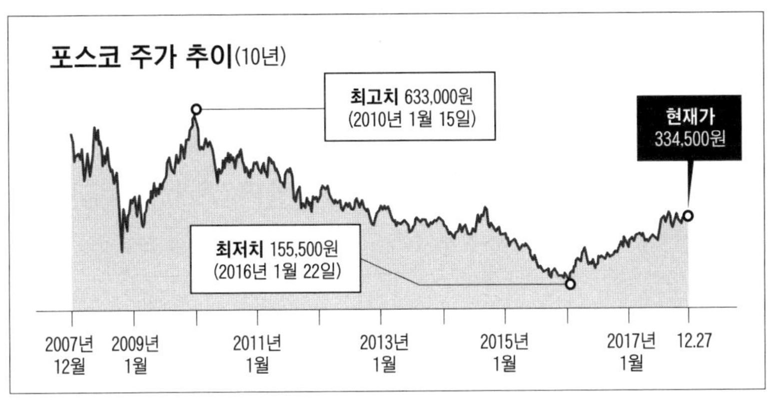

트가 있었다. 오를 가능성이 커 보였기 때문이다. 어차피 장기 투자할 종목이었기 때문에 시간은 문제가 되지 않는다고 생각했다.

발을 처음 들여놓을 시기만 해도 튼튼한 좋은 기업이었다. 하지만 매수한 이후로는 포스코에 악재가 나오기도 하고, 안 좋은 시장이 계속 이어졌다. 튼튼한 회사로만 보였던 포스코가 연이어 안 좋은 뉴스의 주인공으로 등장했다. 30만 원 아래에서 매수를 시작했는데 계속 내려가는 것이었다. 평균단가 287,000원에서는 멈추고 상황을 좀 지켜보았다. 안타깝게도 25만원 밑으로 내려갔다. 그러는 한동안 25만 원이 무너졌다 회복되었다를 반복했다.

추가 매수를 들어갈까 말까 고민하고 있었는데, 2015년 1년 내내 하향곡선을 제대로 그렸다. 설마 20만 원이 무너질까 싶었는데, 무너졌다. 20만 원 경계를 넘는 것이 어려웠을 뿐 넘고 나니 더 쉽게 내려갔다. 더 이상 추매를 들어갈 수도 없는 상황이었다. 가격은 싸지만 너무 많이 빠지다 보니 나의 확신조차 흔들렸다. 망하지는 않겠지만 언제 회복할지 모르는 막막한 상황이었다. 매도도 할 수 없는 상황이니 그냥 마음을 비우고 잊고 있기로 했다.

끝없이 추락하던 포스코는 2016년 1월 22일 155,500원으로 최저가를 찍었다. 17만~18만 원선일 때 증권사 직원들에게 의견을 물어보면 다들 암울한 이야기를 했다. 앞으로 중국 때문에 우리나라 철강 사업은 미래가 없다, 철강 사업은 한물 갔다, 포스코는 회복되기 힘들다 등등 희망이 없는 이야기만 들었다. 심지어 21만 원 정도 회복되었을 때도 지금은 살짝 상승 분위기이니 23만 원 정도에 손절하는 것이 좋겠다는 조언을 들었다.

하지만 나는 두 가지 이유에서 매도하지 않았다. 기대와 달리 너무 큰 폭으로 추락을 하니 믿음이 흔들려서 추매를 하지는 않았지만, 그렇다고 큰 손실을 감당하고 손절을 할 만큼 포스코를 불신하지도 않았다. 그래도 우리나라를 대표하는 공기업이었는데, 포스코가 공중분해되는 것은 우리나라 경제를 위해서도 일어나지 않을 것이라 생각했다. 두 번째로 포스코의 노력이 보였기 때문이다. 구조 조정도 하고 철강 사업의 부진한 부분을 메울 만한 대안 사업들을 찾으며 새로운 도약을 시도하는 기사들을 자주 볼 수 있었다. 그래서 믿고 기다렸더니 25만 원을 회복했다.

25만 원을 넘어서서 30만 원의 문턱을 넘지 못하고 주춤했다. 좀 오르는가 싶은데 다시 내려오고, 그런 반복되는 과정을 다시 지켜보게 되니 여기까지가 한계인가 하는 생각이 들었다. 여기서도 약간의 손절을 보고 매도할 생각을 하지 않았던 것은 든든한 배당금 덕분이었다. 2016년 포스코 배당금이 주당 8,000원이었다. 즉 4.8%의 배당금으로 은행이자보다 몇 배는 높은 이율이었다.

30만 원 앞에서 여러 번 무너지는 것을 경험한 나는 결국 '매수가 회복하면 매도하고 나오자'라는 약속을 지키며 주당 1만 원 정도의 이익을 보고 매도하고 나왔다. 그 후로 주춤하나 싶었는데 이번에는 나를 놀리듯이 가뿐히 30만 원을 넘어섰다. 원래 매도한 녀석은 안 쳐다보거나 자료상 보더라도 '그 금액은 내 돈이 아니었다고 치부한다'가 나의 원칙이지만, 몇 년을 애태웠던 녀석이라 마음의 평정을 유지하기가 쉽지는 않았다. 포스코는 내게 두 가지 깨달음을 안겨준 투자였다.

'10년 후를 바라보고 산 주식이었으면 그리 믿음이 약해서야 쓰나? 얼마까지 더 빠지더라도 끝까지 믿어줬어야지.'

'모든 투자가 다 그렇겠지만 특히 주식 투자 계속하려면, 앞으로 더 큰 투자들을 많이 하려면 마음 수양을 좀 더 쌓아야겠다. 더 나아가 인문학적 소양을 갖추도록 더 노력해야겠다.'

주식을 공부하다 보니 경제 뉴스가 드라마보다 재미있어졌다

처음 주식 투자할 때 〈주식일기〉를 열심히 쓰면서 공부를 많이 했다. 어느 기사를 읽어도 눈으로 대충 보지 않고 주요 내용들은 밑줄을 그으며 읽었다. 그러면서 궁금한 것들을 체크하고, 전문가들에게 질문하면서 배우는 과정을 반복했다. 필요한 경제 기사를 스크랩하는 것도 잊지 않았다. 그렇게 공부하다 보니 하루는 주식의 기본적인 내용들을 제대로 알고 싶다는 생각이 들었다. 바로 서점으로 달려가 주식 관련 기초 책들을 읽으면서 노트에 개념 정리를 했다.

증권사에서 개최하는 강좌도 꼭 참석해서 들었다. 대부분 증권사의 상품을 설명하기 위한 자리이기는 하지만, 그 시기의 전반적인 흐름과 상황을 짚어주고 시작한다. 그리고 마지막 타임에는 전문가가 추천 이유와 함께 몇 가지 종목을 알려주는 시간도 꼭 갖는다. 왜냐하면 고객들이 제일 원하고 기다리는 시간이기 때문이다. 듣고 와서 그 종목들을 바로 매수하는 것이 아니라 나름대로 더 분석한 다음에 매수하거나, 몇 개를 추려서 관심 종목에 담아두고 지켜본다. 관심은 가지되 매수에는 신중하게 접근했다.

'우리나라에 이렇게 많은 기업이 있었구나.' 매번 새로운 기업을 만날 때마다 새로운 친구를 사귀는 것처럼 설레는 마음이 들었다. 이렇게 내가 전혀 몰랐던 새로운 기업들을 알아가는 것 또한 얼마나 재미있는지 모른다. 나는 게임을 전혀 하지 않지만 엔씨소프트 주식을 소유하게 되면 '엔씨소프트가 어떤 회사이고, 오너가 누구이고, 윤송이 씨가 누구이고, 이 회사가 올해는 어떤 것을 준비하고 있고… 등등'은 잘 알게 된다.

주식을 매수하게 되면 그 기업에 대해 지대한 관심을 갖게 되고, 그러면서 그 기업 관련 뉴스를 더 자세히 읽게 되기 때문이다. 주식을 소유한다는 것은 비록 소액 주주이긴 하지만 엄연히 주주이므로 관심을 갖는 것이 당연하다. 현대차를 가지고 있으면 현대 관련 뉴스들이 더 이상 남 일이 아니라 나와 관련된 뉴스가 된다. 현대차가 올해 몇 대를 수출하고 국내 판매량은 어떻게 된다는 이야기라든가, 어디 지역에 공장을 추가로 개설한다든가, 리콜을 앞두고 있다든가 하는 뉴스들이 내 눈과 귀에 자연스럽게 들어온다.

카르페디엠이 주식을 하는 이유

워낙 변수가 크게 존재하는 시장이다 보니 주식투자 자체가 어렵고 벅찰 때가 있다. 신경 쓸 것이 많아질 때면 가끔은 머리 아프게 느껴질 때도 있었다. 그리고 공부했던 것과 다른 결과가 나오거나 기대했던 대로 되지 않아 심적으로 힘든 시간을 보낼 때도 많았다. 그런 시간들을 겪을 때마다 접을까 싶었던 순간도 몇 번 있었다. 그러나 결론은 그냥 계속 하자는 거였다.

우리가 살고 있는 자본주의에서 기업에 대해 관심을 안 가지고 살 수는 없다. 현대·기아차, 엘지 냉장고, 삼성 휴대폰 등등 우리는 기업들이 만들어내는 제품의 홍수 속에서 살고 있다. 이런 기업들에 관심을 가지다 보면 그 기업의 주식을 빼고 이야기할 수 없다. 미래 씨에게 선물받은 이채원의 가치투자 『가슴 뛰는 기업을 찾아서』라는 책을 읽고 주식에 대해 그리고 가치주 투자에 대해 상당히 긍정적인 마인드가 심어졌다.

> 주식을 한다는 것은 그 기업에 대해 공부를 하는 것이다.
> 그 기업의 주주로서 기업에 대해
> 끊임없이 관심과 애정을 가지고 지켜보는 것이다.

주식과 관련되지 않는 뉴스가 하나도 없다는 것을 해가 갈수록, 그동안 나랑 인연을 맺었었던 기업의 종류가 많아질수록 강하게 느낀다. 자동차주, 증권주, 은행주, 배당주 등 주식 종목 영역이 넓어지면서 몰랐다가 알게 되는 것도 그만큼 많아진다. 그러면서 하나씩 알아가는 것이 재미있다. 주식을 함으로써 정치, 경제, 사회, 문화에 대해 꾸준히 관심을 가지고 생활할 수 있는 즐거움 또한 주식을 하는 이유 중 하나다.

주식을 처음 시작할 당시, 증권사 강의들에서 공통적으로 들었던 내용이 있다. 우리나라 회사가 1년간 번 수익금을 우리나라 국민들이 누려야 하는데, 외국인들이 다 가져간다고 했다. 예를 들어, 삼성이 국내에서도 국외에서도 휴대폰을 많이 팔아서 엄청난 실적을 올렸고, 그 성과 잔치를 배당금으로 한다. 그런데 삼성전자 주식을 외국인들이 50% 이상 가지고 있다 보니, 성과 잔치의 기쁨을 외국인들이 절반 이상 누리고 있다고 했다. 지금은 삼성전자의 외국인 비중이 53.7%에 이르고 있다.

주식에 관해 설명하던 증권사 관계자 분은 "우리나라 기업이 영업을 잘해서 큰 실적을 올리고, 그 결과 엄청난 배당금 잔치를 하게 되었을 때 그 콩고물을 우리 국민들이 더 누리면 좋겠다."고 말했다. 나 역시도 같은 생각이다. 비록 소액 주주일지라도 관심을 갖고 기업의 성장을 지켜보고, 성장한 기업의 주주로서 권리도 누렸으면 좋겠다.

카르페디엠은 종목을 어떻게 고를까?

1 기업을 소개한 경제 기사를 읽다 보면 간혹 멋진 마인드를 가진 CEO들을 알게 된다. 그분이 운영하는 회사에 대해 바로 분석 들어가고 성장 가능성이 있다 판단되면 매수 대상에 합류.

2 증권사에서 추천받은 주식의 지분을 가진 주요 주주들을 본다. 공공기관이나 대기업이 발을 깊숙이 넣고 있다면 검토 요인이 된다. 지배 구조도 살펴보고 더불어 외국인 지분 비율도 함께 체크한다.

3 현재 대세인 흐름에 부합하는 종목을 찾는다. 예를 들어 한류붐이 엄청 났을 때는 연예 관련주에 관심을 갖고, 금리가 인상되면 긍정적 영향을 받을 수 있는 은행주 및 관련주에 관심. 사드 때문에 중국 관련주를 피하는 것처럼 현 상황에 대세인 종목을 찾는다.

4 안정적인 공기업이면서 배당금도 넉넉히 주는 회사를 선호한다. 공기업은 일반 주식들에 비해 수익이 크지 않지만 타이밍을 잘 잡으면 시세 차익도 가능하며 4~5% 높은 배당까지 주니 안정적.

5 전문가들이 써놓은 칼럼들을 많이 읽는다. 그러다 보면 간혹 저평가된 주식들을 소개해 준다. 회사 재무 상태도 좋고, 성장 가능성도 있는데 주가가 낮은 편이라고 말하는 주식을 의미한다. 이런 주식은 장기투자로 보유를 고려해 본다.

6 증권사 직원마다 추천하는 종목이 다르다. 추천받은 종목을 가지고 다른 증권사 직원과 이야기해 본다. 추천해 준 증권사 직원은 그 종목의 장점만 이야기했다면, 다른 증권사 직원은 단점을 이야기해 준다. 이 과정을 통해 종목을 걸러내기도 한다. 즉 전문가를 잘 활용하는 것도 투자 방법 중 하나이다.

모든 투자의 책임은 투자자에게 있음을 명심하자

나는 주식으로 엄청나게 대박을 내고 자산을 크게 불리지는 않는다. 그럴 만큼 큰 금액을 굴리지도 않는다. 부동산보다 '하이리스크 하이리턴'를 더 실감하는 투자처이기 때문에 공격적인 투자를 하지도 않는다. 진득하게 묻어주는 스타일이다. 손실 났을 때는 더더욱 그렇다. 하지만 마음속으로 정한 수익률에 도달하거나, 작은 이익이더라도 내가 정한 선에 올라오면 내 자신과 한 매도 약속을 지킨다. 그후에 더 오를 수도 있지만 그건 내 몫이 아니라고 생각하고 관심을 끄려고 노력한다.

상승세를 탈 것 같아 약속 안 지키고 매도를 미룬 적이 몇 번 있었다. 그때마다 다시 내려가서 매도 타이밍을 놓치고 후회했다. 현재 나는 주식을 함으로써 배당금과 매도 차익으로 투자금의 10% 전후의 수익률을 달성하려고 매년 노력 중이다.

주식 때문에 사고 소식이 들려오는 것은 빚내서 투자를 하기 때문일 것이다. 주식은 절대로 빚내서 하면 안 된다. 주식을 하더라도 여유 자금으로 하든지, 운용 가능한 자금 범위 내에서만 해야 한다. **절대로 미수거래는 하지 않아야 한다. 그리고 테마주나 작전주에 편승하지 않도록 특별히 주의해야 한다.**

〈작전〉이라는 영화를 보면 작전주에 투자하는 것이 얼마나 무서운 결과를 초래할 수 있는지 실감하게 된다. 주식을 하는 사람이라면 〈작전〉이라는 영화를 한 번쯤 보고 주식의 위험성을 인지하고 안전한 투자를 지향했으면 좋겠다.

주식은 조심스럽게 접근해야 한다. **어느 단체나 카페의 추천을 받아 무조건 매수하는 것은 위험하다.** 종목을 추천받더라도 반드시 본인 스스로도 검열을 해서 선택하고 매수해야 한다. 모든 투자의 선택과 그에 따른 결과는 최종 투자자 본인 책임이기 때문이다.

증권사에서도 수익 로봇을 고용하자

현재는 주식이라는 큰 무대에서 나 대신 소소한 4개의 로봇이 수익 창출을 위해 열심히 활동하고 있다. 배당금, 주식 거래, 공모주, 전환사채 등을 합쳐서 10% 정도의 수익률을 목표로 도전중이다. 예전에 4~5개월 정도 집중적으로 배당주 작업을 통해서 수익 내는 작업을 미래 씨와 함께 시도해 본 적이 있다.

매출액, 영업이익, 경상이익, 순이익, 주당 배당금, 현재가, 배당 수익률 등 기초적인 작업을 해서 배당 수익률이 높은 종목 순으로 리스트를 만든다. 그 리스트 중에서 두세 종목 정도 선택해서 여름이나 가을 진입 시에 주가가 낮을 때 샀다가 배당 영향으로 오르는 12월에 매도하고 나왔다.

미래 씨는 2분기 실적이 나오는 8월 15일 이후가 가장 적기라고 조언해 주었다. 이 작업 또한 소소한 재미를 볼 수 있는 경험 중 하나였다. 이때 주의해야 할 것은 매도 시기를 놓치면 낭패를 볼 수 있다는 점이다.

코드번호	회사명	매출액	증감률	영업이익	증감률	경상이익	증감률	순이익	증감률	주당배당금	현재가	배당수익률	
010870	동서산업	76,002	3.17	6,440	-6.51	7,044	-23.73	5,171	-17.77	2,000	19,550	10.23%	영업이익
002200	한국수출포장공업	52,624	11.94	1,229	흑자전환	1,279	흑자전환	929	흑자전환	600	7,310	8.21%	전분기
024060	흥구석유	54,834	0.09	1,106	-8.37	1,973	12.29	1,437	10.79	15,000	185,100	8.10%	
014530	극동유화	52,595	-9.84	1,018	-54.73	13,653	581.14	9,943	279.89	600	7,700	7.79%	증자
019640	희훈디앤지	59,302	36.67	2,922	40.48	2,385	31.26	1,604	23.96	125	1,655	7.55%	
006890	태경화학	11,107	-3.23	1,011	-19.77	2,054	-0.87	1,692	28.96	150	2,005	7.48%	
006740	영풍제지	38,033	4.44	3,354	38.19	4,059	42.61	2,949	33.47	1,000	14,000	7.14%	
008290	원풍물산	15,284	23.96	499	-4.41	275	5.77	221	11.06	500	7,050	7.09%	
052600	한네트	16,376	34.46	3,221	36.60	3,089	29.84	2,279	31.13	180	2,560	7.03%	
069330	유아이디	13,326	65.25	935	96.84	883	256.05	726	234.56	300	4,820	6.22%	
021650	한국큐빅	9,792	17.79	1,262	19.85	1,548	4.52	1,130	5.02	150	2,430	6.17%	

2006년 배당주 작업 대상 리스트 by 미래씨.

배당 수익률이 제일 높은 동서산업은 영업이익 감소로 탈락, 한국수출포장공업은 전 분기 적자로 탈락, 흥구석유는 배당주 작업하기에는 현재가가 너무 커서 탈락, 극동유화는 증자로 인한 마이너스 증감률로 탈락. 그래서 선정된 주식이 희훈디앤지와 태경화학이다. 예전에는 배당수익률이 높아서 배당주 작업을 통해 수익 내는 게 쉬운 편이었다.

종목명	종가	EPS	PER	BPS	PBR	주당배당금	배당수익률	비고
유아이엘	7,740	843	8.73	7,629	0.96	700	9.04%	분기배당
천일고속	96,400	1,751	54.08	27,186	3.48	8,000	8.30%	배당재원 감소
이라이롬	9,080	236	39.79	18,726	0.5	770	8.48%	손실 발생
네오티스	4,265	0	-	5,047	0.99	350	8.21%	적자 발생
두산우	78,400	0	-	0	-	5,150	6.57%	순익호전
두산2우B	77,400	0	-	0	-	5,100	6.59%	순익호전
성보화학	6,140	3,748	1.79	8,019	0.84	440	7.17%	실적 양호
S-에이우	99,700	0	-	0	-	6,225	6.24%	
대신증권우	9,610	0	-	0	-	600	6.24%	
푸른저축은행	7,830	2,153	3.74	14,326	0.56	500	6.39%	
대신증권2우B	8,940	0	-	0	-	550	6.15%	
삼양옵틱스	18,450	1,597	10.49	3,395	4.93	1,000	5.42%	
유화증권우	15,600	0	-	0	-	900	5.77%	
정상제이엘에스	7,590	488	15.41	3,946	1.91	430	5.67%	
아이엔지생명	43,150	2,936	13.25	50,578	0.77	2,226	5.16%	
부국증권우	22,850	0	-	0	-	1,250	5.47%	
유화증권	16,800	592	26.18	30,841	0.5	850	5.06%	
서호전기	13,300	1,782	7.35	11,141	1.18	700	5.26%	
고려신용정보	3,045	267	12.43	1,168	2.84	175	5.75%	
서원인텍	11,500	1,028	12.01	8,861	1.39	660	5.74%	
진양산업	3,190	103	32.57	2,726	1.23	175	5.49%	
S-Oil	124,000	10,353	11.3	54,814	2.13	6,200	5.00%	
SK이노베이션우	137,500	0	-	0	-	6,450	4.69%	
씨엠에스에듀	7,550	449	17.82	2,372	3.37	400	5.30%	

2017년 배당주 작업 대상 리스트 by 미래씨.

2015년 자산관리학과에서 공부를 하면서부터는 주식을 업종별로 담아보았다. 예를 들면 자동차주(현대차), 은행주(신한지주, 기업은행), 증권주(삼성증권, 미래에셋증권), 제약주(영진약품, 삼성제약) 등으로 나눠서 포트폴리오를 꾸려보았다.

나의 주식 노트

▶ 현대차는 이쯤이면 저가라 판단하고 들어갔는데 좀 더 빠지다 회복하다를 반복했다. 배당금 받으면서 기다리다가 매수가 위로 올라왔을 때 기회 봐서 매도했다. 시장이 불안해서 다시 내려갈 가능성이 커 보였기 때문이다. 매도하기 잘했다.

▶ 신한지주, 기업은행, 삼성증권 모두 소소한 수익을 보았다.
그중에 기업은행은 배당금이라는 보너스로 수익에 보탬이 되었다.
미래에셋증권은 대우증권과 합병되면서 나에게 45% 이상의 수익을 내주고 있다가 요즘 30%대로 내려온 상태이다.

▶ 영진약품을 하면서 저가주를 포트폴리오에 넣어보았다.
영진약품을 통해 수익률로는 꽤 쏠쏠한 재미를 보았는데,
다른 저가주에 발목을 잡히면서 샘샘이 되어버렸다.
저가주는 주수를 많이 가질 수 있어 영진약품처럼 파격적으로 올라줬던 종목에는 대박이 날 수도 있는데, 그렇지 않은 경우에는 지지부진해진다. 저가주를 잘못 고르면 나중에 동전주로 강등될 수 있음을 경험했다.
저가주는 이번 한 번 경험으로 마감해야 할 것 같다.

은행에 예금을 넣어두느니 그 돈으로 은행주를 사는 것이
나은 이유를 함께 살펴보자.

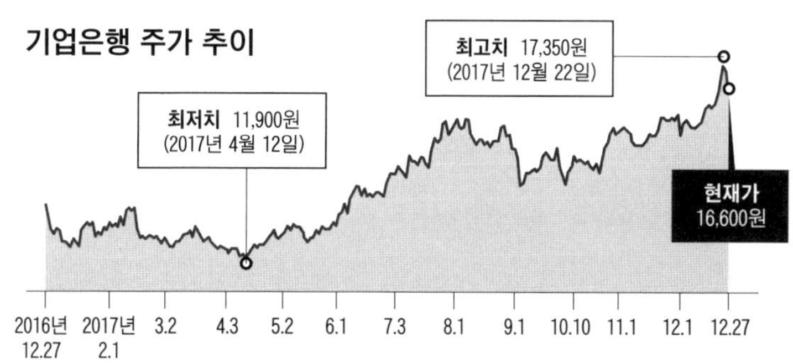

▶ 1천만 원 1.5 % 예금할 경우
=> 세후 만기 지급액 10,126,900원

▶ 1천만 원으로 기업은행 주식을 사놓은 경우
=> 현재 기업은행 배당 이율은 3.3%다.
  주식 차익을 500원으로만 잡아도 차액이 38만 원이 된다.
  (매수가는 편차가 심하니 중간 단계인 13,000원으로 잡아보자.)

  자세히 설명하면 1천만 원으로 기업은행 주식을 13,000원에
  매수한다고 가정하면 760주 가능하다.
  오르락내리락하다 1년 후에 1주당 500원 이익을 보고 매도하면
  38만 원 수익과 3.3%의 배당금을 받게 된다. 즉 배당금 세금 내고
  28만 원 정도 받는 셈이다. 수익률 계산을 해보면 6.6% 정도 된다.

여러 종목들이 있을 때는 포트폴리오 목록이 아롱이다롱이가 된다. 경제 상황에 따라, 업종 흐름에 따라 어떤 종목은 효도를 하고 어떤 종목은 속을 썩이기도 한다. 경제 상황에 따라 희비가 엇갈리는 상황을 한 발 물러서서 지켜보니 재미있기도 했다.

효도하는 녀석들이 많을 때는 주식 포트폴리오가 빨간불로 화려해진다. 그 반대일 때는 파란색으로 도배되어 냉기가 흐르기도 한다. 또 하나, 현재는 불효하고 있더라도 잘 고른 종목이라면 희망이 있기 때문에 배당금 받으면서 기다리는 것도 한 방법이다. 그러려면 튼튼한 기업을 골라야 한다. 이는 매번 경험할 때마다 다짐하게 된다.

지금은 주식 초창기 때보다 많이 여유로워졌고, 투자 규모는 훨씬 더 커졌지만 투자하는 패턴은 덜 공격적이다. 덜 공격적이다 못해 요즘은 '잃지 않는 투자가 투자의 기본이다.'라는 말을 마음속에 새기고 살 정도로 안정적인 투자를 지향하고 있다.

앞으로는 성장 가능한 우량주 종목, 배당금 비중도 늘려줄 수 있는 종목들을 골라서 장기 투자로 운영해 보려고 한다. 최근 들어 한 종목을 매달 조금씩 매수함으로써 적립식으로 바구니에 담고 있다. 이 종목은 정말 장기적으로 보고 있기 때문에 느긋하게 투자하고 있다.

탐나는 부동산을 발견했을 때 눈빛이 달라지는 것처럼, 매수하고 싶은 기업을 발견하고 그 기업을 분석하며 알아갈 때 얼마나 희열을 느끼는지 모른다. 투자 가치가 있는 기업을 발견했을 때의 기쁨 또한 내가 주식 하면서 얻는 소소한 행복 중 하나이다.

기타
금융 활용편

레버리지투자를 위해 은행을 파트너로 만들자

은행을 통해 기른 저축의 힘

통장을 개설했던 첫 금융기관이 은행이다. 처음에는 푼돈을 넣고 빼는 입출금 통장으로 거래를 시작했다. 그러다 대학교 1학년 후반 때 아르바이트라는 것을 시작하면서 적금이라는 것을 생각하게 되었다. 적은 금액일지라도 처음으로 적금을 넣어보고 싶었다. 소소하게 넣은 적금들이 몇 개가 모이니 만기 때가 되면 500만 원도 되고, 1천 만 원도 되었다. 그럼 그것들을 묶어두기 위해 예금이라는 것을 이용하게 되었다.

이렇게 통장 몇 개를 굴리다 보니 은행에서 받는 이자가 눈에 들어오고, 은행 상품들을 더 눈여겨보게 되었다. 조금이라도 금리를 더 주는 상품이 있으면 가입하고, 조금이라도 세금 우대를 해주는 상품이 있으면 이용하고 누렸었다. 금리가 많이 낮아져 증권사로 이동할 때까지는 은행밖에 모르고 살았다. 늘어나는 잔고를 보는 재미를 응원 삼아 열심히 종자돈을 만들 수 있었다.

은행에 대한 인식이 제대로 바뀌었다

저축밖에 몰랐던 내가, 빚은 상상할 수도 없었던 내가 투자를 시작하면서 생각이 바뀌었다. 저축을 가르쳐준 은행에 투자 총알을 키우기 위해 대출을 받으러 가게 되었다. 처음에는 나도 나의 변화에 놀라웠다. 대출을 강하게 경계했던 내가 대출 서류를 쓰고 있으니 그 상황이 얼마나 낯설었겠는가.

그런데 투자를 하면 할수록 대출 서류를 쓰면 쓸수록 익숙한 일이 되었고 자연스러운 일이 되어갔다. 투자의 재미를 여러 번 경험하다 보니 은행의 도움을 받아 투자하는 것이 자연스러워졌다.

나의 의식을 깨트려준 간접 경험 하나를 들려주고 싶다.

부모님의 지인 중에 경제적으로 많이 여유로운 분이 계셨다. 인근 도시에 사시는 분으로 우리 부모님보다는 젊으신 분들이었는데, 사업으로 자산을 많이 불리신 것 같았다. 여러 투자처를 알아보시다가 광주에 건물을 매입하기로 결정하시고 아빠에게 부동산 사장님 한 분을 소개 받으셨단다. 진행이 잘 되었는지 그 사장님이 나중에 나에게 연락을 주셨는데, 그날의 대화에 나는 충격을 받았다. 투자 초보 시절에 접한 간접 경험은 나의 의식을 바꿔놓기에 충분했다.

사장님 : 잘 지내지? 부탁 하나 할 게 있어서 전화했어.

카르페 : 네~ 무슨 일이세요?

사장님 : 혹시 아빠 통장번호 좀 알려줄 수 있을까?

카르페 : 왜요? 아빠한테 직접 물어보시는 건 안 돼요?

사장님 : 실은 지난번에 지인분 건물을 매입해드렸어. 일이 완성된 후에 감사인사를 좀 드렸더니 아빠가 절대 안 받으시네. 몇 번을 권해도 거절하셔서 통장으로 넣어드리려고.

카르페 : 아, 그런데 나중에 몰래 알려드렸다고 아빠가 저한테 화내면 어떡하죠? 한 번 알아볼게요. 그런데 그 이모가 구입하신 건물이 매매가가 얼마예요?

사장님 : 26억 정도 돼.

카르페 : 와 ! 26억이요? 그럼 이모가 26억을 주고 사신 거에요? 아니구나. 보증금이 있겠구나. 그 건물은 보증금이 얼마나 돼요?

성장노트 흔적

있는 사람들은 이렇게 돈을 버는구나.
우리 같은 사람은 대출이 무서워서 보증금 빼고 필요한 자금이
어느 정도 마련되어야 매수를 고민할 텐데, 저런 방법도 있구나.

월세 1,500만 원 받아서 은행 500만 원 제하고도 매달 1천만 원이
남는 거잖아. 매달 1천만 원씩 벌고 그것이 1년이 되면
자동 1억2천이 되는 거잖아. 이모의 돈 8억이 돈을 벌어오는 거였다.
그것도 자그마치 1년에 1억2천. 와!
은행을 이용해야 하는 거구나. 20억을 모아야 26억 하는 건물을 살 수
있는 것이 아니었구나.

★ 나도 저렇게 투자할 수 있게 열심히 자본금을 만들자.
★ 은행을 잘 활용하자.

사장님 : 매매가는 26억인데 대략 비중을 보면 보증금 8억, 대출금 10
억, 본인 투자금 8억. 이렇게 되는 것 같아.

카르페 : 대출금 10억이요? 10억이면 이자가 얼마나 될까요? 역시 큰
손들은 다르시네요.

사장님 : 월세가 1,500 정도인데, 이자가 매달 500 정도 나갈것 같아.

대출 이자	원리	특징
원금 균등 분활 상환	원금을 빌린 기간만큼 동일하게 나눈 금액에 이자를 더해서 내는 방식	매달 납부 금액이 줄어듦
원리금 균등 분활 상환	빌린 원금과 총 내야 하는 이자를 더해서 설정한 기간으로 나눠서 상환하는 방식	매달 납부 금액이 동일
만기 일시 상환	대출 기간 동안 이자만 내고 만기 시 원금 상환하는 방식	이자만 내면 되니 매달 지불되는 비용이 적게 느껴지나 전체로 보면 제일 은행 배를 부르게 함.

▶ 대출받고 처음에는 원금 균등이 납부 금액이 좀 더 많다.
하지만 전체적으로 보면 총 이자는 원금 균등이 더 적다.
요즘은 관련 앱들도 많이 나와 있으니 금융거래 시 활용하면 도움이 된다.

ex) 5,000만 원을 금리 10%로 5년(60개월) 대출한 경우
- 원금 균등 상환 방식 : 총 상환금액 62,708,309원
- 원리금 균등 상환 방식 : 총 상황금액 63,741,098원
- 만기 일시 상환 : 총 상환 금액 74,999,960원

나의 투자 파트너 은행

재테크 성장 목표에 가까워질수록 투자 사이즈도 더 커졌기 때문에 은행은 내 투자에 있어서 없어서는 안 될 파트너였다. 많은 투자들을 하다 보니 대출 도움은 양념처럼 필요한 것이었다. 그러다 보니 여러 은행의 대부계 직원들하고 자주 상담을 하게 된다. 한 번은 경락대출을 알아보러 갔더니 오히려 직원이 자신의 재테크 이야기를 꺼내며 나에게 재테크 상담을 하는 것이었다. 그 상황이 우습기도 했지만, 그러면서 편하게 재테크와 대출 이야기를 나누면서 친해졌다.

큰 물건의 대출을 진행할 때는 대부계 직원의 도움을 많이 받게 되었다. 내가 원하는 대출 금액을 최대한 낮은 금리로 쓸 수 있도록 도와줄 수 있는 것이 대부계 직원의 능력이다. 능력을 최대한 발휘해 주길 엄청 부탁했었다. 비록 나온 결과가 양에 안 차더라도 수고해 준 것에 대한 인사는 잊지 않았다. 앞으로도 투자 파트너로 계속 가야 하므로 좋은 관계를 유지하려는 노력도 필요한 것이다.

지금도 어떤 물건을 작업하려고 컨설팅 들어갈 때 대출은 자동으로 고려한다. 작은 물건은 그냥 할 수도 있지만 큰 물건일수록 은행의 도움은 더 필요해진다. 수익이 날 수 있는 괜찮은 물건에 내가 투자를 할 수 있도록 보조해 주는 파트너인 셈이다.

또한 거래 은행에서 나의 신용을 올리려면 대출도 필요함을 나중에 알게 되었다. 은행의 거래 수수료를 안 내려면 일정 등급 이상이 되어야 한다. 뭘 몰랐을 때는 은행에 열심히 저축을 하고 그 금액이 크면 되는 줄 알았다. 등급 요건을 알아보니 수신(저축) 못지않게 여신(대출)도 중요함을 알게 되었다. 당연한 이야기이다.

은행은 쥐꼬리만 한 이자로 고객의 돈을 유치하고, 더 높은 금리들로 기업과 개인에게 대출을 해주면서 그 차익을 수익으로 번다. 즉 이것을 '예대마진'이라고 하는데, 이 예대마진은 은행의 주요 수입원 중 하나이다. 그래서 은행은 예금도 많이 하면서 대출도 많이 쓰는 고객을 좋아하는 것이다.

나는 은행에서 여러 대출을 받아봤지만 신용대출은 절대 쓰지 않았다. 지금까지 현금 서비스는 단 한 번도 써본 적이 없다. 내 신용과 직접적으로 연결되는 것이다 보니 더 위험하게 느껴졌다. 무엇보다 금리가 비싸다는 것도 신용대출을 멀리하는 데 한몫을 했다. 그리고 신용대출까지 받아가면서 투자를 하는 것은 투자 위험성을 높이는 일이라고 생각했다. 대출은 내가 감당할 수 있는 범위 내에서만 도움을 받아서 투자하는 것이 맞는 것 같다.

대출받다 토론하며 배운 지상권

멋모르고 투자하던 시절 땅을 담보로 대출 받을 때의 일이다. 그 부동산 투자를 소개했던 여자 사장님 소개로 지점장을 통해 대출하다 보니 금액을 최대로 뽑을 수 있었다. 대출 관련 서류들이 어느 정도 마무리될 때쯤 대부계 직원이 나에게 기타 비용을 이야기했다.

대부계 : 지상권 비용은 70만 원(가상) 정도 나올 것 같네요.

카르페 : 그런데요? (느낌이 이상했다. 왜 나한테 저 말을 하지?) 설마

제가 그것을 내나요?

대부계 : 그럼요. 고객님이 내셔야 하는 금액입니다.

카르페 : 잠시만요. 무슨 비용이라고 했죠?

대부계 : 지상권 비용요.

카르페 : 그게 뭔가요? 지금까지 대출하면서 처음 듣는 말인데요.

대부계 : 현재 이 토지 위에는 건물이 없는 상태로 대출을 받는 거잖
아요. 대출이 실행된 이후에 은행 몰래 토지 위에 건물을 지
으면 안 되는데, 그것을 위해 안전장치를 하는 거죠.

카르페 : 건물 안 지을 건데요. 건물 지을 이유가 없어요. 설명 들으셨
는지 모르겠지만, 이 땅은 아파트 부지로 사용될 것이기 때문
에 제가 개인적으로 건물을 지을 필요가 없어요.

대부계 : 네, 잘 압니다. 그래도 은행 입장에서는 이런 장치를 해놔야
안심을 하고 대출을 하겠지요.

카르페 : 저는 건물 안 짓는다니까요. 이렇게 생각해 보세요. 지금 그
땅에 혹시나 은행 몰래 건물이 지어질까 봐 걱정되시는 거잖
아요. 즉 은행이 불안한 거잖아요. 그렇죠? 그럼 은행이 이
비용을 내야 하지 않나요? 왜 고객 보고 내라고 하죠? 안 그
런가요?

대부계 : 네, 듣고 보니 그럴 수도 있겠네요. 하지만 현 규정상 대출이
실행되려면 지상권이 설정되어야 하고, 그 비용은 고객이 지
불하도록 되어 있습니다.

카르페 : 대출이 필요하니까 부담하기는 하겠습니다. 하지만 이것은

은행이 너무한 것 같아요. 아니, 상식적으로 불안한 사람이 지불해야죠. 은행 채권 안전하게 보호하려고 하는 것이면 은행이 내는 게 맞잖아요.

불합리한 상황에 열을 올리며 들은 덕분에 '지상권'이라는 단어는 더 생생하게 기억난다. 벌써 12년 전의 일이다. 그 당시는 나 같은 고객도 없었을 터이니 대부계 직원도 당황했을 것 같다. 돈 필요해서 빌

건물이 없는 상태의 토지를 담보로 은행으로부터 대출을 받는다.
그러면 은행에서는 대출을 해줌과 동시에 지상권 설정등기를 한다.

은행은 왜 지상권 설정을 하는 걸까?
토지를 담보로 제공받고 대출을 해주었는데, 나중에 은행 몰래
이 토지 위에 건물이 지어졌다고 가정해 보자.

어느 날부터인가 채무자가 대출이자를 계속 밀린다.
그러면 은행은 담보로 받은 토지를 경매로 넘겨서 빌려준 돈(대출금)을
회수하고 싶을 것이다.
그런데 건물은 경매로 나온 것이 아니므로
토지만 낙찰을 받아야 하는 상황이 된다.
이런 경우는 사람들이 낙찰을 꺼려 한다.
그럼 은행으로써는 채권 회수가 어렵게 된다.

그래서 은행은 만일에 있을지 모르는 상황에 대비하기 위한 보호막으로
토지를 담보로 대출해 줄 때는 지상권 설정을 해놓는 것이다.

리러 온 아쉬운 입장이면서 지상권 비용을 은행이 내는 것이 맞다고 주장을 했으니 말이다. 의욕 넘치는 20대였던지라 불합리하다고 생각되면 강하게 어필했던 것 같다. 지금 생각하면 어디서 그런 용기가 났는지 웃음이 나오기도 한다.

그런데 언제가부터인가 은행에서 대출을 해줄 때 지상권 설정비를 안 받았다. 은행이 부담한다는 것이었다. 금액은 안중에도 없고 그냥 그 사실 자체가 어찌나 반갑던지, 또 은행 직원을 잡고 이야기했다.

"그렇죠? 그거 은행이 내는 거 맞죠? 진작 그렇게 했어야 한다니까요. 제가 과거에 그것 때문에 대출하다 말고 은행 직원하고 토론했잖아요. 하하, 암튼 잘된 일이네요."

투자자라면 마이너스 대출을 적극 활용하자

필요한 기간만큼 쓰고, 쓴 만큼 이자 내는 마이너스통장

그동안 투자해 온 길을 되돌아보면 항상 마이너스통장과 함께였다. 부동산 투자를 하든지, 주식 투자를 하든지, 기타 다른 투자를 하든지 간에 그 투자금의 윤활유가 되어주었다. 그만큼 마이너스통장은 지금도 나에게 투자 총알과 같은 존재이다. 재테크를 처음 시작했을 때 은행을 통해 적금과 예금을 성실하게 잘 넣고 유지했었다. 내 사전에 중도해지라는 것은 절대 없었다. 적금을 일단 시작하면 꼭 만기까지 다 채워서 찾았다. 사고 싶은 것이 있으면 적금 만기 후로 미루었고, 다른 것에 돈 쓰는 것을 포기하더라도 불입해야 하는 적금은 밀린 적이 없었다. 이 습관은 나중에 비과세와 소득 공제 혜택으로 인기 많았던 장기주택마련저축을 불입해 나갈 때도 유지되었다.

적금과 예금을 병행하며 종자돈을 열심히 만들어가던 때였다. 공모주를 하려다 보니 예금으로 묶여 있는 목돈도 공모주 총알로 보태고 싶었다. 그렇지만 공모주 특성상 목돈이 며칠만 필요한데, 공모주 총알 보태려고 예금을 중도에 해지하는 것은 내키지 않았다. 예금통장을 보며 고심하고 있는데 갑자기 예금담보대출이 떠올랐다. '그래! 예금을 해지하지 말고 이것을 담보로 대출을 받으면 되겠네. 굿 아이디어!'

그 다음날 예금통장을 들고 은행을 찾아갔다. 예금담보대출을 문의하는데, 일반 대출은 기간이 문제였다. 고작 며칠 쓰겠다고 1년 대출을 받는 것은 아니라는 생각이 들면서 혹시 마이너스통장도 가능한지 직원에게 물어봤다. 그랬더니 금리가 더 비싸기는 하지만 가능하다고 했다. 금리가 더 높더라도 짧게 사용할 금액이므로 예금통장을 담보로 마이너스통장을 개설하였다. 우선 만들어놓고 공모주할 때 최대로 찾아서 쓰고 배정받고 금액이 환급되면 바로 다시 넣어놓으면 되겠다 싶었다.

이때를 시작으로 나는 항상 마이너스통장을 즐겨 썼다. 한 발 더 나아가 이젠 예금 담보로 만든 마이너스통장뿐만 아니라 부동산을 담보로도 투자를 위한 마이너스통장을 만들어놓게 되었다. 짧은 시간 돈을 회전시킬 때 요긴하게 사용하기 위해서였다.

아파트 부지에 투자할 당시에도 매입할 땅을 담보로 대출을 받아서 투자금 사이즈를 키웠었다. 나중에 일이 잘못되어 최악의 상황에 있을 때 월급으로 이자 감당하고 아르바이트까지 해서 적금을 따로 넣었다. 그렇게 넣은 적금으로 땅 담보 대출을 갚아 나갔었다. 나중에 형편이 풀려 다시 재테크를 하려고 할 때였다. 투자금을 끌어와야 해서 땅을 담보로 다시 대출을 받으려는데 불현듯 매번 이런 과정을 거치는 게 불편하게 느껴졌다. 그래서 다시 대출을 받을 때에는 마이너스통장을 개설했다.

그렇게 해서 토지를 담보로 마이너스통장을 만들어놨는데, 그 기간이 오래되다 보니 지금은 금리가 3.01%로 아주 저렴하게 쓰고 있다. 일반 대출금리보다 1% 정도 싸다. 그것도 투자금이 필요할 때만 쓰면 되니까 최소한의 이자만 지불하고 잘 활용하고 있다. 몇 년씩 지나면 전세금 오르고 집값이 오르듯 땅의 가치도 오르기 마련이다. 그럼 나는 마이너스통장의 한도금액을 증액 신청해서 늘어난 여유자금을 활용할 수 있다. 마이너스통장을 활용해서 투자를 다 완료되고 난 후 통

성장노트 흔적

마이너스통장

▶ 단점
1. 일반 대출에 비해 금리가 1% 이상 높다 (오래 쓰다 보니 현재 내가 쓰는 모든 대출 중 금리가 젤 낮아지는 현상 발생).
2. 초반에 부대비용을 받는다 (덜 내는 이자 금액이 더 크다).
3. 마이너스 대출 자체를 취급 안 하는 은행도 있다 (그만큼 은행이 손해니까 그런 거다).

▶ 장점
1. 사용한 만큼만 이자를 내면 되니 효율적이다.
2. 대출이 필요할 때마다 서류 작업하는 과정이 생략되니 편하다.
3. 중도상환 수수료 부담이 없다.

장의 마이너스를 줄이기 위해 열심히 일하고 더 아끼며 생활할 수 있었다. 그렇게 해서 마이너스통장을 다 메우고 나면 나에게는 또 다른 투자를 할 수 있는 총알이 준비된 셈이다.

마이너스 총알을 활용해서 또 다른 투자의 씨를 뿌린 예

마이너스 총알	유용 가능한 총알	새로운 투자처
땅 마이너스통장	7,000만 원	
농1 마이너스통장	3,900만 원	1. 부동산 매수 2. 배당주 작업 (4개월) 3. 공모주 작업 (일주일)
농2 마이너스통장	4,100만 원	

◆ 세입자와 관련 없는, 아무 제약 없는 부동산이 좋다.
◆ 마이너스 총알 충전 과정

    ⟶ 전세금이 올라서 목돈이 들어온다.
    ⟶ 적금이 만기되어 목돈이 생긴다.
    ⟶ ELS 상품이 조건 충족되어 상환된다.
    ⟶ 다른 부동산 매도로 목돈 들어온다.

 위의 과정으로 마이너스 총알이 절로 충전 완료되면 다시 1억 5,000만 원으로 위의 작업 반복.

13년을 함께한 장기마련저축 통장

내가 은행에 마지막 넣은 적금이 장기주택마련저축(장마)이었다. 가입 당시 하나의 은행에 몰아서 불입하지 않고, 경제신문에 나와 있는 많은 은행들의 금리와 혜택들을 비교해서 농협과 기업 두 은행을 선택해서 가입했다. 분기별 불입할 수 있는 최대 금액이 300만 원이었다. 즉 한 달에 100만 원까지만 가능하니까 매달 농협에 50만 원, 기업에 50만 원씩 불입하였다.

이것도 목돈을 만들어가는 과정 중 하나였다. 이 상품들도 중도 해약하기 싫어 투자금이 필요할 때면 각 예금통장을 담보로 마이너스통장을 개설해 놨었다. 중간에 농협 장마는 기간이 만기되어 아쉬운 작별을 해야 했다. 이젠 농협에 불입을 안 해도 되니 농협하고 기업에 나눠넣었던 금액을 기업에 몰아서 100만 원씩 불입하였다.

이 상품의 특징은 소득공제를 받을 수 있다는 것과 비과세라는 것이다. 100만 원씩 불입을 하다가 어느 날 생각해 보니 굳이 그렇게 넣을 필요가 없겠다는 판단이 섰다. 처음 출발과 달리 이 상품이 주는 금리 혜택이 준 상태였고, 소득공제도 불입 금액 전부를 해주는 것이 아니기 때문에 효율적이지 못했기 때문이다. 그래서 소득공제 받을 수 있는 금액만큼만 딱 맞춰서 넣고 유지했다. 기업에 가입한 장마 상품은 유일하게 남은 비과세 상품이기에 50년 다 채우려고 머니 파이프 시스템을 그렇게 맞춰 놨다. 은행 상품이다 보니 금리가 낮기는 하지만 그래도 다른 금융 상품보다는 잘 주는 편이었다. 무엇보다 기간이 길어질수록 이자가 붙어날 텐데 그 이자를 15.4% 세금 안 내도 된다니 얼마나 고마운 상품인가. 또 그것을 담보로 마이너스통장을 만들어 투자 총알로 유용하게 잘 쓰고 있으니 목돈을 묵히고 있다는 생각은 안 들었다.

이 상품이 주는 이율이 2.2%이면 마이너스 대출금리는 3.3%이었다. 3.3% 이율로 이자를 내고 있지만 동시에 2.2%의 이율을 받고 있으니 장기주택마련저축에 불입한 금액을 1.1% 이율로 대출해서 쓰고 있는 셈이었다.

그런데 안타깝게도 작년 연말에 기업 장마도 이별을 해야만 했다. 어느 날 저녁 기업은행에서 뜬금없이 장문의 문자가 왔다. 자세히 읽어보니, 주택수 때문에 이 상품의 조건에 해당이 안 되어 해지를 해야 한다는 내용이었다. 황당해서 바로 기업은행에 문의를 했다.

'난 가입 당시 주택수에 따른 조건이 있다는 설명을 들은 적이 없다. 만약 내가 들었다면 주택 구입 시 이 상품에 대해 어떻게 할지 미리 고려했을 것이다' 등등 적극적으로 문의를 했다. 이틀 후 알려주시기를 중간에 법령이 바뀌어 그 전에 가입한 사람들까지 소급해서 적용하기로 했다는 것이다.

기업은행으로 다 맞춰서 시스템을 세팅해 놨는데, 갑자기 틀을 다시 짜야 한다 생각하니 머리가 아팠다. 하지만 법이 바뀌어서 소급 적용한다 하니 유지할 방법이 없는 것 같았다. 그래서 전화로 설명들은 날 바로 은행에 가서 해지해 버렸다. 아쉽기는 하지만 미련을 갖지 않기 위해서였다.

해지하면서 내가 받은 이자만 1,379만 원이었다. 이 금액을 비과세로 받는 것에 만족하며 아쉬운 마음을 달래보았다. 2003년에 가입해서 13년 넘게 유지했으니 깊은 정이 들기에 충분한 통장이었다. 13년이라는 긴 시간 동안 나의 성장과 투자 성장을 함께한 통장이 아니던가.

알파 금융에서도 수익 로봇을 고용하자

폭풍 독서에 빠져 있던 2017년 봄에 읽었던 책 한 권에서 또 하나의 수익 로봇을 발견했다. 그 책은 바로 서태욱 저자의 『부의 10년 법칙』이었다. 제목만 봐도 무슨 내용인지 알 수 있을 것이다. 10년 주기설을 부의 증식에 활용하라는 메시지를 구체적이고 다양한 방법과 함께 제시하고 있다.

여러 가지 제안 중 다시 점검해 보고 싶은 항목들을 골라 다시 읽었다. 책을 읽던 중 "달러와 금 등의 안전 자산은 위기가 오기 전부터 준비를 잘 해둬야 실제로 위가 닥쳤을 때 빛을 본다."라는 부분을 읽고 내 머릿속에 번쩍이며 떠오르는 생각이 있었다.

2018년의 10년 전은 2008년이다. 그때는 누구나 다 아는 서브프라임 모기지 사태로 인한 금융위기가 발생했던 시기이다. 그리고 2008년의 10년 전은 1998년. 이때는 우리 국민들 모두가 기억하는 IMF 금융위기가 있었던 해였다. 1998년을 생각하다 보니 1998년이라는 숫자와 함께 몇 가지 떠오르는 사실들이 있었다.

구조 조정으로 인해 많은 실업자가 발생했다는 사실, 은행 금리가 엄청 높았다는 사실, 부동산 가격도 폭락하여 이때 부동산을 매입하거나 투자한 사람들은 훗날 많은 재미를 보았다는 사실, 그리고 우리나라 국민들이 열심히 금 모으기에 동참하여 IMF를 빨리 졸업하는 데 도움이 되었다는 사실. IMF 하면 대부분 국민들을 힘들게 만들어서 우울하게만 기억되었는데, 그래도 그 위기 속에서 빛을 봤을 것 같은 사람들이 생각났다. 이 책을 읽다 보니 갑자기 생각이 난 것이다.

'금에 투자했거나, 달러에 투자했던 사람은 그 위기 속에서 빛을 보았었겠구나!' 그동안에는 왜 그 생각을 못했을까? 단순히 부동산으로 재미를 본 사람들만 생각했을까? 이제야 생각났다는 것이 참으로 부끄럽기까지 했다. 그러면서 새로운 수익 로봇을 발견한 기쁨으로 위안 삼았다. 이제라도 생각한 게 어디야!

게다가 작년에 시작한 가족 해외여행을 준비하면서 달러 환전 때문에 고생했던 기억이 났다. 더 이상 달러통장 만드는 것을 망설일 이유가 없었다. 시기적으로도 트럼프 대통령 당선 이후 달러가 약세 분위기였기 때문에 나쁘지 않는 타이밍이었다.

증권사 CMA에서 투자 총알로 쓰임을 대기하고 있던 자금의 일부를 달러통장으로 이동시켰다. 그러면서 1년짜리 달러예금으로 묶었다. 투자 총알로 대기하며 머물러 있던 CMA 계좌이율이 1.1%이었는데, 달러예금은 1.5%였다. 그냥 CMA에 있는 것보다 낫다. 어차피 환차익으로 수익을 낼 생각이기에 1.5%는 그냥 보너스라고 생각하고 가입했다.

비록 기업은행 장마가 해지됨으로써 금융 수익 로봇은 하나 사라졌지만, 달러 투자로 탄생한 새로운 금융 수익 로봇이 그 빈자리를 말끔히 채워주었다. 달러 입출금통장도 만들어놨으니 차후 해외여행 때는 환전하느라 고생할 일은 없을 것 같다.

로봇	선택 결과
ETF · KODEX 200 · TIGER 200 · 레버리지 ETF · 인버스 ETF	ETF, 레버리지 ETF, 인버스 ETF은 본인이 8년 전에 투자 공부를 하다가 알게 된 로봇이다. 그 당시는 주식 투자도 헤매던 시절이었기 때문에 이론상 알기만 했고 이번엔 제대로 알게 되었다. 2~3명의 PB들과 이야기를 나눠보고 여전히 메리트를 못 느껴서 패스했다. 레버리지와 인버스는 내가 알아볼 시기엔 상승장이기도 했지만, 오르락내리락 폭이 너무 소심하게 느껴져서 이 또한 패스했다.
금 · 달러	오래전 골든바를 구입할까 알아봤던 적이 있다. 매번 금은 기타 경비가 많이 드는 관계로 실제 수익금이 매력적이지 못하다는 생각이 들었다. 이번에는 금통장을 만들까 고민하다가 금값과 환율변동 두 가지 변수를 함께 고려해야 된다고 해서 그냥 달러통장으로 생각을 바꾸었다.

자산 구성 로봇

10억을 수익 로봇에 투자한 경우

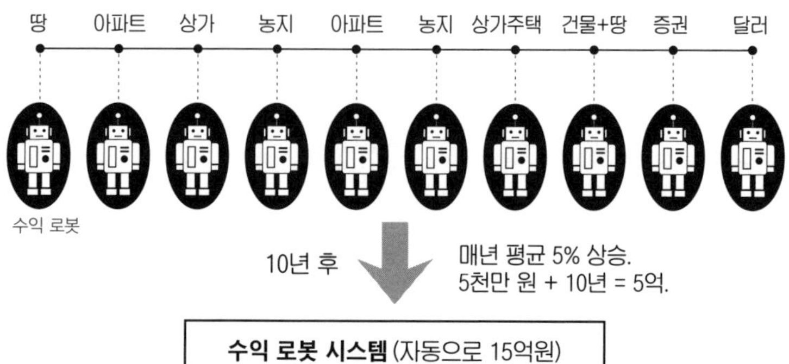

20억을 수익 로봇에 투자한 경우

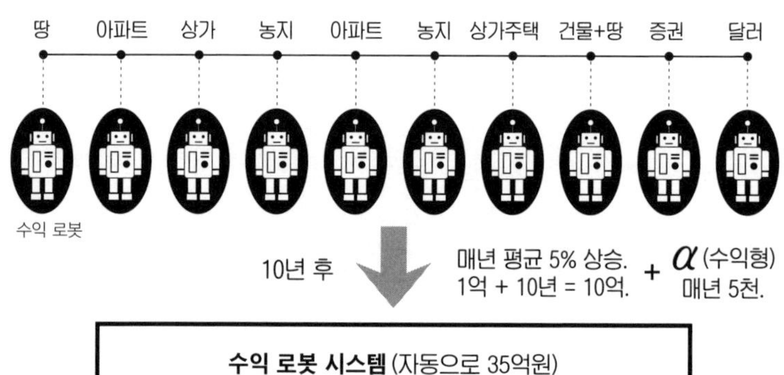

재테크를 함에 있어 시간은 절대적인 힘을 행사하므로 하루라도 빨리 시작하는 것이 유리하다. 어느 정도 자산이 모인 후에 재테크를 하게 된다면 저절로 부가 증식되어 가는 것처럼 느껴질 수 있다.

이제는 여러분 차례

올해 초 기존의 틀에서 나와 레이더를 세상 밖으로 돌려보니, 재테크 판에 신입 주자들도 많이 등장하고 내가 모르는 고수들도 꽤 많았다. 낯설었다. 지구 밖의 새로운 행성에 한 5년 여행 다녀온 느낌이다. 하지만 배울 점 많은 새로운 사람을 알아가는 일은, 호기심 많은 나에게 매우 신나는 일 중 하나였다. 배울 점 많은 사람들을 만나고, 그 사람들과 함께하는 시간만큼은 가슴이 벅차오른다. 가슴 뛰는 삶을 살게 하는 원동력이 되기도 한다.

그것의 연장선으로 나를 더 다듬는 시간을 가지면서 새로운 사람들을 만나게 되었다. 그러면서 사람들이 경제적 자유인에 대한 관심도 많고 바람이 상당히 크다는 것을 알았다. SNS로 많이들 물어보시는데, 그 긴 과정을 답장에 담기는 역부족이었다. 먼 곳까지 찾아와주신 분들과 상담을 해봤지만 몇 시간 이야기를 나누는 것으로는 많이 부족함을 느꼈다.

각 개인마다 경제 상황이 다르고, 경제 코드가 다양한데 어찌 답이 하나일 수 있겠는가? 경제적 자유인이 되는 길이 수학 공식처럼 딱 하나로 정의될 수는 없는 것이다. 내가 걸어왔던 길을 공유해 드리면서 배우고 싶은 점들을 본인의 코드로 각색하는 걸 도와드리고 싶었다.

평범한 사람이 무엇인가를 해내면 희망의 증거가 될 수 있다고 생각한다. 넘어지고 일어서기를 반복했지만, 끊임없이 공부하고 노력하며 걸어온 과정이 무에서 유를 창출하고자 하는 분들에게 '나도 경제적 자유인이 될 수 있다'는 희망의 증거로 여겨진다면 더할 나위 없이 좋을 것 같다.

목표 의식과 강한 의지가 있다면 경제적 자유인이 될 수 있다

경제적 자유인은 누구나 꿈꿀 수 있다. 분명 아무나 달성할 수 있는 건 아니지만, **경제적 자유인이 되고자 하는 정확한 목표 의식과 강한 의지만 있다면 누구든 될 수 있다고 생각한다.** 더 이상 사회 탓하지 말고, 환경 탓하지 말고, 남일처럼 여기지 말고 내가 될 수 있다는 생각으로 돈과 시간의 자유를 누릴 수 있는 경제적 자유인에 도전하기 바란다.

이 책에는 용어 설명을 최소한으로 했다. 예전에는 재테크 책에 나온 용어 정보가 요긴했지만 지금은 전혀 그렇지 않다. 스마트폰 검색창만 열어도 알 수 있는 용어 설명을 굳이 이곳에 옮겨 적을 필요가 없다고 생각했기 때문이다. 더 궁극적인 이유는 따로 있다. 여기다 개념을 적어놓으면 읽는 순간 이해하고 끝이겠지만, 본인이 찾아가면서 꼬리에 꼬리를 무는 궁금증들을 해결해 나간다면 그게 경제 공부이고, 그것을 통해 경제 실력을 늘려갈 수 있다. 나는 그렇게 공부를 했다.

공부는 본인이 직접 해야 한다. 그래야 그것이 나의 것이 되고 쌓여서 내 실력이 되는 것이다. 설사 전문가에게 맡기더라고 내가 알고 맡기는 것과 모르는 맡기는 것은 차원이 다르다. 돈이 많아서 적게는 몇백, 많게는 몇 천 손해나는 것쯤은 괜찮다고 생각한다면 전부 맡기면 된다. 얼마나 편한가? 그러나 나의 자산을 지키기 위해서는 내가 경제 공부를 해야 한다. 나 자신만큼 내 자산을 최선을 다해 불려주고 지켜 줄 수 있는 사람은 없기 때문이다.

누구에게나 처음은 있는 법이다. 처음부터 잘하는 사람은 없다. 기어다니는 돌쟁이 아가는 물건을 잡고 일어서서 한 발 떼는 것으로 걸음마 연습을 시작한다. 그러면서 얼마나 많이 넘어지는지 생각해 보자. 무수히 많은 엉덩방아를 찧는 과정을 통해 걷기를 배운다. 그 아가들만큼의 노력이면 뭐든 할 수 있지 않을까? 몇 번을 넘어져도 걸을 때까지 계속 도전하고 노력하니까 말이다.

자! 경제 공부를 할 준비가 되었다면, 마음속에 경제적 자유에 대한 꿈을 품었다면 이제 '돈과의 약속 선언서'를 쓰면서 경제적 자유인을 향한 첫발을 내딛어보자.

1. 근검절약과 합리적 소비의 습관화

지름신은 나와는 무관한 단어이며 불필요한 소비와 지출을 완벽히 통제할 수 있다. 새 물건이 주는 만족감이 그리 오래가지 않음을 일찍 깨달았다. 지금도 미니멀 라이프를 추구하며 합리적 소비를 실천하는 삶을 살고 있다.

2. 종자돈을 만들어준 통장 기차

아르바이트할 때부터 돈 흐름을 파악할 수 있는 가계부를 기막히게 잘 썼고, 은행을 놀이터 삼아 놀면서 예금, 적금을 꾸준히 넣으며 통장 기차 만드는 걸 좋아했다. 잔고 늘어가는 재미를 20대부터 느꼈다.

3. 매사에 '경제야 놀자'를 실천

펀드 드는 것을 계기로 증권시장에 발을 들여놓은 순간부터 경제 용어가 익숙해지는 환경에 나를 무한히 노출시켰다. 경제 신문을 읽고, 경제 라디오를 듣고, 인터넷 경제 기사를 읽고, 증권사 직원들에게 끊임없이 질문을 했다.

4. 다양한 주제의 강의를 끊임없이 듣기

주변을 둘러보면 다양한 분야의 멘토 강의를 들을 기회가 유료 또는 무료로 많이 있다. 만삭일 때조차도 이런 강의를 열심히 듣고 다녔다. 증권사에서 고객들을 대상으로 정기적으로 세미나를 개최한다. 참석하면 선물도 받고 유용한 정보들을 얻는다. 특히 증권사 직원에게 궁금한 것을 자세히 묻기엔 더할 나위 없이 좋은 기회다.

5. 질문을 통해 배움을 늘리고 문제 해결을 통해 성장

질문을 한다는 것은 나의 지식을 늘려가는 데 정말 많은 도움이 된다. 대답을 듣던 중 또 궁금한 게 생기면 다시 물었다. 그러면서 아는 게 늘어났다. 부동산 사장, 세무사, 법무사, 증권사 직원, 은행 대부계, 보험 관계자, 구청 관계자⋯ 꼬리에 꼬리를 물듯 이어지는 내 질문에 답을 해주시는 분들이다. 그리고 무조건 다른 사람에게 위임하거나 일임하지 않고 내가 직접 챙기고 부딪치고 해결해 봄으로써 나의 내공을 키울 수 있었다.

6. 배울 점 많은 사람은 폐가 되지 않는 한 무조건 만나기

20대 때부터 새로운 멘토들을 만나는 대상에는 분야를 가리지 않았다. 나의 일 분야, 경영 분야, 사업 분야, 재테크 분야 등등 나의 호기심을 자극하고 가슴 뛰는 삶을 살고자 하는 나의 열망을 건드려 주는 사람이면 누구든 만나서 배웠다.

7. 달릴 때도 넘어질 때도 항상 책과 함께하기

책과 거리가 먼 나였지만 책 읽는 걸 쉬어본 적이 없다. 심지어 내가 어둠의 터널을 지날 때조차도 난 서점을 찾아가 거기를 베이스캠프 삼아 지내며 희망을 끈을 놓지 않았다. 성공하기 위해 서점에 갔었고, 포기하지 않고 버티기 위해 서점에 갔었다.

8. 내 삶의 CEO로서 자기 경영, 자기 계발을 열정적으로 하기

내면이 충만한 사람이 되기 위해 20대부터 자기 계발에 집중했었고, 성장하는 사람이 되기 위기 위해 내가 내 인생의 CEO라는 마인드로 자기 경영에 최선을 다했다. 배움을 게을리하지 않았으며 나를 다듬어 더 나은 사람으로 성장시키기 위해 애썼다. 누구에게나, 어떤 책에서나 배울 점이 최소한 한 가지 이상은 있다고 생각한다. 그중 내가 할 수 있는 것은 하나라도 내 것으로 만들려고 노력했다.

9. 뛰어난 재능은 없으나 성실함, 꾸준함, 책임감으로 승부

특출나게 잘하는 게 없는 평범한 사람이었다. 그런 내가 할 수 있는 유일한 무기는 열정이었다. 그 열정으로 성실하게, 꾸준하게 걸어왔다. 약속은 꼭 지키며, 내가 맡은 일은 책임감을 가지고 해결하려고 최선을 다했다.

10. 도전하기를 좋아했고 몇 번을 넘어져도 다시 일어나기

호기심이 많고 배우고자 하는 열의가 강해서 새로운 분야에 도전을 잘 한다. 현재에 안주하는 것보다는 노력해서 성장하는 인생을 꿈꾸는 사람이었다. 그래서 나의 삶은 목표를 향한 도전의 연속이었다. 중간중간 시련이 닥치면 '나를 죽이지 않는 고통은 나를 강하게 할 뿐이다.'라는 니체의 말을 되새기며 힘든 시기를 이겨냈다.

경제적 자유에 의한 꿈 성장

"

사람은 누구나 울퉁불퉁한 모양의 돌로 시작하지만,
평생에 걸쳐 그 돌을 얼마나 정성껏 다듬느냐에 따라
빛나는 보석이 될 수도 있다.

"

경제적 자유를 넘어서 새로운 꿈을 꾸다

내 분야에서 스스로 만족할 만한 인정을 받은 시점에 은퇴하는 것을 목표로 했었는데, 마흔이 되기 전에 그 바람이 이루어졌다. 그 덕분에 한결 가벼워진 마음으로 삶을 바라보게 되었는데, 1년 후에는 경제적 자유도 얻게 되었다. 그 당시 내 스스로에게 뭘 더 원하는지 물어보았다. 아무것도 없었다. 그냥 이대로, 지금처럼 살 수만 있다면 한없이 감사할 것 같았다. 여기서 무엇인가를 더 바라면 안 될 것 같다는 게 그 당시 마음이었다. 그러면서 나에게 또 다른 질문을 던졌다.

'경제활동은 그만해도 되는 현 상황에서 앞으로 무엇을 하며 어떻게 나이 들어야 할까? 나이 예순에는 무슨 일을 하고 있을까? 사회에 어떤 쓰임으로 살아갈까?' 등 여유로운 삶을 누리면서도 이런 질문들을 마음속에 담아놓고 생활하고 있었다. 그리고 그 질문의 답을 찾기 위한 노력을 계속했다.

그 노력의 일환으로 다양한 분야 사람들을 만나고 지금까지 해보지 못했던 것들에 도전하면서 나의 숨어 있는 재능을 발견하려고 했다. 재능 기부할 만한 끼가 없다 보니 뭔가를 새로 배워서 재능 기부하며 살아가고 싶은 마음이 컸다. 이렇게 재능 기부할 것을 찾는 과정이 오히려 내 자신을 더 잘 알게 되는 시간이기도 했다. 내가 뭘 좋아하고 싫어하는지, 내가 어떤 일을 할 때 더 살아 있음을 느끼는지, 내가 어떤 것에 더 가치를 부여하는지, 내가 무엇을 할 때 행복해 하는지를 더 자세히 알게 되었다.

그 과정을 통해 내가 잘할 수 있는 것과 누군가를 돕고자 하는 내 마음이 결합해서 만들어낸 것이 상담이었다. 위로가 필요한 이들의 손을 잡아주고 상담을 통해 용기를 북돋아주는 일로 방향을 설정했다. 그후 새롭게 상담 공부를 시작하면서 자유인의 삶을 누리고 있다. 나에게는 그렇게 또 다른 삶의 변화가 시작되었던 것이다.

우연히 블로그 이웃인 청울림님의 글을 보게 되었다. 처음에는 경제 관련된 글로 알게 되었지만, '청울림'이라는 분에게 꾸준히 관심을 가졌던 것은 자기 경영과 자기 계발에 대한 코드가 맞았기 때문이다. 그분의 글들에 공감이 많이 되었다. 자기 계발에 지대한 관심을 갖고 자기 경영을 실천했던 나의 20대, 30대가 생각났었기 때문이다. 스스로 나를 키우기 위해 셀프 리더십을 발휘하며 자기 경영을 했던 기억들이 떠올랐다.

경제적 자유인이 된 이후 평온한 상태에서 그분의 글들을 보니 잊고 있었던, 잠자고 있었던 나의 열정 세포들이 반응을 했다. 눈을 뜨고 기지개를 켜면서 지금의 휴식을 끝내고 싶다고 나에게 신호를 보내는 것 같았다. 시간이 지날수록 그분의 글들을 보면서, 그리고 새로운 사람들을 만나면서 나는 서서히 예전의 나로 돌아가고 있었다. 잊고 있었던 예전의 내 모습이 되살아나고 있었다. 그분의 자기 경영 파워에 심취되어 나의 열정이 다시 꿈틀거리기 시작했다.

나를 다시 움직이게 만든 청울림님을 통해 김승호 회장님의『생각의 비밀』이라는 책을 알게 되었다. 내가 알게 된 그 시점이 바로 김승호 회장님이 2016년 서울 어느 구민회관에서 특강을 한 후였는데, 그 후기들이 사진과 함께 많은 블로그에 소개되어 있었다. 꽤 인상적이었다. 아침 7시 강의였는데 새벽 5시40분에 이미 엄청난 긴 줄이 만들어져 있었다. 사진 속의 모습이었지만 그 현장의 열기가 가깝게 느껴지는 듯했다.

김승호 회장님에 대해 알아보면 알아볼수록 놀라움의 연속이었다. 이렇게 유명한 분을 호기심 많은 내가 몰랐다는 게 믿기지 않았다. 『생각의 비밀』이 근래에 출간된 책이 아니라 더 그랬다. 나는 책이 내 손에 들어오자마자 순식간에 읽어버렸다.

하지만 내 마음의 열정이 평온한 상태에서 읽어서일까? 눈에 들어온 몇 가지 사실을 빼고는 기존 자기계발서와 크게 달라 보이지 않았다. 다만 이런 대단한 분을 내가 몰랐다는 사실이 여전히 놀라울 뿐이었다. 내가 좋아하는 스타일의 성공 스토리를 가진 분인데, 어떻게 몰랐는지 지금 생각해 봐도 신기할 따름이다.

다른 분야의 책들을 열심히 읽으며 지내다 올해 초 김승호 회장님의『알면서도 알지 못하는 것들』이란 책을 계기로 김승호 회장님에 대한 재발견에 들어갔다. 이때는 내가 미러클 모닝에 도전하면서 내 마음속의 열정이 다시 깨어나고 있던 중이었기에 김승호 회장님의 존재 자체가 나에게는 완전 '미러클'이었다.

『생각의 비밀』부터 다시 제대로 읽었다. 동시에 꿈 친구들 덕택에 김승호 회장님의 강의도 많이 듣게 되었다. 그분의 행보에 지대한 관심을 가지게 되었고, 내가 앞으로 계획한 일들에 큰 영향력을 행사하는 분으로 자리매김하게 되었다. 나도 그분을 벤치마킹하는 뜻에서 내 주변의 꿈 친구들을 중심으로 가치를 추구하는 경제적 자유인 생성 프로젝트를 시작해 보고 싶다는 생각도 하게 되었다. 그러면서 가치를 추구하는 경제적 자유인의 삶으로 안내해 보고 싶은 새로운 바람도 생겼다.

이런 꿈들을 꾸다 보니 앞으로 나아가야 할 또 다른 길이 새롭게 보였다. 비록 경제적으로는 자유인이 되었지만, 소명을 느끼는 나의 일을 새롭게 해야만 한다는 사실을 깨달았다. 내가 정말 사랑하는 '가슴 뛰는 삶'을 살아갈 때, 제일 나다움을 알게 되었다. 그래서 나는 제2의 삶을 준비하고 있다.

여전히 나에게 교육에 관한 상담 요청도 있으니 새로운 방법을 모색해 보고 있다. 제일 크게 구상하고 있는 부분은 상담이다. 20년 가까이 했던 상담을 확장시켜 이제는 자기 주도적 수학 학습, 자기 경영과 자기 변화, 삶이 성장하는 건강한 재테크 등 세 가지 분야로 나눠서 코칭을 해보려고 한다. 가슴 뛰는 열정을 나눠주는 인생 선배님들을 알아가는 삶이 너무나도 감사하고 행복하다.

경제적 자유를 통해
어떠한 삶을 꿈꾸는가?

이 책을 쓰면서 나에게 '가치를 추구하는 경제적 자유인'을 알려준 10 in 10 강의를 다시 한 번 더 들어봐야겠다는 생각이 들었다. 그때의 감흥도 되살려보고 싶었고, 목표 달성 후 듣는 느낌은 재테크 과정 중 터닝 포인트를 만들었을 때 들었던 느낌과는 또 다른 느낌일 것 같았기 때문이다. 특히 재테크 강의와 상담을 요청받고 준비 중이었기에 더 의미가 있을 것 같았다. 집필 중에는 강의를 들을 상황이 안 되었는데 다행히도 한참 퇴고 중일 때 광주에서 강의가 있었다.

조용하게 존재감 없이 5주간 강의를 듣고자 했으나, 첫 시간에 주인장님이 언급을 하는 바람에 나의 존재가 알려지게 되었다. 처음인 듯 다른 수강생들과 똑같은 5주를 지내보려고 했던 나의 바람은 조용히 접어야 했다. 첫 시간 강의 후 뒤풀이 때 사람들은 나에게 다양한 것들을 물어보며 내 이야기를 들려주기 원했다. 이런저런 질문들을 받고 이야기를 해주다 보니 질문은 계속 늘어났다. 그러면서 나를 '고수님'이라고 부르며 투자 상담을 해오고, 내가 울린 골든 벨을 부러워했다.

처음에 이런 상황이 많이 어색했다. 사실 나는 유명한 사람들처럼 고수도 아니고, 일반 사람들이 기대하는 만큼 부자도 아니다. 오히려 특정 분야의 고수가 되지 않아도 경제적 자유인이 될 수 있고, 부자와 경제적 자유인의 의미가 다름을 알려주고 싶었다. 그런데 질문들을 받다 보니 생각보다 사람들의 물질에 대한 욕망이 상당히 크다는 것이 느껴졌다. 나는 부디 이들도 5주간 강의를 들으면서 재테크의 목표가 부자에서 '가치를 추구하는 경제적 자유인'으로 바뀌길 바랬다.

재테크를 해오던 과정 중에 절약을 하는 동안 근검절약이 좋은 습관이 되었다. 그 결과 현재 경제적으로 자유로워도 과소비는 전혀 안 하고 불필요한 소비도 하지 않는다. 돈에 대한 자유가 주는 풍요로움을 심적으로 행복하게 만끽할 뿐 소비는 합리적으로 하고 있다. 그러면서 드는 생각이 우리가 살아가는 데 그렇게 큰돈이 필요하지 않다는 것이다.

큰돈을 가져야만 행복한 것은 아니다. 나의 자산이 적다고 해서 행복을 누릴 수 없는 것도 절대 아니다. 물질이란 것은 나에게 필요한 만큼만 있으면 된다. 나와 내 가족의 생계와 행복을 책임질 수 있고, 우리가 먹으려고 차린 밥상에 배고픈 타인의 손을 잡아줄 여유 정도면 된다고 생각한다.

만약 한 달 동안 200만 원을 혼자서 다 쓴다고 생각하자. 1년이면 2,400만 원, 10년이면 2억4천만 원, 50년 쓴다고 가정하면 12억이다.(물론 물가 상승 등을 감안하며 더 크게 잡을 수도 있지만, 단순하게 계산을 해본 것이다.) 그래서 10억을 목표로 하고 탄탄하게 달성하면 그것만으로도 여유로울 수 있다. 그런데 재테크 이야기를 하다 보면 30억, 50억, 100억! 정말 억 소리 나오게 한다. 한 발 더 나아가 월 1천만~2천만을 꿈꾸는 사람들도 많다. 앞서 말한 월 200만 원도 개인의 용돈으로 생각하면 엄청 큰돈인데 말이다.

내 생활에서는 월 1천만 원도 필요하지 않기에 내 삶에서 50억, 100억도 필요하지 않다. 그래서 나는 일찍 경제적 자유인의 삶을 살 수 있었던 것이다. 나 대신 일하는 수익 로봇, 스스로 부풀어지는 자산을 빼고라도 매달 200만 원 이상은 우리 부부 연금으로 받을 수 있는 금액이기에 현재에 만족하고 더 이상 바라지 않기로 했던 것이다.

물질에 대한 욕구가 작으면 작을수록 경제적 자유는 더 빨리 찾아올 수 있음을 기억하자. 또 하나, 우리가 평범하지만 행복하게 살아가는 데 그렇게 많은 돈이 필요한지 다시 한 번 곰곰이 생각해 보길 바란다.

경제적 자유를 얻게 되면 생각도 못했던 가치 있는 행복들이 기대 이상으로 많이 주어진다. 생활에 여유가 생기니 삶을 바라보는 마음이 느긋해지고, 나를 돌아보는 성찰의 시간도 더 많이 갖게 된다. 시간을 자유롭게 쓸 수 있다 보니, 내가 가치 있게 생각하는 일을 더 많이 하게 된다. 그렇게 생활하다 보니 전국 각지에 새로운 꿈 친구들이 생겼고, 작가라는 새로운 직업도 생겼다. 무엇보다 평생 현역으로 하고 싶은 일을 찾았다는 게 너무 감사하다. 새로운 분야의 새로운 멘토들을 만나게 되었고, 나 역시도 누군가의 멘토가 되었다. 이 또한 가치를 매길 수 없을 만큼의 소중한 자산이다.

여러분은 경제적 자유를 통해 이루고 싶은 꿈은 무엇인가? 경제적 자유가 최종 목표는 아닐 거라고 믿고 싶다. 재테크만 열심히 하느라 미처 생각하지 못했다면, 지금이라도 늦지 않았다. 본인이 부자가 되려는 목표, 혹은 경제적 자유라는 목표를 통해 어떤 삶을 꿈꾸는지에 대해서 진지하게 생각해 보길 권한다.

나는 이 책을 읽는 독자 여러분이 돈 못지않게 삶에도 욕심을 냈으면 좋겠다. 더 정확히 말하면, 돈에 욕심은 적당히 내고 삶에는 무한히 욕심을 냈으면 하는 바람이다. 돈 목표만 달성한 사람은 겉을 명품으로 치장하여 빛나 보일 수 있으나, 돈과 삶의 목표를 달성한 사람은 굳이 치장하지 않아도 자체적으로 빛날 수 있다. 가치 있는 삶과 성장하는 삶에 욕심을 내는 사람은 스스로가 명품이길 추구하기에 존재만으로도 빛나게 된다.

경제적 자유 이후에도
성장은 계속 되어야 한다

나는 항상 지인들에게 노후 준비는 두 가지를 동시에 해야 한다고 말하곤 한다. 그 두 가지는 경제적인 것과 본인의 존재 가치를 빛나게 해주는 노동이 아닌 일을 말한다. 대개 사람들은 노후 준비를 말하면 금전적인 것만 생각한다. 나중에 은퇴해서 경제적으로 여유롭게 살고자 하는 바람만 큰 것 같다.

그런데 정말 돈만 많이 준비된다면 노후의 행복이 보장될까? 나는 절대 아니라고 생각한다. 60세를 코앞에 두고 은퇴를 앞둔 어느 분이 계셨는데, 일을 접는 것을 걱정하셨다. 지금도 시간이 많이 남는데, 일까지 접으면 얼마나 무료할지 걱정이 되신다고 하셨다. 개인 경제가 아니라 노후의 무료한 일상이 걱정된다는 것이다. 그분의 두려움이 충분히 이해가 되었다.

사람을 생동감 있게 하고 살아 있음을 느끼게 하는 것은 통장에 든 두둑한 잔고, 서류함에 꽂혀 있는 무수히 많은 등기부등본, 주식계좌에 빨간색으로 도배되어 있는 주식들이 아니다. 이런 물질들이 수익을 내서 우리에게 기쁨을 줄 수도 있고, 많은 물질 덕분에 풍족한 생활을 하고 편하게 살 수는 있다. 하지만 ‘부자’라는 타이틀이 자신의 존재 가치까지 만들어주지는 못한다. 그렇기에 우리는 본인 스스로 명품이 되기 위해 노력하는 삶을 살아야 한다. 성장하는 삶을 살기 위해 노력해야 한다. 그런 삶을 살기 위한 방법 중 하나가 ‘평생 공부’, ‘평생 습관 만들기’ 등에 끊임없이 도전하는 것이다.

내가 우리 아이들에게 자주 했던 말 중의 하나가 “사람은 누구나 울퉁불퉁한 모양의 돌로 시작하지만, 평생에 걸쳐 그 돌을 얼마나 정성껏 다듬느냐에 따라 반짝반짝 빛나는 보석이 될 수도 있고, 처음 모습 그대로 삶을 마감할 수도 있단다.”이다. 이 말은 나 역시도 평생 실천하며 살고 싶은 내용이기도 하다.

이제 재테크는 그만해도 되겠다며 자유인의 삶을 살고자 결심한 이후에도 나는 나의 성장에는 관심을 끄지 않았다. ‘지금 나는 무엇을 원하는가’를 계속 물어보지만, 지금처럼만 살 수 있다면 더할 나위 없이 감사하겠다는 마음뿐이다. 그러면서 드는 생각이 ‘평생 습관 만들기’였다. 지금부터 평생 습관 만들기 프로젝트로 나를 더 다듬어가야겠다고 결심을 하게 되었다. 나를 다듬는 노력을 계속하면서 나이 들다 보면 그냥 노인이 아닌 지혜로운 어른으로 늙어갈 수 있지 않을까 하는 기대감이 생겼다.

내가 첫 번째로 갖고 싶은 평생 습관은 ‘새벽을 여는 습관’이었다.

나는 전형적인 야행성이고 잠이 엄청 많은 사람이다. 인생에서 아침잠만 해결된다면 성공할 수 있다고 생각할 정도로 잠은 나에게 큰 장애물이었다. 직장에 출근할 때는 강제로라도 아침형 인간이 되었다.

전날 귀가시간에 상관없이 무조건 꼭두새벽에 일어나 준비해서 나가야만 하는 직장생활을 하고 있었기에 강제적으로 일찍 일어났다.

동트는 새벽을 사랑하는 나는 아침형이 되고 싶어 관련 책들과 기사들을 보면서 정보를 얻고 나에게 적용시켜봤다. 한동안은 잘 되다가 결국에는 원점으로 되돌아갔고, 수년 동안 그러기를 반복했다(늦은 밤까지 일하는 일의 특성을 핑계 삼아 스스로 합리화를 했었다). 작년에 할 엘로드의 『미러클 모닝』 책이 나왔을 때 그것을 계기로 다시 도전을 해보았지만, 역시나 나의 평온한 일상에 미러클 모닝은 더 어렵게 느껴졌다. '왜 그럴까? 어떻게 하면 될까?'라는 질문을 계속 담고 다녔는데, 그 답을 친구와의 대화 중에 찾게 되었다.

나에게는 일찍 일어나야 하는 절대적인 이유가 없었던 것이다. 적당히 일어나 여유롭게 하루를 시작해도 내가 세웠던 계획과 일정들을 다 소화할 수 있었기 때문에 굳이 힘들게 일찍 일어날 이유가 없었다. 그만큼 내 생활이 최고로 여유로웠던 시기이기도 했다. 그럼에도 불구하고 마음 한 켠에 아침형 인간에 대한 동경이 여전히 남아 있었다.

2017년 초 우연히 '미러클 모닝'을 실천하고 있는 단톡방에 들어가게 되었는데, 완전 딴세상에 온 것 같았다. 새벽 네 시에 일어나서 자기 계발에 힘쓰는 직장맘, 전업맘, 20대 직장인, 20대 수험생들이 보여준 모습에 완전히 충격을 받았다. 현재 하고 있는 일들만으로도 힘들고 벅찰 텐데, 온전히 누군가의 방해를 받지 않고 자기 계발에 애쓰기 위해 그들이 선택한 새벽이었다. 독서, 필사, 영어공부, 운동, 명상 등등 각자가 선택한 일들을 열정적으로 해내며 인증 샷을 빠짐없이 올리는 멋진 분들이 많았다.

이러한 환경들은 나를 자극하기에 충분했다. 나는 다시 가슴 뛰는 삶을 살 수 있는 불씨를 점화시키고 있었다. 세상에는 배울 점 많은 사람들이 정말 많다는 것에도 새삼 감사함을 느꼈다. 미러클 모닝 도전은 올해 상반기에 잘한 일 중 으뜸이었다. '미러클 모닝'을 나의 평생 습관으로 가져가기로 결정했고, 그렇게 만들어가고 있는 나의 노력들이 무엇보다 나를 가슴 뛰게 했다.

나는 미러클 모닝을 하고 열정을 나누면서 새로운 도약을 하게 되었다. 여기서도 사람들이 '경제적 자유인'에 대한 열망이 얼마나 큰지 알게 되었다. 서로가 서로에게 열정을 주고받으면서 '성장'이라는 단어를 다시 한 번 진지하게 고민하게 되었다. 재미있는 것은, 내가 누군가에게 열정을 나누어주다 보면 어느덧 그 열정은 나에게 돌아와 내 가슴을 더 뛰게 하고 있더라는 것이다. 가슴 벅차다는 말은 이럴 때 쓰는 것 같다. 내 도움이 필요한 사람들을 도와주고, 잠자고 있는 그들의 열정을 일깨워주는 일을 하고 싶다는 생각이 강하게 들었던 경험들이었다.

미러클 모닝 도전과 함께 100일 동안 운동 일지를 쓰는 새로운 미션을 하나 더 만들었다. 매일 나의 운동과 식단을 기록하여 단체 방에 올리는 일이었다. 나는 열정은 가득하지만 특별히 잘하는 게 없는 사람이다. 그런 내가 지금까지 살아오면서 유일하게 할 수 있는 것은, 매사에 성실하게 임하는 것과 내가 세운 계획들을 멈추지 않고 꾸준히 실천하는 것이었다.

늘 그랬던 것처럼 이번에도 나는 꾸준히 일지를 올렸다. 단 하루도 빼먹지 않았고 시간을 어기지도 않았다. 이것은 특별한 능력을 요구하는 것이 아니기 때문에 누구나 할 수 있는 평범한 것 중 하나일 뿐이라고 생각했었다. 하지만 사람들의 반응은 뜨거웠다. 나를 향한 응원과 찬사를 넘어서 따라하는 이가 생기고, 또 다른 누군가는 나를 통해 변화하는 것을 경험했다. 100일의 과정을 통해 '내가 가진 성실함과 꾸준함도 하나의 재능일 수 있다'는 새로운 발견 또한 큰 수확이었다.

물론 하루도 빠짐없이 매일 같은 일을 한다는 것은 쉬운 일이 아니다. 밤늦게 일정이 끝나더라도 나와의 약속을 지키기 위해 노트북을 켜는 내 모습을 보며, 나도 나의 성실함과 꾸준함에 박수를 보내고 싶을 정도였다. 순간순간 찾아왔던 갈등과 유혹들을 때론 힘들게 물리치고 운동 일지 쓰기와 감사일기 쓰기 미션을 완수했다. 그 과정 속에서 일지를 알려준 작가님께 '뭘 해도 성공하실 분', '뜨거운 열정에 감동받았다' 같은 무한한 찬사를 받은 것도 나에게는 매우 뜻깊은 일이었다.

그저 한없이 평범하고, 특출나게 잘하는 것 없는 내가 해야만 하는, 할 수 있는 유일한 것이 성실과 끈기라고 생각하며 지금까지 그렇게 살아왔다. 나는 성실함과 꾸준함은 내재되어 있다고 생각한다. 나처럼 본인에게는 경쟁력이 될 만한 재능이 없다고 생각하는 사람이라면, 나 자신과의 싸움에서 이기기만 하면 되는 성실함과 꾸준함으로 승부해 보기를 권한다.

자유를 통해 읽고 쓰고 나누는 삶을 발견하다

자유를 통해 **읽고** 쓰고 나누는 삶을 발견하다

어린 시절 먹고살기 바쁜 부모님 밑에서 집안살림을 하며 학교에 다니다 보니 하루하루가 전쟁이었다. 학창 시절에 책 읽는 여유로움은 나와는 완전 먼 나라 이야기였다. 그러다 내가 20대부터 재미를 붙이기 시작한 책은 자기계발서와 편안한 에세이집 같은 것이었다. 여성 CEO 책들을 통해 나의 성공을 상상하기도 했고, 시골 의사의 따뜻한 삶 이야기에도 공감하며 재미있게 읽었다.

재테크가 내 인생에 들어오면서 재테크 관련 책들을 읽기 시작했다. 경매를 당하면서 경매 관련 서적을 읽기 시작했고, 주식을 하면서 주식 책들을 읽기 시작하였다. 그러다 30대를 넘어오는 시기, 사방이 다 막혀서 깜깜한 암흑 속에 있었던 적이 있다. 묻지마 투자와 오만함에 사로잡힌 투자로 부도 직전까지 갔었다. 거짓말만 일삼는 사람들에게 질리고 이익 앞에서 달라지는 사람들의 태도에 모든 것이 엉망진창이 되어버렸다.

지금에서야 삶의 모든 일이 나에게서 비롯되는 것임을 깨닫고 상황을 달리 해석하는 여유가 생겼지만, 그때는 사는 것 자체가 고통이었다. 암울한 일상을 보내던 어느 날, 광주에서 제일 큰 대형서점에 갔다. 그때 입구에 서 있기만 하는데도 어두운 마음속에 한 줄기의 빛이 들어오는 듯했다. '그냥 이곳에 파묻혀 원 없이 책이나 읽을까?' 그곳에 있는 책을 내가 사는 동안 다 읽지는 못하겠지만, 그래도 그렇게 하고 있으면 무슨 해결책이 나올 것만 같았다.

그렇게 나는 한동안 서점에서 살다시피 하면서 자기계발서, 재테크, 부동산, 경매, 금리, 경제, 경영, 성공 관련 도서 등 눈에 띄는 대로 정말 많이 읽었다. 이때는 참다운 독서를 했다기보다는 생존 독서를 한 셈이다. 자기계발서를 읽으면서 용기를 얻고 싶었고, 재기에 성공한 사람들의 책을 읽으면서 힘내고 싶었다. 힘든 시기를 벗어나기 위해 책을 읽었으니, 양은 엄청났으나 독서의 참맛을 배우지는 못했다.

이러한 독서는 결혼 후에도 계속되었는데, 여기에 태교 및 육아 관련 책들을 추가해서 읽었다. 임신해서도 서점에 가서 앉아 있었고, 아이가 태어난 후에도 유모차를 밀며 서점으로 갔다. 서점에 거의 도착할 때쯤이면 아이는 잠들어 있고, 나는 한 시간 정도 책을 읽을 시간을 벌 수 있었기 때문이다. 간혹 주변의 시끄러운 소리에 아이가 깨면 책 읽는 것은 포기하고 서점을 한 바퀴 돌아보면서 신간 책들을 살펴보고, 다음에 읽어볼 책들을 체크하고 돌아가는 것에 만족해야 했다.

육아에 관련 책들을 읽다 보니 자연스레 독서 관련 도서들도 읽게 되었다. 육아와 부모의 독서가 절대 별개일 수 없기 때문이다. 서점에서 살다시피 하던 중 『독서천재가 된 홍대리』를 읽고 처음으로 인생을 변화시킬 수 있는 독서를 해보고 싶다는 생각을 했다. 내가 바라는 건 생활에 녹아나는 독서였다. 내 삶에 녹아나는 독서를 하고 싶었는데 여전히 머나먼 이야기 같았다.

언제쯤 난 책이 읽고 싶어서 아침에 눈이 떠지고 책을 읽다 보면 너무 좋아서 밥 안 먹어도 배가 부를 수 있을까? 진짜 독서는 여전히 헤매고 있을지언정 현실에서는 여전히 나답게 멈추지 않는 폭풍 독서를 이어가고 있었다. 그러기 위해 항상 가방에 책을 넣고 다녔다. 약속 시간 한 시간 전에 미리 카페에 도착해서 책을 읽기도 하고, 아이 기다리면서 차에서 읽기도 했다. 피곤해서 책을 보다 졸기도 했지만 무조건 읽고 봤다. 도서관이든, 서점이든, 집 서재든 책이 있는 곳을 나의 아지트로 삼고 살았다.

2017년을 넘어오면서부터는 마음먹고 진짜 독서를 해보고 싶었다. 지금까지 해온 생존 독서 말고 성장 독서, 집중 독서를 해보고 싶었다. 인문학이나 철학 관련 책들을 시작해 보고 싶었다. 투자하면서 그리고 마흔이 넘어가면서 이제는 그런 책들이 더 필요함을 느꼈기 때문이다. 하지만 아직 독서가 완전한 습관이 된 사람이 아니기에, 우선은 독서의 참맛을 느끼고 그게 습관이 될 때까지는 읽어왔던 대로 그냥 읽기로 했다.

개인적으로 호기심이 많다 보니 사람이나 주제에 따라 읽고 싶은 책들이 수두룩 쌓여 있는데, 그것을 놔두고 어려운 고전을 읽을 수 있을까 하는 의구심도 들었다. 우선 세 시간 독서를 몸에 익혀두고 싶어서 관심이 가는 책들을 무조건 담아와 쌓아놓고 읽기 시작했다. 새로 시작한 공부를 1순위로 하더라도 하루 세 시간 정도는 독서에 할애할 수 있겠다 싶었다.

속도가 붙으니 저녁 두 시간과 늦은 밤 한 시간까지 더 투자하게 되었다. 그러자 2개월 동안 50권 가까이 되는 책을 읽을 수 있었다. 폭풍 독서를 이어가다 보니 나의 독서 영역에 글쓰기 관련 도서들까지 추가되었다.

봄부터 하루 세 시간씩 책을 읽는 습관을 만들자 독서에 재미가 붙기 시작했다. 한 권을 읽다 그곳에 소개되는 책들을 찾아가면서 읽다 보니 뭔가 연결되는 느낌도 받았다. 그렇게 재미가 서서히 붙으니 독서하는 시간만큼은 지켜주고 싶은 욕심도 생겼다. '독서가 이런 맛이었구나. 뭔가가 확장되어 가는 느낌, 희열이 느껴진다.' 아직은 많이 어설픈 단계이지만 '아, 책 좋아하는 사람들이 이 맛에 책 읽는 시간이 행복하다 했겠구나.'라고 살짝 느끼는 시간이었다.

이런 맛에 서서히 빠져들면서 봄을 보내고 여름을 맞이하고 있었다. 고무적인 것은 그렇게 여름으로 넘어오면서 독서뿐만 아니라 글쓰기까지 나의 생활에 훅 들어와 있었다. 글쓰기 또한 독서를 통해서 발전된 시도였다. 독서 덕택에 이렇게 한 스텝씩 앞으로 나가는 것 같아 감사하다.

자유를 통해 읽고 **쓰고** 나누는 삶을 발견하다

책 한 권을 읽으면 그곳에 소개된 책들도 다 읽어보고 싶어졌다. 그렇게 연결해서 읽다 보니 반복적으로 눈에 띄는 사람들이 보이고, 나의 호기심이 발동하였다. 호기심을 해결하다 보니 글쓰기 관련 도서에까지 이르게 되었다.

시간이 흐를수록 나는 무언가에 이끌리듯이 책 쓰기에 가까워지고 있었다. 그리고 미러클 모닝과 운동 단체 채팅방을 통해 개인적으로 연락해 오시는 분들의 사연을 접하면서 함께 성장하면 좋겠다는 생각이 들었다. 이러한 일련의 상황들은 나로 하여금 집필에 대한 용기를 주었다. 이 결심으로 인해 내 머리 속은 더욱 복잡해졌지만, 열정을 가득 품은 가슴은 더 강하게 요동치며 내 몸의 긍정 세포들을 살아나게 했다.

그동안 읽은 책들의 내용과 함께 요즘 내가 가진 생각들을 일단 남편에게 용기를 내어 꺼내보았다. 답변은 둘 중 하나일 거라 예상했다. "그냥 조용히 좀 살자. 당신은 뭐 그리 호기심도 많고 도전 정신도 뛰어난 거야? 지금도 충분히 바쁘니 일 그만 벌이자." 혹은 "진짜? 놀랍기는 한데, 한 번 해봐!" 당연히 대답은 내 남자답게 후자였기에 이 책이 탄생할 수 있었다.

"진짜? 대단한데. 그래, 자긴 써도 되지. 콘텐츠가 있잖아. 삶의 역경도 많았고, 아픔도 많았고, 그것을 이겨내고 오늘날이 있기까지 다양한 경험들을 했잖아. 그리고 무엇보다 당신은 열정이 많잖아. 다만 소심하고 마음이 여린 자기가 상처받을까 봐 걱정이 되긴 하지만, 그런 사람들 신경 쓰지 말고 당신 경험을 담은 책이 누군가의 삶에 도움이 된다면 의미 있고 가치 있는 일이니까 한 번 해봐!"

아내의 여린 마음을 걱정해 주면서도 성장하려는 꿈을 응원해 주는 남편에게 정말 고마운 마음이 들었다.

무더운 여름이 시작되기 전에 책 쓰기 작업에 돌입한 나는 수능을 앞둔 수험생처럼 열심이었다. 나의 모든 신경이 온통 책 쓰기에 몰두해 있었다. 늦은 밤이든 이른 새벽이든 시간만 허락되면 노트북을 켜고 쓰는 데 열중했다. 노트북을 켤 수 없는 자투리 시간에는 종이에 구상을 하고 메모를 했다. 일주일 내내, 한 달 내내, 더 나아가 초고를 완성하는 동안 오로지 책 쓰기만 생각했다. 마치 내가 20대로 돌아간 느낌이었다. 그때의 뜨거웠던 열정이 회상될 정도로 책 쓰기에 나의 모든 열정을 쏟고 있었다.

이번 책 쓰는 시간을 가지면서 개인적으로 엄청나게 뜻깊은 결실이 있었다. 그건 내가 경제적 자유인이 되면서 늘 자신에게 던졌던 질문 중 하나의 답을 찾았다는 것이다. 그 답을 실천하는 방법의 하나로 '선한 글쓰기'를 하고 싶다. 항상 글을 쓸 때면 마음에 명심하고 있는 이은대 작가님의 말씀이 생각난다.

내가 성공하기 위해 글을 쓰지 말고,
다른 사람의 인생을 위해 글을 쓰세요.
내가 폼나는 삶을 살기 위해 쓰지 말고,

누군가의 삶을 이롭게 하고,

그로 인해 내 삶도 함께 치유할 수 있는 글.

우리는 그런 글을 써야 합니다.

자유를 통해 읽고 쓰고 **나누는** 삶을 발견하다

앞에서도 언급했지만 노후대책이란 늘 두 가지가 준비되어야 한다. 하나는 경제적인 것이고, 또 하나는 쓰임이다. 즉 사회에서 나의 역할이다. 세상에 어떤 도움을 주면서 살아갈 것인가? 무엇을 하며 나이 들어갈 것인가를 끊임없이 고민했었다. 예순 살이 되었을 때, 여든 살이 되었을 때 난 어떤 모습의 할머니가 되어 있을까? 상상의 나래를 펴보기도 하고 나 자신과 대화를 나눠보기도 하면서 찾아보고자 했다. 그 방법의 하나로 나를 다양한 배움에 노출시켜 보았다. 비록 나랑 안 맞는 것들이 태반이었지만, 나에 대해서 더 알아가는 과정들이었다.

내가 20년간 해온 것이 상담하고, 문제점 파악하고, 동기부여하는 교육이었다. 그것의 연장선으로, 삶이 힘든 이들의 손을 잡아주고 동행하자는 의미로 상담을 전문적으로 해보고자 했다. 5년을 계획하고 공부를 시작했었는데, 시작한 지 몇 달 되지 않아 독서와 글쓰기로 방향이 완전 바뀌었다. 다양한 시도와 경험들을 통해 드디어 2017년 상반기에 내가 평생 하고 싶은 일을 찾았다.

개인적으로는 앞으로 살아가는 동안 원 없이 책을 읽고 글쓰기를 하고 싶다. 글 쓰는 시간을 통해 삶이 다하는 그날까지 스스로 성장하기를 원한다. 사회적으로는 다른 사람들의 성장을 돕는 일을 하고 싶다. 지금까지는 10대의 성장을 도왔다면, 이제는 연령 제안 없이 그들의 숨은 열정을 일깨워서 성장하도록 돕고 싶다. 교육의 장을 만들어서 그동안 내가 해온 교육, 재테크, 자기 경영과 성장 등을 필요한 이들에게 나누어주고 싶다.

행복한 자유인의 노마드 여행을 출발하다

우연히 도서관에서 조창완 작가의 『노마드 라이프』라는 책을 보았다. 한참 미니멀 라이프에 빠져서 열심히 실천하는 중이었기에 '라이프'라는 글자가 제일 먼저 눈에 들어왔다. '000 라이프가 요즘 대세인가? 저건 또 무슨 라이프지?'라며 나의 궁금증에 책장을 넘기기 시작했다. 처음에는 책 제목 자체가 낯설기도 했고 읽어야 할 다른 책들이 밀려 있어서 읽을까 말까 살짝 망설였는데, 다 읽은 후 나의 반응은 '대박! 이거 안 읽었으면 완전 좋은 책 놓치는 거였네. 읽기 잘했다!'였다. 『노마드 라이프』라는 책을 통해 앞으로 나아갈 방향을 생각하는 데 많은 영향을 받았다. 이 책에서는 '노마드' 되는 법으로 8가지를 제안하고 있는데, 대부분 앞으로 내가 살아갈 삶의 모습과 방향을 결정하는 데 많은 아이디어를 주었다.

첫 번째로, 나는 평생 습관으로 매일 독서를 넣어놨기 때문에 독서로 나를 성장하고 더 다듬어갈 수 있을 것 같다. 항상 내 가방과 차에는 휴대폰처럼 책이 함께 있을 것이다.

두 번째로 나는 앞으로 글 쓰는 삶을 살아갈 것이다. 누군가의 삶에 도움이 되고, 그로 인해 내 삶까지 성찰할 수 있는 글쓰기를 평생 해볼 생각이다.

세 번째로 나의 전문 능력을 굳이 꼽으라면 수학을 가르치는 능력인데, 그보다 더 뛰어났던 것은 아이들에 대한 분석 능력, 아이들의 페이스 메이커로 함께 뛰며 성장시키는 일이었다. 하지만 이 일은 이미 내가 은퇴한 일이기에 다시 판을 벌일 생각은 없지만 대신 '꿈 성장학교'를 통해 성장을 꿈꾸는 이들을 코칭해 주고 싶다.

네 번째로 외국어 배우는 것을 강조했다. 나도 한때는 영어 공부에 심취했었지만, 손 놓은 지 15년이 다 돼가는데 다시 영어 공부를 시작한다는 것이 두 가지 이유에서 망설여졌다. 우선 영어 공부를 다시 시작해서 회화를 잘할 수 있게 되는 것보다 예전에 뉴스에서 보았던 동시통역기가 보급되는 것이 더 빠를 것 같다는 예감이 든다. 다른 한 가지는 내가 영어 공부를 다시 시작하기에는 새로 배우고 싶은 게 많다는 것이다. 영어보다 나의 지적 호기심을 자극하는 공부들이 더 많아졌다는 의미이다. 그래서 나는 외국어 공부를 새로운 배움으로 해석하고 싶다.

다섯 번째로 나에게는 앞으로 함께 성장해 나갈 꿈 친구들이 생겨서 삶이 더 풍성해질 것 같다. 상상만으로도 나를 너무 행복하게 만들어준다. 세상에는 배울 것도 많고 멋진 사람도 많다. 배울 점 많은 멋진 사람을 알게 되고 그들을 만나는 것은, 내 가슴을 뛰게 하고 내 영혼을 풍성하게 살찌도록 해준다. 멋진 사람들의 존재는 내 열정을 살아 움직이게 하는 원동력이다.

생이 다하는 날까지 다양한 배움을 계속하고자 하는 나에게 더할 나위 없이 좋은 책이었다. 아이에게 알려주고 싶은 또 하나의 라이프 스타일이기도 하다. 내가 항상 아이들에게 자기 주도 학습과 자기 주도적인 삶을 강조했었는데, 그 또한 노마드 삶의 특징 중 하나라는 사실에 '내가 이런 삶을 어느 정도는 실천하고 있었구나.'라고 생각했다.

세상의 여러 펀치에 쓰러져도 포기하지 않고 버티며 일어나서 다시 도전했던 삶. 항상 멋진 가치관을 실천하며 살아가는 사람들의 삶을 배우려고 노력했던 삶. 젊었을 때부터 여행과 나의 내면을 살찌우게 하는 지식을 배우는 것에는 빚을 내서라도 실천했던 삶. 노마드 라이프가 내가 지금까지 살아왔던 삶과 상당히 밀접해 있음을 알고 매우 기뻤다.

지금과는 사뭇 다른 방향이지만 앞으로도 계속 노마드 라이프의 삶을 살기로 마음먹었다. 평생 현역으로 살 수 있는 길을 찾은 것 같아 너무나 행복하다. 자유인으로 살다가 갑자기 할 일이 많아졌다며 즐거운 하소연을 하는 요즘이다. 그 일들이 나로 하여금 다시 가슴 뛰는 삶을 살 수 있게 해주고 있다.

그러면서 새로운 꿈 친구들도 많이 생겼다. 꿈 친구들과 나누는 대화는 그냥 수다가 아닌 누군가의 삶을 변화시킬 수 있는 미러클한 대화들이다. 나에게 꿈은 살아 숨쉬게 하는 비타민과 같은 것이다. 인생 후반전을 시작하는 이 시점에도 나는 다시 새로운 꿈들을 꾸고 있다.

꿈 리스트를 작성하고, 시각화할 수 있는 드림 보드를 만들고, 이른 새벽 미러클 모닝 시간에 의식화한다. 그 꿈들을 이루기 위한 새로운 시작을 실행에 옮기는 준비를 한다. 책 쓰기도 그 목록 중 하나이다.

쉰 살이 다 돼서 디자이너라는 새로운 명함을 만들었던 김미경 강사의 도전이 충분히 공감되는 시간들이었다. 지인들조차 그런 변화와 새로운 도전을 이해할 수 없다고 하셨는데, 어떤 마음으로 매번 그렇게 새로운 도전을 해나갔는지 이해가 되었다.

아무것도 안 하면 아무 일도 일어나지 않기 때문에 평온할 수 있다. 하지만 그런 곳에는 배움도 없고 성장도 없다. 삶이 무미건조해진다. 설사 넘어지고 깨지더라도 포기하지 않을 자신만 있다면 도전하는 것이 맞다. 내가 포기하지 않는 한 실패는 없기 때문이다. 그 모든 시련은 과정이고 경험이며 성공으로 가는 또 하나의 길일 뿐이다.

> **배움이 없으면 성장은 멈춘다.**
> **성장이 멈춘다는 것은 살아있다고 볼 수 없다.**

나는 내가 평생 드림워커로 살면서 가슴 뛰는 삶을 살아가길 바란다. 며칠 전 컨디션이 별로인 상태일 때 우연히 경제적 자유인에 대한 이야기가 나오게 되었다. '할 수 있다', '가능하다'라는 희망의 메시지를 열심히 보내며 대화를 끝내고 나니, 골골하던 내 몸이 언제 그랬냐는 듯이 되살아나 있었다. 열정을 나누다 보면 시너지 효과가 이렇게도 작용하는구나 싶어 뿌듯했다. 이처럼 내 열정을 다른 사람들에게

나누고 동기부여를 하면서 나 역시 그 열정에 취해 더 신나는 인생을
살 것이다.

앞으로도 난 끊임없이 배우고, 무한히 읽고, 쓰고, 강의하고, 상담하
며 살아가는 나의 모습을 꿈꿔본다. 그 모습으로 평생 가슴 뛰는 삶을
살고 싶다.

요즘은 어떤 재테크 책들이 있나 궁금해서 올해 초 몇 권의 책들을 읽어보았다. 전체를 통으로 바라보면 재미있다. 갭 투자로 부자되신 분은 갭 투자가 짱이라며 얼른 갭 투자를 하라고 부추기고, 땅으로 부자되신 분은 땅만큼 좋은 투자가 없다고 땅 투자를 강력 추천한다. 금융 관련된 책을 쓰신 분은 환금성을 예로 들며 부동산은 무거우니 쉽게 매도, 매수할 수 있는 금융시장에 투자를 하라고 권하고 있다.

하지만 나는 한 분야에 집중하는 것만이 좋은 방법이라고 생각하지 않는다. 경제라는 것이 서로 얽혀 있다 보니 매번 흐름을 타는 분야가 다르기도 하고, 동시에 어떤 방법으로든 서로서로 영향을 주고받는다. **종자돈을 모을 때는 안정적인 금융권에 공격적으로 저축하고, 부동산 투자는 적극적으로 하고, 주식 투자는 보수적으로 하면 좋겠다**는 생각을 한다.

어느 분야에 올인하느냐보다 더 중요한 것은 금융 상품을 비교 분석하고, 부동산 물건을 판단하고, 주식 종목을 고를 수 있는 나만의 투자 스타일을 만드는 것이라고 생각한다. 각 분야들마다 나만의 인 사이트를 기르는 것이 훨씬 더 중요하다. 그리고 인 사이트를 기를 수 있는 유일한 길은 경제에 대한 관심과 공부만이 답이다. 관심과 공부는 누구도 대신할 수 없는, 본인 스스로 해야만 하는 일이다.

투자 컨설팅을 받고 비용 지불하고 그 사람이 찍어준 물건을 사서 수익을 남길 수도 있다. 정말 편하게 가는 길 중 하나다. 하지만 자신만의 경험을 쌓을 수 없으므로 그런 투자는 아무리 많이 한다 해도 본인의 투자 안목을 기를 수 없다. 편하고 쉽지만 평생 멈춰 있는 길과 어렵고 고생스럽지만 성장하는 길 중 경제적 자유를 꿈꾸는 여러분은 어떤 길을 선택하고 싶은가?

8.2 부동산 대책 파워로 시장은 큰 펀치를 맞는 듯했다. 연이어 나오는 후속 대책들로 부동산시장이 잠시 냉각 상태에 표류하고 있다. 대출까지 강하게 옥죄다 보니 자본 없이 무리하게 갭 투자를 하신 분들은 타격이 클 것이다. 만약 이번을 계기로 부동산 경기가 장기적으로 침체된다면, 그래서 가격이 크게 하락한다면 대책 이전에 '핫'할 때 매수하신 분들은 상투를 잡은 꼴이 되고, 못 버티고 무너지는 사람들은 큰 손실을 보게 될 것이다.

하지만 또 누군가는 이 위기를 기회로 보고 있을 것이다. 과거의 몇 번의 큰 위기 속에서 기회를 잡아 부자가 된 사람들이 있었던 것처럼 말이다. 위기 속에서 기회를 보려면 공부를 해야 한다. 나의 자산을 지키려면, 있는 자들의 먹잇감이 되지 않으려면 경제 공부를 시작하고 재테크를 해야만 한다.

경제적 자유인을 꿈꾸는 사람들에게 무에서 유를 창출했던 과정을 보여주기 위해 기억을 되살려보고, 지난 다이어리들과 여러 자료들을 뒤적이며 그간의 스토리들을 거의 쏟아내어 보았다. 그 과정의 시간들이 결코 쉽지 않았지만, 막상 마무리하고 보니 코끝이 찡하다.

'그래. 그동안 내가 이런 길을 걸어왔었지. 고생 많았구나. 진짜 수고 많았구나.' 나 스스로도 내 자신에게 격려의 박수를 보내주고 싶은 마음이 들었다. 이 글을 읽는 여러분도 꼭 도전해서 본인만의 스토리를 만들어 가고, 목표를 달성했을 때 걸어온 길을 되돌아보고 나눠주는 여유 또한 누려보길 바란다.

경제적 자유인이 되어서 경제적으로 크게 달라진 것은 없다. 여전히 우리 가정의 한 달은 남편의 월급에 맞춰 돌아가고 있고, 여전히 합리적 소비를 생활화하고 있기 때문이다. 그러다 보니 수익 로봇들이 벌어다주는 금액은 매년 늘어나는 것에 비해 소비는 일정하다. 자산은 더 늘어날 것이 눈에 훤히 보이기에 다른 사람들에게도 이런 시스템을 만들라고 알려주고 싶은 것이다. 하루빨리 머니 파이프라인을 구축해서 나 대신 수익 로봇들이 나의 자산을 위해 일하게 만드는 시스템을 갖추기를 강력히 추천한다.

엄마인 내게 자유인의 생활 중 가장 좋은 점은, 아이가 날 필요로

한 시기에 온전히 아이에게 집중해 줄 수 있다는 점이다. 결혼 전 경제활동을 많이 할 때는 '이왕 늦게 하는 결혼, 경제적으로 여유를 갖춰서 나중에 아이가 날 필요로 할 때 아이 옆에 있어줘야지.'라고 생각했는데, 현재 내가 그 삶을 살고 있다. 시간이 자유롭다 보니 이 소중한 시간을 어떻게 가치 있게 쓸 것인지를 고민하는 행복을 누리기도 한다.

그 고민들을 통해 나의 시간들이 더 가치 있게 쓰이고 있다. 그러다 보니 나 역시 가슴 뛰는 삶을 살게 되고, 성장하는 일상을 차곡차곡 쌓아가고 있다. 내일이 기대되는 오늘을 선물받은 것처럼 살고 있다. 또 다른 새로운 꿈을 꾸며 가슴 벅찬 순간을 많이 경험하는 요즘이다. 이 또한 경제적 자유가 준 혜택이라고 생각한다.

내가 태어날 때 가난한 것은 내 부모 탓일 수 있지만, 내가 죽을 때 여전히 가난한 것은 내 책임일 가능성이 크다. 내 삶의 마지막이 가난하길 바라지 않는다면, 아이에게 팍팍한 삶을 물려주고 싶지 않다면, 경제 마인드를 리셋하라고 말하고 싶다. 쉽지 않는 길이지만 도전하고 이룰 만한 가치는 충분하기에 많은 이들이 경제적 자유인을 꿈꾸고 도전하는 것이 아닐까.

여러분도 스스로를 감동시키는 노력으로 최선을 다해 보라고 말하고 싶다. 당신이 그 과정을 거쳐 경제적 자유인이 된다면 그 경험 또한 그 스토리 또한 누군가의 삶을 바꿔주는 메시지가 될 수 있다. 이 꿈이 얼마나 가치 있는 일인가 생각해 보길 바란다.

이 책을 읽고 '나도 할 수 있다'는 자신감과 용기를 얻고 단 한 사람이라도 경제적 자유인에 도전하고 실천한다면, 먼 훗날 그 꿈을 이룬 누군가가 또 다른 이에게 그 길을 안내해 주고 꿈을 심어주는 삶을 살아간다면, 꽤 오랜 시간 이 책을 쓰고 다듬는 일에 나의 모든 에너지를 집중하고 정성을 들인 보람은 충분할 것 같다.

다시 한 번 강조하지만, 평범한 사람이 본인 스스로 로또가 될 수 있는 비결은 딱 세 가지다.

1. 일단 시작한다.
2. 어느 순간도 멈춰 있지 않는다.
   (뛰다 힘들면 제자리 걷기라도 하자. 오늘 하루가 내일의 밑거름이 되도록 살자.)
3. 절대 포기하지 않는다.

경제적 자유를 꿈꾸는 여러분의 가슴 뛰는 삶을 뜨겁게 응원합니다.

1. 근검절약을 습관화하자

누차 말했지만 절약은 누구나 할 수 있는 100% 이기는 게임이다. 절약이 습관화되면 자유인이 된 후에도 삶이 여전히 풍요로워진다.

2. 경제 개념을 가지고 평생 배우자

스마트하게 종자돈을 모으기 위해서도, 자산을 불리기 위해서도, 자산을 지키기 위해서도, 경제 공부는 평생 필요하다.

3. 돈 경영 이전에 자기 경영을 먼저 해라

자기 경영이 되지 않는 사람은 돈 경영도 제대로 할 수 없다. 돈 앞에서 무너지지 않으려면 자기 경영부터 잘 하자.

4. 명품을 걸치기보다 스스로 명품인 사람이 되자

성장하려는 끊임없는 노력만이 스스로를 명품으로 만들 수 있다. 자신이 명품이라고 생각되면 굳이 명품을 두르지 않아도 빛이 나기 마련이다.

5. 욕심이 적을수록 경제적 자유는 더 빨리 찾아온다

우리가 행복하게 살아가는 데 그렇게 많은 돈이 필요치 않다. 무분별한 과소비보다 합리적 소비가 삶을 더 윤택하게 할 수 있다.

6. 행복을 저당 잡힌 재테크는 하지 말자

힘든 재테크 말고 행복 재테크를 할 수 있는 나만의 방법을 만들자. 관점을 바꾸면 재테크는 즐거운 놀이가 된다.

7. 세상은 넓고 재테크할 곳은 많다

한 곳만 보지 말고 다양한 곳에 관심을 갖다 보면 재테크할 곳들이 많이 보인다. 새로운 것을 알아가는 재미를 즐겨라.

8. 항상 '왜'를 생각해라

어떤 상황을 마주하든 '왜'라는 시각으로 바라보면 저절로 공부가 된다. 궁금증은 꼬리에 꼬리를 물고 그것에 대한 답을 찾아가는 과정에서 지식이 쌓이게 된다.

9. 복사하지 말고 나만의 스타일로 각색해라

세상에 똑같은 사람은 한 명도 없다. 케이스 바이 케이스다. 투자의 여러 가지 방법들을 자신에게 맞는 방법으로 각색하는 노력이 필요하다.

10. 전문가를 잘 활용할 수 있도록 실력을 키워라

투자를 하다 보면 전문가를 활용해야 할 기회가 많은데 이 또한 내가 잘 알아야 효율적으로 활용할 수 있다. 부지런히 실력을 키우자.